Speisekarten und Menüs

Horst H. P. Otto / Wolfgang Remus

Die fachgerechte Erstellung von

Speisekarten und Menüs

einschließlich
korrespondierender Getränke
und mit fachpraktischem Teil für
IHK-Lehrabschlussprüfung als Koch/Köchin
sowie IHK-Küchenmeisterprüfung

11. erweiterte Auflage 2008

© 1983 Verlag Robert Gessler, Friedrichshafen
Alle Rechte vorbehalten, auch des auszugsweisen Nachdrucks, der fotomechanischen Wiedergabe sowie der Einspeicherung und Verarbeitung in elektronischen Systemen.
Druck: Bodensee Medienzentrum, Tettnang
Bindearbeiten: Walter, Industriebuchbinderei, Heitersheim

ISBN 978-3-86136-103-9

Vorwort

Das vorliegende Fachbuch ist in Teamarbeit von Horst H. P. Otto, Staatliche Berufsschule Lindau, und Wolfgang Remus, Hotelfernschule Konstanz, entstanden.
Jahrelange Praxiserfahrung und ebenfalls langjährige Erfahrung bei Gehilfen- und Meisterprüfungen kommen dem Inhalt des Buches zugute.
Insbesondere bei Prüfungen, aber auch in der täglichen Praxis, wenn es darum geht, eine Speisekarte zu erstellen oder für irgendeinen Anlaß ein Menü zu empfehlen, werden immer wieder Wissenslücken festgestellt. Diese zu schließen soll das vorliegende Fachbuch helfen, denn jeder, der mit der Annahme einer Veranstaltung bzw. eines Extraessens zu tun hat, muß in der Lage sein, dem Gastgeber fachlich einwandfreie Menüvorschläge zu machen, wozu auch die passenden Getränke gehören.
Fachliche Unterstützung, für die hiermit recht herzlich gedankt wird, gewährten durch Menü- bzw. Standardkarten:
Hotel Bayerischer Hof/Reutemann, Dr. R. Stolze und Dir. C. Schottler, Lindau im Bodensee
Restaurant Stockenweiler, Anton Lanz, Stockenweiler
Hotel Kallbach, Peter von Agris, Hürtgenwald
Fachliche Beratung und Korrektur des Jahreszeitkalenders im Fachgebiet Fische, Schalen- und Krustentiere:
Karl-Heinz Kaffer, Würzburg,
Lehrküchenmeister beim Fischwirtschaftlichen Marketinginstitut in Bremerhaven.
Dank auch allen Kolleginnen und Kollegen der Internationalen Küchen- und Serviermeistervereinigung für fachliche Anregungen.

Die Autoren

Inhaltsverzeichnis

Die Speisekarte
Die Entstehung der Speisekarte 8
Speisenkarte oder Speisekarte 9
Die Speisekarte als Visitenkarte des Hauses 9
Die Speisekarte als Verkaufs- und Servicehelfer 9
Gesetzliche Bestimmungen über Speisekarten 9
Arten der Speisekarten 10
Grundsätze bei der Aufstellung einer guten Speisekarte 12

Das Speiseangebot je nach Tageszeit und Anlaß
Das Frühstück 24
Frühstückskarte 28
Breakfast-Card 32
Standardkarte 37
Nachmittagskarte 42
Kleine Abendkarte 43
Rustikales kaltes Büfett 44
Rustikales kalt-warmes Büfett 45
Gala-Büfett 47
Spezialitätenkarten 50
  Hl.-Dreikönigstag 51
  Karneval 52
  Aschermittwoch 54
  Frühjahr 56
  Karfreitag 57
  Ostern 58
  Christi Himmelfahrt 60
  Pfingsten 61
  Sommer – Grillparty 62
  Spätsommer – Kirmes 63
  St.-Martins-Essen 64
  Heilig Abend 66
  Weihnachten 68
  Mozartfest 69
  Theaterkarte 70
  Regionalkarte 71
  Saisonbedingte Spezialitäten 74
    Spargelkarte 74
    Fisch-Spezialitätenwoche 77
    Steak-Wochen 80
    Wild-Spezialitätenwoche 85
    Fonduekarte 86
  Internationale Spezialitätenwochen 88

Menükunde
Was ist ein Menü? 91
Woher kommt der Name Menü? 91
Die äußere Aufmachung der Menükarte 91
Wer stellt das Menü zusammen? 92
Zusammenarbeit zwischen Küche und Service 92
Die 10 Gebote der Menüzusammenstellung 93
Der Aufbau eines Menüs 98
Korrespondierende (passende) Getränke 102
Menüzusammenstellung nach Anlaß und Jahreszeit 106

Menübeispiele – (Mustermenüs) 107

Anhang
Tabellarischer Jahreszeitkalender für verschiedene Rohstoffe 179
   Schlachtvieh 179
   Hausgeflügel 180
   Wildgeflügel 181
   Wildhühner – Hühnervögel 182
   Haarwild 183
   Rotwild, Sikawild, Rehwild, Rentier und Schwarzwild 184
   Fische, Schalen- und Krustentiere 185
   Weichtiere 188
   Früchte, Obst 189
   Gemüse 191
   Pilze 193
Richtlinien für das Schreiben von
Speise- und Menükarten in französischer Sprache 194
Beispiel für eine Menü-Übersetzung 197
Beispiel für ein Menü der nouvelle cuisine 198
Beispiel für eine regionale Speisekarte 199
Beispiele für leichte Vollkost 200
Beispiele für Reduktionskost 202

Fachpraktischer Teil
IHK-Lehrabschlussprüfung als Koch/Köchin 204
IHK-Küchenmeisterprüfung 212

Die Speisekarte

Die Entstehung der Speisekarte

Im Jahre 1541 auf dem Reichstag zu Regensburg hatte der Herzog, Heinrich der Jüngere von Braunschweig, einen langen Zettel neben seinem Gedeck auf dem Tisch liegen, auf den er hin und wieder schaute. Graf Hugo von Montfort saß neben ihm und wunderte sich darüber. Der Herzog ließ ihn den Zettel sehen. Es waren hier die Trachten, wie damals die einzelnen Gänge hießen, der Reihenfolge nach aufgezeichnet, so daß der Herzog seinen Appetit auf bestimmte Speisefolgen einstellen konnte.

In früheren Zeiten wurden die Speisen nur von dem Küchenmeister ausgerufen. Es war bei den damals umfangreichen Speisefolgen aber für den Gast schwer möglich, sich alle Gänge zu merken. So war manchmal die Tafelrunde schon fast gesättigt, als dann gerade noch eine besondere Köstlichkeit als nachfolgende Tracht serviert wurde.

Kein Wunder, daß also dieser Zettel, den sich der Herzog von Braunschweig vom Küchenmeister verschaffte, Anklang und Nachahmung fand und so die ersten Speisekarten entstanden.

Eine andere Quelle berichtet aus dem Jahre 1884 von einem Jubelfest in Wien, welches anläßlich des 100jährigen Bestehens der Speisekarte gefeiert wurde. Dem Bericht nach soll der Gastwirt Joseph Merius, vom Stadtgasthof Roter Apfel in Wien, im Jahre 1784 das erste Gasthaus gewesen sein, das einen ,,Speis-Zettel" aufgelegt hat.

Nach wiederum anderen Berichten und Auslegungen soll es Speisekarten schon bei den alten Ägyptern, Chinesen, Griechen und Römern gegeben haben.

Allgemein eingeführt und verbreitet wurden die Speise- und Menükarten jedoch erst gegen Ende des 18. Jahrhunderts. Von der Jahrhundertwende an war eine Speisekarte für ein gepflegtes Haus dann eine Selbstverständlichkeit. Jedes kultivierte Festessen wurde mit geschmackvoll ausgestatteten Speisekarten verkündet.

War es anfangs noch üblich, in der großen Speisefolge die Gerichte zur Auswahl anzubieten, so entwickelte sich später daraus die Kunst, eine Speisefolge in Zubereitungsarten, Geschmacksvarianten sowie Anrichteweisen und Portionierungen zusammenzustellen. Diese den Gästen angebotene und servierte feststehende Speisefolge bezeichnet man als ,,Menü".

Eine Kunst ist die Zusammenstellung der Speisefolgen bis zum heutigen Tag auch geblieben.

Oft findet man auch in guten Häusern Speise- oder Menükarten, die nicht ganz den allgemeinen Richtlinien entsprechen.

Es ist auch gar nicht immer so leicht, alle Spielregeln hier genau einzuhalten. Küchen- und serviertechnisch bedingte Umstände, kaufmännische Gesichtspunkte, Marktlage, Jahreszeit, Küchenrendite hinsichtlich der beim Menü anfallenden Nebenprodukte und manche anderen Gegebenheiten, veranlassen uns manchmal, etwas von den Grundsätzen der klassischen Menüzusammenstellung abzuweichen. Leicht besteht dann die Gefahr, daß man diese Abweichungen mit der Zeit zur Gewohnheit werden läßt und meint, es muß garnicht so genau genommen werden.

Eine andere Misere ist aber auch, daß es oft tatsächlich in manchen Betrieben an fundiertem Fachwissen mangelt. Es werden oft gerade die Mitarbeiter mit dem Schreiben der Speisekarten beauftragt, die den Beruf nicht von der Pike auf erlernt haben und so ihre Fehler überhaupt nicht erkennen können.

Bekanntlich sieht man ja seine eigenen Fehler am wenigsten. Bevor die Karte zur Vervielfältigung gelangt oder die Standardkarte als druckreif erklärt wird, sollten zwei voneinander unabhängige Fachkollegen, bei Karten, die gedruckt werden sollen, möglichst noch ein oder zwei weitere Personen, gewissenhaft Korrektur gelesen haben.

Abgesehen davon, daß uns der Gesetzgeber durch die Preisauszeichnungsverordnung eine Aufzeichnung unseres Speiseangebotes vorschreibt, könnte man sich wohl kaum noch eine Gaststätte ohne eine Speise- oder Getränkekarte vorstellen.

Speise(n)karte oder Speisekarte?

Gebräuchlich ist das Wort Speisekarte. Jedoch ist auch die Schreibweise Speise(n)karte richtig. Im Duden finden wir den Beweis, daß beide Schreibweisen korrekt sind. Die Gastronomische Akademie Deutschlands e.V. schließt sich der Ansicht maßgebender Sprachforscher an und empfiehlt als einheitliche Schreibweise Speisekarte, ohne (n).

Die Speisekarte als Visitenkarte des Hauses

Jeder Kaufmann und Handelsvertreter legt Wert auf eine saubere, optisch eindrucksvoll gestaltete Visitenkarte, die oft der Aufhänger für ein erstes Kontaktgespräch ist.
In unserer Branche vermittelt die Speisekarte den ersten Kontakt zwischen der Küche und dem Gast.
Wie überall im Leben, gilt auch hier die Devise, daß der erste Eindruck der Beste ist. Eine schlampig gestaltete, fehlerhaft geschriebene oder gar im Einband oder Umschlag nicht saubere Speisekarte, wertet das Gesamtniveau des Hauses und die Leistung der Küche stark ab. Dagegen bewirkt eine saubere, fehlerfrei geschriebene, graphisch geschmackvoll gestaltete und in der äußeren Aufmachung eindrucksvolle Karte immer eine Aufwertung von Küche und Restaurant.

Die Speisekarte als Verkaufs- und Servicehelfer

Speise- und Getränkekarten könnte man als ,,stumme Verkäufer" bezeichnen. Sie ermöglichen dem Gast die Auswahl und erleichtern dem Servicepersonal die Arbeit. Sie sollen aber auch die Leistungsfähigkeit der Küche und darüber hinaus des gesamten Hauses zeigen. Der Gast sollte nicht nur sein Gericht auswählen, sondern auch sehen, was die Küche an auserlesenen Genüssen und Spezialitäten zu bieten hat. Speisekarten sollen Appetit vermitteln. Ein Gast, der vielleicht eigentlich nur ein Steak essen wollte, sollte angeregt werden, noch eine Vorspeise, eine delikate Suppe und ein Nachtisch zu wählen.

Gesetzliche Bestimmungen über Speisekarten

1. Alle angebotenen Speisen müssen preislich ausgezeichnet sein (Inklusivpreise).
2. Restaurants und Speisegaststätten müssen dem Gast Gelegenheit geben, daß er an der Außenfront, also bereits vor dem Betreten der Gasträume, in einen Auszug der Speisekarte mit den wichtigsten Gerichten Einsicht nehmen kann. Die Speisekarte im Außenaushang muß gut leserlich und mit Datum versehen sein.
3. Wenn Tageskarten geführt werden, so müssen jeweils 2 Karten vom Monatsanfang und von der Monatsmitte 3 Jahre lang aufbewahrt werden.
4. Speisekarten müssen in ,,hinreichender" Zahl vorhanden sein.
5. Die Speisekarte ist ein festes Angebot. Ausgehende Gerichte müssen sofort gestrichen werden.
6. Speisen, die mit Konservierungs-, Farb- oder Aromastoffen zubereitet wurden, müssen nach dem Lebensmittelgesetz gekennzeichnet sein.
7. Dem Gast ist auf Wunsch die Speisekarte in die Hand zu geben. Wenn der Gast beim Bezahlen die Karte nochmals verlangt, so ist ihm diese ebenfalls zu überlassen.

8. Schnellimbißbetriebe, Stehausschankbetriebe, Straußenwirtschaften und Berghütten dürfen statt Speisekarten auch Tafeln oder Schilder verwenden, auf denen die Speisen preislich ausgezeichnet dem Gast angeboten werden.
9. Wenn Gewichtsangaben gemacht werden, z. B. bei Steakkarten oder Fische nach Gewicht, so müssen diese Angaben eingehalten werden.
10. Das Wort Diät darf nur auf der Speisekarte erscheinen, wenn tatsächlich ein diätisch geschulter und geprüfter Koch oder eine staatlich geprüfte Diätassistentin die Verantwortung und Aufsicht für die Zubereitung dieser Speisen voll übernimmt. Die gesetzlichen diätischen Vorschriften müssen bei allen Gerichten eingehalten werden.

Es versteht sich von selbst, daß ein Koch genauso wie ein qualifizierter Restaurantfachmann die Grundregeln des Aufbaus einer Menü- und Speisekarte beherrschen muß. Nur der Restaurantfachmann, der über ausreichende Kenntnisse und Erfahrungen in der Menükunde verfügt, kann einen Gast fachlich beraten. Die Interessen zwischen Küche und Service überschneiden sich manchmal etwas. Deshalb ist eine aufrichtige, ehrliche Zusammenarbeit von Küche und Service die Voraussetzung für eine optimale Aufstellung und Gliederung der Speisekarte.

Arten der Speisekarten

Speisekarte ist nicht gleich Speisekarte. Je nach Art des Angebotes, der Tageszeit, des Gästekreises den wir ansprechen wollen usw., sind die Speisekarten von Grund auf unterschiedlich.

Die große Speisekarte oder sogenannte **Standardkarte** enthält ein umfassendes, für einen größeren Zeitraum gleichbleibendes Angebot. Manche Gäste kommen oft wegen eines bestimmten Gerichtes wieder. Auch wenn die Speisekarte wechselt, weil ein neuer Küchenchef eingestellt wird oder weil Marktlage und Preisgefüge eine Änderung erforderlich machen, sollte man hier möglichst gut eingeführte, für das Haus oder für die Landschaft typische Gerichte beibehalten, bzw. auf die neue Speisekarte wieder übernehmen.

Die Standardkarte kann ergänzt werden durch die im Umfang wesentlich kleinere **Tageskarte.** Nicht nur für Hausgäste, die in Voll- oder Halbpension sind, sondern auch für Passanten wird ein Tagesmenü angeboten. Auf dieser Karte kann man noch zusätzlich 2 oder 3 Tagesgerichte oder Spezialitäten anbieten, die nicht auf der großen Speisekarte stehen, z. B. den ersten frischen Spargel, einen frischen Flußfisch, den man sonst nicht alle Tage hat oder eine Schlachtplatte am Schlachttag.

In Ausnahmefällen kann man auch ein Gericht, das auf der Standardkarte steht, nochmals auf der Tageskarte mit anbieten, z. B. gerade die Schlachtplatte, obwohl auf der Speisekarte vielleicht schon vermerkt ist: „Jeden Mittwoch Schlachttag". Viele Gäste haben nämlich die Gewohnheit, grundsätzlich nur nach der Tageskarte zu bestellen. Man hüte sich aber davor, mehrere Gerichte auf der Tageskarte zu wiederholen. Auch nicht mit geringfügiger Garniturvariänderung, wie z. B. auf der Standardkarte Rinderhacksteak auf Gärtnerinart und auf der Tageskarte ein Deutsches Beefsteak mit jungen Sommergemüsen. Womöglich noch etwas unterschiedlich im Preis, sonst aber genauso angerichtet. Da sitzen dann zwei Gäste am Tisch, jeder bestellt ein anderes Gericht und sie bekommen haargenau oder fast das gleiche Essen.

Solche Fehler bei den Aufstellungen der Tageskarten bringen auch unweigerlich Verwechslungen der Speisen mit sich und verunsichern sowohl den Restaurantfachmann als auch den Gast. Außerdem verliert der Gast dadurch das Vertrauen zur Küche. Anstatt, wie erwartet, besonders frisch zubereitete Gerichte zu bekommen, vermutet er dann eine Aufstellung der Gerichte, die baldmöglichst verkauft werden müssen, oder schlecht ausgedrückt, die „weg" müssen.

In manchen Häusern wird zusätzlich zur großen Speisekarte immer eine Tageskarte aufgelegt.

Die Gerichte, die auf der Tageskarte angeboten werden, sollten immer frisch zubereitet sein.
Eine andere Variante ist, daß man mittels Heftklammern in der großen Standardkarte jeweils das Tagesmenü einheftet und eventuell noch einige Tagesspezialitäten in gleicher Form mit anbietet.
Wieder andere Betriebe, insbesondere diejenigen mit viel Ausflugsverkehr oder mit unausgeglichenem Geschäftsgang, arbeiten mittags nur mit einer Tageskarte. Damit kann durch die Bereithaltung von fertigen Gerichten ein größerer Gästeandrang in kürzester Zeit bewältigt werden. Diese Betriebe arbeiten dann nur am Abend im à la carte Geschäft mit der großen Speisekarte.
Eine andere Möglichkeit, die auch oft praktiziert wird, ist, daß ein Haus nur mit einer Tageskarte arbeitet. Besonders in der nouvelle cuisine, wo jede Speise à la minute, also frisch zubereitet wird, ist es üblich, nur mit einer Tageskarte zu arbeiten.

So, wie es eine Mittags- und eine Abendkarte gibt, haben manche Betriebe auch extra eine **Vesperkarte** bzw. eine kleine **Abendkarte** als sogenannte Theaterkarte für Gäste und Künstler, die nicht mit vollem Magen ins Theater gehen möchten und nach dem Theaterbesuch noch eine Kleinigkeit essen möchten. Auch ist es für manche Betriebe notwendig, eine Nachmittagskarte aufzulegen, wie z. B. Ausflugslokale, Autobahnraststätten, Berghütten und ähnliche Betriebe. Man hält hierbei zu bestimmten Zeiten mit einer kleineren Küchenbesatzung ein entsprechendes Angebot bereit.

Wenn wir es genau nehmen, ist eigentlich schon die **Frühstückskarte** eine solche Speisekarte, die auf eine ganz bestimmte Tageszeit bezogen ist. Auch wenn wir im Verbund das Frühstücksgetränk mit anbieten, überwiegen doch auf einer internationalen Frühstückskarte die angebotenen Speisen.

Ganz gezielt auf eine meist noch genau festgelegte Zeitbegrenzung ausgerichtet sind die **Menükarten**. Eine Zusammenstellung mehrerer aufeinander abgestimmter Speisefolgen, zur gleichen Zeit, zum festen Preis serviert, ist ein Menü. Der Anlaß, weshalb ein Menü serviert wird, kann sehr unterschiedlich sein. Einmal haben wir ganz einfach den Pensionsgast, der seine Urlaubszeit nicht damit verbringen will, täglich für die ganze Familie ein à la carte Essen zusammenzustellen. Er bekommt sein Pensionsmenü preiswert, pünktlich, ohne Bestell- und Wartezeit an einem für ihn reservierten Tisch serviert. Dann haben wir den Gast, der diätisch behandelt werden muß. Er wohnt meist in einem Kurhotel oder Sanatorium und kann sich hier fest darauf verlassen, daß er nur das serviert bekommt, was er für seine Diät verträgt und manchmal auch unbedingt benötigt. Zu erwähnen wären dann noch die Reisegesellschaften, die aus Zeitgründen und aus organisatorischen Gegebenheiten ihr Menü schon schriftlich oder fernmündlich vorbestellen. Genauso verhält es sich bei Arbeits- oder Tagungsessen, wo die Zeit für das Essen auf kurze Pausen beschränkt ist.
Einen ganz besonderen Platz unter den Anlässen, aus welchen ein bestimmtes Menü serviert wird, nehmen die Festlichkeiten ein. Von der kleinsten Familienfeier bis zum Staatsbankett gibt es hier die unterschiedlichsten Voraussetzungen, unter denen ein Menü zusammengestellt ist.
Das Thema Menükunde ist aber so umfangreich und teilweise auch ein so heißes Eisen, daß es gesondert behandelt wird.
Die Grundsätze bei der Aufstellung von Menü- und Speisekarten sind teilweise gleich. Bei der Menüzusammenstellung kommen noch der Anlaß und das harmonische Abstimmen der Gerichte in den Speisefolgen hinzu.
Für beide Karten sollten jedoch die Jahreszeiten und bestimmte bodenständige Gerichte berücksichtigt werden. Nachfolgend sollen die Grundsätze, die man auch als die „10 Gebote der Aufstellung von Speise- und Menükarten" bezeichnen könnte, genauer zusammengestellt und anschließend erläutert werden.

Grundsätze bei der Aufstellung einer guten Speisekarte

1. Gediegene, geschmackvolle Präsentation.
2. Nette äußere Aufmachung und handliche Form.
3. Ohne stilistische und orthographische Fehler. Für die Schreibweise auf deutschen Speisekarten ist der Duden maßgebend.
4. Übersichtlich, gut leserlich, werbewirksam, gefällig beschriftet und fachlich richtige Reihenfolge der verschiedenen Speisen.
5. Preiswahrheit und Preisklarheit, keine unseriösen Lockvögel auf der Speisekarte.
6. Vermeidung von jeglichem unverständlichem Sprachgemisch.
7. Ein Gast sollte ohne Dolmetscher und ohne Lexikon eine Karte lesen können. Bei nicht geläufigen Garnituren Erklärungen dazu schreiben.
8. Vermeiden von endlos langen, verwirrenden Speisekarten.
9. Wer meint, daß er seinen Gästen eine Speisekarte in englischer oder französischer Sprache auflegen muß, sollte auch unbedingt dafür sorgen, daß die Übersetzung fehlerfrei ist.
10. Die Erkenntnis der Wissenschaft bezüglich der gesunden, zeitgemäßen Ernährung haben heute Vorrang vor den Gesetzen der klassischen Menüfolge. Die veränderte Arbeitswelt und die moderne Lebensweise unserer Gäste hat ein Umdenken bei der Zusammenstellung von Speisekarten erforderlich gemacht. Bewußte, neuzeitliche Ernährungsweise, Erhaltung der Gesundheit und der Arbeitskraft unserer Gäste muß immer berücksichtigt werden.

Wer diese 10 Grundsätze bei der Aufstellung einer guten Speisekarte beachtet, wird auch den entsprechenden Erfolg in seinem Betrieb verzeichnen können.

1. Gediegene, geschmackvolle Präsentation
Die große Speisekarte (,,Standardkarte") sollte für jedes Haus individuell gestaltet sein. Dort, wo wir vom Gästekreis her gesehen ein international orientiertes Publikum ansprechen, sollte die Karte auch auf den internationalen, verwöhnten und anspruchsvollen Gast zugeschnitten sein.

Dagegen klingt es hochtrabend und ist unzweckmäßig, in einem gut geführten Landgasthof, auch wenn hier ein wirklich hervorragender Service und erstklassige Küche geboten werden, die Karte übermäßig mit fremdländischen Bezeichnungen zu spicken. Auch der ausländische Gast, der einmal nicht in einem Luxushotel speisen möchte, sucht ja gerade eine andere Atmosphäre, wenn er aufs Land hinausfährt. Dieser Gast wäre nicht angenehm überrascht, wenn er dort wieder seine Hotelspeisekarte in die Hand gedrückt bekäme.

Viel mehr Wert ist zu legen auf eine gediegene, geschmackvolle, übersichtliche und für das Haus passende Ausführung der Speisekarte. Dazu kommen Klarheit und exakte Einteilung, Hervorhebung der Hausspezialitäten und der bodenständigen Gerichte. Kleine Zeichnungen und Wappen, kurze kulinarische Zitate, Hinweise auf die Geschichte des Hauses, Ortsbeschreibungen usw. können dazu anregen, daß der Gast noch die Speisekarte liest, wenn er sein Gericht schon ausgesucht und bestellt hat. Eine gefällig ausgestattete Karte bleibt dem Gast in Erinnerung und ist somit auch eine Werbung für den gastronomischen Betrieb.

2. Nette äußere Aufmachung und handliche Form
In Kunststoff oder in Leder gebundene Speisekarten sollten sauber und gepflegt sein. Sie müssen täglich abgewischt werden. Bei Glanzdruckumschlägen müssen täglich eventuell fleckig gewordene oder beschädigte Karten aussortiert werden. Der Einband sollte dem

Charakter des Hauses entsprechen. Die Speisekarte muß handlich und sollte nicht bilderbuchartig gestaltet sein. Eine Speisekarte in Zeitungsgröße erschwert die Unterhaltung der Gäste, während sie beim Auswählen der Speisen sind. Eine auf Holz gedruckte Speisekarte paßt z. B. in eine Weinstube und Hirschleder gedruckte in einen Jagd- oder Waldgasthof, aber nicht in ein Restaurant, das weiß gedeckt ist.
Handelt es sich um eine Faltkarte, so müssen eingelegte Tages- oder Spezialitätenkarten so eingeklemmt sein, daß sie nicht herausfallen wenn der Gast die Karte achtlos aufklappt. Das Einlegen der Menü- oder Spezialitätenkarten muß sehr gewissenhaft vorgenommen werden. Nicht, daß ein Gast etwas bestellt, was er nicht bekommen kann, weil noch eine Einlage von vorgestern in der Karte war. Solche Situationen sind nicht nur unangenehm, sondern können einen ganzen Service durcheinander bringen.

3. Stilistische und orthographische Reinheit

Mit diesem Thema sind wir wohl beim wichtigsten Inhalt des Lehrstoffes über Speisekarten. Unbestrittene Tatsache ist es, daß man in reinem Stil verfaßte, orthographisch richtige und fachlich einwandfreie Speise- und Menükarten nur in den seltensten Fällen antrifft.
Jedes **Sprachgemisch** sollte man unbedingt vermeiden. Auch wenn manchmal ein Gastronom annimmt, daß eine mit englischen und französischen Wörtern geschmückte Speisekarte ein Renommé für sein Haus darstellt, so bewirken diese Ausführungen zumindest dann genau das Gegenteil, wenn die Karte Stilblüten, Sprachvermischungen und andere Fehler enthält.
Wer hat nicht schon einmal auf einer Speise- oder Menükarte als Bezeichnung für eine Suppe gelesen: Hausgemachte Oxtail clair. Hier wurden gleich drei Sprachen vermischt. In diesem Fall ist nur zu hoffen, daß man kein 12-gängiges Menü lesen muß! Ein anderes Beispiel: Kann man wirklich glauben, daß ein „T-Bone-Steak á la jardinère", wiederum zwei Fremdsprachen in einem Gericht, einen besseren Eindruck auf der Speisekarte macht, als ein T-Bone-Steak mit jungen Gemüsen? Fehler sind oft sogar in einem einzigen Wort enthalten, wie z. B. Mandelcroquettes, Käsesoufflé, Vorspeisenvariés, Kartoffelalumettes usw. Warum Lammcotelette grillé, anstatt richtig Lammkotelett vom Rost oder vom Grill? Wenn man es aber schon auf die Speisekarte schreibt, dann müßte es sogar grillée heißen, weil cotelette weiblich ist. Aus praktischen, täglich zu findenden Beispielen ließe sich hier eine endlos lange Reihe von Fehlern aufzählen.
Ausländische Bezeichnungen sollten auf einer deutschen Speisekarte nur dort verwendet werden, wo sie unvermeidlich sind, oder so in den deutschen Sprachgebrauch eingegangen sind, daß sie für jeden Laien verständlich sind und eine Verdeutschung eine Verunsicherung des Gastes verursachen würde.
Als Beispiel für unvermeidliche Fremdwörter könnten wir alle Nationalgerichte aufzählen. Eine russische Borschtsch, eine Bouillabaisse à la Marseillaise, ein Cordon bleu, ein Porterhouse Steak, ein Yorkshire Pudding, eine Mulligatawny, eine Minestrone und dergleichen mehr, sind ausgesprochene nationale Spezialitäten und eine Übersetzung würde den Charakter des Nationalgerichtes entstellen.
Unvermeidlich ist es außerdem, die feststehenden Bezeichnungen (Garnituren), wie z. B. Lucullus, Rossini, Dubarry, Stroganoff, Romanoff, Richelieu, Helder, Wellington, Melba, Meyerbeer und viele andere, durch deutsche Wörter zu ersetzen. Wohl muß man aber den Verfechtern der neuzeitlichen Küche die Zugeständnisse einräumen, daß einige dieser Garnituren besser mit der Erklärung der entsprechenden Zubereitungsform dem Gast verständlich gemacht werden sollten. Doch gerade in der Menüfolge möchte man manchmal eine klassische Garnitur, wie z. B. ein Filetsteak Rossini, das ja ein fester Begriff ist, nicht mit Beschreibungen ersetzen. Wieder andere Varianten sind Stroganoff und Romanoff, um nur einmal Beispiele herauszugreifen. Wollte man hier die Garnitur mit genauer Zubereitungsbeschreibung erklären, so müßte man fast ein Rezept veröffentlichen.

Zur Verunsicherung des Gastes durch erzwungene Verdeutschung verschiedener Bezeichnungen auf der Speisekarte sei bemerkt: Wir können den Sprachreformern nicht zustimmen, die in ihrer pedantischen Übertreibung soweit gehen, daß sie jedes französische oder englische Wort von der Speisekarte verdammen wollen. Hier muß ganz einfach der richtige Mittelweg eingeschlagen werden. Unser Gewerbe ist nun einmal in hohem Maße international orientiert und geprägt. Von der Küche bis zum Restaurant haben sich soviel fachliche und allgemein übliche französische und englische Wörter eingebürgert, daß eine Verdeutschung um jeden Preis nur als lächerlicher Sprachfanatismus empfunden werden kann.

Begriffe wie z. B. Portier, Etage, Cocktail, Réchaud, Reception usw. würden ins Deutsche übersetzt auch für den Laien fremd klingen.

Wollte man auf der Speisekarte Pommes frites, Cordon bleu, Sc. hollandaise, Fondue, Poularde, Entrecôte, Irish Coffee, Charlotte russe, Médaillons, Parfait und viele ähnliche Wörter genau übersetzen, was ohne weiteres möglich ist, so wäre mancher Gast verunsichert.

Wer weiß, daß mit Stäbchenkartoffeln Pommes frites gemeint sind? Unter holländischer Soße versteht die Hausfrau die von der Sc. béchamel abgeleitete falsche Hollandaise, die wir als Buttersoße oder Sc. bâtarde bezeichnen. Ob die Buttersoße nun mit Fleischbrühe, Fond oder Milch aufgefüllt und mit Zusatz von echter Hollandaise versehen wurde, ist nicht ausschlaggebend für die gesetzlich zulässige Bezeichnung auf der Speisekarte. Buttersoßen, die auf Mehlbindung basieren, dürfen auf der Speisekarte nicht als Sc. hollandaise angeboten werden. Eine Verdeutschung der Sc. hollandaise wäre also gleichzeitig eine Abwertung für den Kenner unter den Gästen.

Weitere Beispiele ließen sich aufführen, die nicht nur den Gast verunsichern, sondern auch das Gericht entstellen würden, wenn man hier mit aller Gewalt auf Übersetzung bestehen wollte.

Dagegen sollten nichtssagende Phantasiebezeichnungen grundsätzlich vermieden werden. Eine halbe Scheibe Ananas ist noch keine Garnitur Hawaii. Daß die Kalbsleber auf Berliner Art mit Äpfeln und Zwiebeln angerichtet ist, weiß fast jedes Kind. Welcher Gast kann sich unter dem Namen ,,Kalbssteak Südseetraum" schon vorstellen, was er wohl serviert bekommt? Wird dem Gast das Gericht zudem noch einmal mit Kiwi, ein anderes Mal mit Mango serviert, dann verstärken wir den Glauben der Gäste, daß alle anderen Namen auf unserer Speisekarte auch nur Phantasiebezeichnungen sind, die sich jeder Küchenchef beliebig ausdenken kann.

Klassische Bezeichnungen für Gerichte sollten nur dort auf der Speisekarte zu finden sein, wo diese auch tatsächlich in der festgelegten Zubereitungsform serviert werden. Viele klassische Gerichte sind zu schwer verdaulich bzw. zu energiehaltig und entsprechen daher nicht mehr den Richtlinien der heutigen Ernährung. Es ist daher notwendig, diese Gerichte abzuwandeln, um sie der Gegenwart anzupassen. In diesem Fall sollte man aber unbedingt auch auf die klassische Garniturbezeichnung verzichten. Andere Gerichte lassen sich wiederum aus kalkulatorischen Gründen nicht in der Originalzubereitung herstellen. Dort, wo z. B. die Périgord Trüffel durch Champignons oder sogar durch Garniermasse (Trüffelersatz) ersetzt wird, sollte auch die Garniturbenennung wegfallen, die sich auf die Trüffel bezieht.

Stilblüten, wie Edellachs, Edelchampignon, junges Milchlamm, Mastpoularde usw. sind Sprachentgleisungen, die auf der Speisekarte nichts zu suchen haben. Der Lachs ist ein Edelfisch. Wozu nun noch einmal ein Superlativ?

Beim Champignon handelt es sich um den überall erhältlichen Zuchtchampignon, der zu der Gruppe der Edelpilze zählt. Betonen könnte man dagegen die Verwendung von frischen Wiesen- und Waldchampignons, die oft im Aroma noch feiner sind. Steinpilze und Pfifferlinge, obgleich weitaus teurer, zählen nicht zu den Edelpilzen. Bei einem Gericht mit Edelpilzen müssen also Trüffel, Morcheln oder Champignons dabei sein.

Wozu die Bezeichnung ,,junges Milchlamm"? Nur solange sich das Jungtier von Milch

nährt, darf es unter der Bezeichnung Milchlamm gehandelt werden. Es muß also zwangsläufig jung sein und die Zusatzbezeichnung junges Milchlamm ist daher unsinnig.
Eine Poularde ist ein Masthuhn. Daher ist der Zusatz „Mast" überflüssig. Die Bezeichnung Junghuhn wäre wesentlich richtiger. Selbst in der deutschen Handelsklassenverordnung ist das Wort Poularde ein fester Begriff. Das Wort Mastpoularde auf der Speisekarte wäre also doppelt gemoppelt und junge Mastpoularde sogar ein Wort mit drei gleichbedeutenden Bezeichnungen.

Nachdem jetzt soviel über stilistische Ausführungen geschrieben wurde, soll nun das heißeste Eisen angepackt werden, nämlich die orthographische Reinheit unserer Speise- und Menükarten. Auch hier sollte man die Kirche im Dorf lassen. Ob sich eine Béarnaisersoße besser anhört als eine Sc. béarnaise, ist fraglich.

Eine Sc. hollandaise ist ein klarer Begriff. Es gibt jedoch Wortklauber, die zwischen einer holländischen Soße und einer Hollandaisesoße unterscheiden. Für die Erklärung benötigen sie aber mehr Zeit, als der Koch für die Fertigstellung der Soße und der Gast für den Verzehr zusammen.

Während vorhergehend konsequent gegen eine mehrsprachige Bezeichnung auf der Speisekarte plädiert wurde, hat es sich in der Praxis doch durchgesetzt, daß die Soßen der klassischen Küche weiterhin in ihrer Ursprungsbezeichnung mit Sc. und nachstehendem Originalnamen, auch in Verbindung mit den deutschen Gerichten, genannt werden. So z. B. frischer Stangespargel mit Sc. hollandaise, Entrecôte double mit Sc. béarnaise usw.

Die Schreibweise französischer Ausdrücke auf einer deutschen Speisekarte ist allerdings recht problematisch, weil in diesem Fall weder die Regeln der französischen noch der deutschen Sprache eindeutig anzuwenden sind. Nach den Regeln der französischen Rechtschreibung müßte z. B. geschrieben werden sauce Hollandaise, weil man Ortsnamen, Landschaftsbezeichnungen und Eigennamen mit Großbuchstaben, alle anderen Hauptwörter mit Kleinbuchstaben schreibt. Nach der deutschen Rechtschreibung müßte man das Wort Soße als Hauptwort groß und hollandaise als Eigenschaftswort klein schreiben.

Wie schon vorhergehend erwähnt, ist für die Rechtschreibung auf deutschen Speisekarten im Zweifelsfall der Duden maßgebend. Danach werden verschiedene ausländische Wörter als eingedeutschte Begriffe angesehen und teilweise die Regeln der deutschen Rechtschreibung angewendet. Einige Beispiele dazu sind Sc. hollandaise, Sc. béarnaise, Pommes frites usw. Diese Schreibweisen sind auch in den nachfolgenden Ausführungen übernommen.

In diesem Zusammenhang sei auch gleich eine Besonderheit der französischen Rechtschreibung erwähnt. In der französischen Sprache steht das Adjektiv meistens, nicht immer, hinter dem Hauptwort. Beispiel:
Französisch sauce Hollandaise, sauce Choron, salad Niçoise.
Deutsch Choronsoße, holländische Soße, Nizzaer Salat.

Zusammen- oder Getrenntschreibung
Worte wie Waldorfsalat, Feldsalat, Kopfsalat, Fischsalat, Geflügelsalat usw. werden zusammen geschrieben. Dagegen werden Nizzaer Salat, russischer Salat, Wiener Salat usw. getrennt geschrieben. Man kann also als Grundsatz ansehen, daß dort, wo der Salat nach einer geographischen Herkunft benannt ist (Stadt, Land, Nation usw.) auseinander geschrieben wird. Wenn der Salat nach seinem Hauptbestandteil benannt wird, z. B. Wurstsalat, Obstsalat, Heringssalat o. ä., wird zusammen geschrieben.

Auch wo die Benennung der Salate nach Personen erfolgt, wird zusammen geschrieben, z. B. Waldorfsalat, Windsorsalat, Alexandrasalat, Escoffiersalat, Knickebockersalat usw. Man könnte hier auch getrennt schreiben, wenn das Wort **nach** oder **auf** sinngemäß eingesetzt werden könnte. Dann müßte aber das Wort Salat vor dem Namen geschrieben werden, also z. B. Salat Waldorf, Salat Windsor, Salat Alexandra, Salat Escoffier, Salat Knickebocker.

Bindestrich
Der Bindestrich dient laut Duden dazu, längere Wortbildungen zu gliedern und ist bei mehr als dreigliedrigen Wörtern angebracht. Speziell auf die nachfolgenden Beispiele bezogen, wird dann mit Bindestrich geschrieben, wenn wir mehrere verwendete Rohstoffe angeben wollen oder zumindest zwei und dazu die Anrichteweise wie Schüssel, Teller, Platte.

So schreibt man z. B.	Kopf-, Gurken-, Tomatensalat.
	Martini-Salat-Teller.
	Reichenauer-Frühlings-Salatplatte.

Um den Bindestrich auf die weitere Rechtschreibung in unseren Menü- und Speisekarten zu beziehen, sei gesagt, daß man niemals bei kurzen Wörtern eine Trennung vornehmen sollte, wie etwa Champignon-Suppe, Königin-Suppe, Nuß-Parfait, Meerrettich-Sahne. Man sollte alles, was man in einem Wort schreiben kann, nicht durch den Bindestrich trennen. Angebracht ist der Bindestrich bei zusammengesetzten Namen von Personen und Gerichten.

Beispiel:	Carl-Friedrich-von Rumohr-Suppe.
	Erzherzog-August-Topf.
	Jean-Péllisier-Malakow-Suppe.
	Clemens-Fürst-von Metternich-Suppe.

Ohne Bindestrich schreibt man bei Zubereitungsarten, die sich auf Personen, Titel, Berufe, Personen- oder Standesgruppen und akademische oder kirchliche Graduierungen beziehen.
Bei der Schreibweise ohne Bindestrich muß immer das Bindewort **auf** oder **nach** verwendet werden.

Beispiel:	auf Bauernart, auf Hausfrauenart, auf Schäferinart, auf Bäckerinart, auf Jägerart, auf Husarenart, auf Kardinalsart
oder:	nach Soldatenart, nach Studentenart, nach Bischofsart, nach Winzerart, nach Müllerinart, nach Kaplansart usw.

Anders verhält es sich bei den landschaftlichen Bezeichnungen, also bei Städten, Ländern, Provinzen und Landschaften. Hier steht das Adjektiv vor dem Hauptwort und wird laut Duden klein geschrieben, wenn die Endsilbe -isch ist und es sich nicht um einen Eigennamen handelt.

Beispiel:	auf russische Art, auf provençalische Art,
	auf normannische Art, auf badische Art,
	nach westfälischer Art, nach schwäbischer Art.

Bei Zubereitungsarten, die sich auf eine Städtebezeichnung beziehen, wäre es anzunehmen, auch die Stadtbenennung als Eigenschaftswort klein zu schreiben. Nach dem Duden werden aber die von erdkundlichen Namen abgeleiteten Wortformen auf -er groß geschrieben.

Wir schreiben z. B.:	Kalbsleber auf Berliner Art,
	Schnitzel nach Pariser Art,
	Weißwurst nach Münchener Art,
	Schweinswürstl nach Nürnberger Art.

Auch hier ist der Bindestrich fehl am Platze und nur bei mehrsilbigen Wörtern oder Wortgliederungen angebracht, wie z. B. Porterhouse-Steak auf Londoner Art, Pökel-Schälrippchen auf Berliner Art.

Falsch ist es aber, das deutsche Bindewort **nach** oder **auf** dort zu verwenden, wo das Gericht zu Ehren einer Person benannt ist.

Beispiel:	Seezunge Colbert – **nicht** Seezunge nach Colbert,
	Rumpsteak Mirabeau – **nicht** Rumpsteak nach Mirabeau,
	Rostbraten Esterhazy – **nicht** Rostbraten nach Esterhazy.

Anführungszeichen
Es ist nicht nötig, bei einem Gericht die verschiedenen Beifügungen bzw. Garnituren in Anführungszeichen zu setzen. Sie sind dafür da, um eine Redewendung oder einen Artikel hervorzuheben, was hier nicht der Fall ist.
Falsch ist es auch, das französische Wort **à la** auf einer deutschen Speisekarte zu verwenden.

Beispiel: Filetsteak Rossini – **nicht** Filetsteak à la Rossini,
Birne Helene – **nicht** Birne à la Helene,
Pfeffersteak auf Pariser Art – **nicht** Pfeffersteak à la Parisienne

Das Komma
Das Komma ist nach dem Bindestrich das zweite Sorgenkind auf der Speisekarte. Wird eine bestimmte Zubereitung genannt, wie pochieren, dünsten, poelieren, braten oder grillen, so darf das Komma **nicht fehlen.**

Beispiel: Tafelspitz, geschmort, Rösti, Apfelkren.
Ochsenbrust, gekocht, Bouillonkartoffeln.
Regenbogenforelle, vom Rost, mit Kräuterbutter und neuen Kartoffeln.
Ochsenschwanz, geschmort, mit jungen Gemüsen im Kartoffelrand.
Seezungenschleifchen, gedünstet, mit Champignons in Weißweinsoße.

Grammatikalische Richtigkeit
Gerade in Verbindung mit dem Komma und dem Wörtchen **mit** findet man immer wieder falsche Schreibweisen auf der Speisekarte.

Beispiele:

Richtig	=	Hirschkalbskeule mit glacierten Kastanien, Dunstäpfeln, Preiselbeeren und hausgemachten Nudeln.
Falsch	=	Hirschkalbskeule mit glacierte Kastanie, Dunstäpfel, Preiselbeeren und Nudel.
Richtig	=	Bachforelle, blau, mit zerlassener Butter, kleinen tournierten Kartoffeln und geeistem Meerrettich.
Falsch	=	Bachforelle blau mit zerlassener Butter, tournierte Kartoffel und geeisten Meerrettich.
Richtig	=	Hammelkotelett, vom Grill, mit grünen Bohnen und Bäckerinkartoffeln.
Falsch	=	Hammelcotelette vom Grill mit grüne Bohnen und Bäckerinkartoffel.

Sicher mag mancher aufmerksame Leser über die hier aufgeführten simplen Beispiele lachen und sagen, daß so etwas Einfaches, Selbstverständliches und Einleuchtendes doch nicht in der Form erklärt werden muß.

In der Praxis des grauen Alltags sieht es aber anders aus. Oft genug trifft man die hier als falsch angesehenen Beispiele in sonst gut geführten Häusern an. Wenn auch in vielen ländlichen Gegenden Mundart gesprochen wird und einige Restaurants von ausländischen Kollegen betrieben werden, so wirft eine Speisekarte mit Fehlern dieser Art doch einen dunklen Schatten auf unseren ganzen Berufsstand.

4. Übersichtlich, gut leserlich, werbewirksam, gefällig beschriftet, logische Reihenfolge der verschiedenen Gerichtegruppen

Übersichtlich
Die Speisekarte ist ein Angebot des Gastwirtes oder des Hoteliers an den Gast. Oft geht der Gast mit bestimmten Vorstellungen in ein Restaurant. Er möchte eine leichte Kost, ein herzhaftes, rustikales Mahl, ein fleischloses Gericht oder eine Fischspezialität.

Daher sollte das Angebot des Gastwirtes nach bestimmten Gesichtspunkten gegliedert sein. Mit einem Blick soll der Gast die Gerichte sehen, die er in seine engere Wahl faßt. Ein Durcheinanderschreiben von Fisch-, Wild-, Geflügel- und Fleischgerichten sollte unter allen Umständen vermieden werden.

Die Überschrift der jeweiligen Gerichte sollte in gut leserlichem Fettdruck oder unterstrichenem Schriftzug gehalten sein. Innerhalb einer Rubrik erfolgt dann das Angebot in preislicher Staffelung, vom niedrigen zum hohen Preis.

Gut leserlich

Schlecht kopierte oder mit Kohlepapier schwach durchgeschriebene Tageskarten erschweren nicht nur dem Gast die Auswahl, sondern geben einen schlechten Eindruck vom Betrieb. Bei gedruckten Karten sollten das Material, auf dem gedruckt wird, und die Druckfarbe so gewählt werden, daß sich die Karte bei jedem Licht gut lesen läßt. Mundart oder übermäßige Verschnörkelungen sollten nur für Begleittexte bzw. zur Umrahmung, nicht aber für das Speiseangebot selbst, verwendet werden.

Werbewirksam — gefällig beschriftet

Die Speisekarte als Werbeträger unseres Hauses. Das ist ein Thema, über das man sehr viel schreiben könnte.

Eine **gefällig beschriftete** Speisekarte ist schon der erste Werbefaktor. Selbstverständlich zählt hierzu die vorgehend erwähnte gute Leserlichkeit. Die Hauptsache bei der gefälligen Beschriftung ist die Überschrift der Karte, also außen auf dem Einband oder innen auf der ersten Seite. Das Hauswappen sollte immer hervorgehoben werden. Auf dem Hausprospekt, in die Wäsche eingewebt, auf dem Hotel- oder Wirtschaftsschild, als Geschirrdekor, bei der Zeitungswerbung und in internationalen Reiseführern ist immer wieder ein bestimmtes Hauswappen zu finden. Damit prägt es sich ein als Güte- und Markenzeichen für den Gast. Sobald er die Speisekarte aufklappt und das Hauswappen, das Markenzeichen, erblickt, fühlt er sich besonders angesprochen, sieht sozusagen eine Qualitätsgarantie, die ihm Geborgenheit gibt. Selbstverständlich für uns, daß wir dann alles daran setzen, daß die Leistungen, die wir unter unserem Markenzeichen anbieten, auch wirklich den Erwartungen des Gastes entsprechen. Kleine Zeichnungen am Seitenrand oder als Überschrift zu den jeweiligen Gerichten angebracht, lockern den Text auf und sind ein Blickfang, um Gerichte schneller zu finden. So z. B. bei den Fischgerichten ein Hecht, ein Fischer mit Netz, eine springende Forelle, bei den Suppen eine Tasse, einen Suppenteller oder eine Suppenterrine usw. Sind dazu noch an der Fußleiste oder sonst günstig plaziert, kleine kulinarische Zitate, haus- oder ortsbezogene kurze historische Schilderungen oder nette Verse über Wein, über Speis und Trank, wie sie es von vielen Poeten und Künstlern gibt, so verleiht das der Speisekarte einen individuellen Charakter. Der Gast wird die Karte gerne noch weiter studieren, wenn er sein Essen schon bestellt hat. Er greift aber auch nach dem Hauptgang dann gerne noch einmal nach der Karte, nicht alleine wegen der Nachspeise, sondern weil er diese interessante Karte noch einmal lesen möchte. Jetzt ist er gesättigt, hat Zeit die Karte erst richtig zu studieren und wird so auf das vollständige Angebot der Küche und des gesamten Hauses hingewiesen. Damit haben wir eine Werbung erzielt, die im Gegensatz zu vielen anderen Werbemöglichkeiten für uns relativ kostengünstig ist. Mancher Gast wird sich gerne an eine gut gestaltete Karte erinnern und im Bekanntenkreis oder bei Geschäftsfreunden darüber sprechen. Wir erzielen hier also die zweite Werbemöglichkeit, die in manchen Fällen sogar eine sehr weite Streuung erreicht.

Wichtig ist auch noch die dritte Werbemöglichkeit. Ein Hotel- oder Gaststättenbetrieb bietet meist außer Speisen und Getränke noch weitere Leistungen an, für die auf der Speisekarte geworben werden kann und sollte. Diese Werbung darf natürlich den Gast bei der Auswahl der Speisen und Getränke nicht behindern. Die Werbetexte müssen entsprechend plaziert sein. Breitere Randstreifen, Fußleisten oder Rückseiten bieten sich für solche Werbungen an. Als Beispiele kann man eine ganze Reihe aufzählen, wie Hinweise auf eine Kegelbahn

im Hause, eine Tennishalle, Sauna oder medizinische Kuranwendungen, Festsaal, Konferenzräume, Hotelbar, Veranstaltungsprogramme, Spezialitätenwochen, Lieferung kalter Büfetts außer Haus oder ein weiteres Haus, das unter gleicher Leitung steht.
Aber auch für Nebenbetriebe, wenn ein Hotel z. B. einen Bootsverleih, eine Reitschule, eine Metzgerei mit Straßenverkauf, ein Weingut oder eine Weinkellerei, eine Hotelfachschule oder eine Kochschule für Hausfrauen und Hobbyköche betreibt, läßt sich unaufdringlich, geschickt auf der Speisekarte werben. Auch Werbung innerhalb der Verwandtschaft oder der Familie ist möglich. So weist z. B. ein Hotel in Oberstdorf darauf hin, daß die Familie auch noch ein Hotel in Baden-Baden führt, wo wiederum für das Oberstdorfer Hotel geworben wird. Bei führenden Hotelketten ist solche Werbung selbstverständlich. Einige Hotelunternehmen haben sich inzwischen auch schon zu Arbeits- und Werbegemeinschaften zusammengeschlossen.
Eine weitere Werbemöglichkeit, die noch viel zu wenig genutzt wird, ist die Verbundkarte, d. h. die Speise- und Getränkekarte in einer Karte zusammengefaßt. Ganz besonders ist hier die Tageskarte angesprochen. Besonders dort, wo der Restaurantfachmann nicht über ausreichend Zeit verfügt, um jedem Gast das zum Essen passende Getränk zu empfehlen, sollte man ein bestimmtes Speiseangebot mit dem Getränkeangebot verbinden.
Je nach Witterung kann man schon neben den Vorspeisen einen Aperitif anbieten, an kalten Tagen einen etwas erwärmenden, an heißen Sommertagen einen erfrischenden. Eine besondere Bedeutung kommt dieser Verbundkarte aber beim Weinangebot zu. Jedes Jahr, wenn man die neue Weinkarte erstellt, bleiben Restposten im Keller, die man oft so lange lagert, bis sie firnig sind und nicht mehr verkauft werden können. In Verbindung mit dem Speiseangebot kann man aber oft ganz kleine Posten von Tag zu Tag verkaufen, wenn es gar nicht anders geht, sogar glasweise. Immerhin besser so, als darauf sitzen zu bleiben. Eine frische Bachforelle kann man doch mit einem Glas Mosel anbieten. Einen badischen Spätburgunder setze man unter den Rehrücken Baden-Baden und hat so nicht nur Umsatzsteigerung, sondern auch die Möglichkeit, spontane Sonderangebote auszunutzen.
Selbstverständlich muß geprüft werden, ob diese Angebotsform für ein Restaurant geeignet ist. In allen Restaurants bewährt sie sich nicht, weil der Gast eine individuelle Beratung erwartet.

Logische Reihenfolge der Gerichte
Logischerweise ißt der Gast zuerst eine Vorspeise oder eine Suppe, danach den Hauptgang und zuletzt den Nachtisch. Damit wäre auch im Prinzip die logische Reihenfolge erklärt.
Etwas kompliziert, aber fachlich richtig ausgedrückt, müßte man sagen, daß die Anordnung der Speisen auf der Standardkarte in der gleichen Reihenfolge sein sollte, wie der Aufbau einer Menükarte. Das ist auch der Grund für die Kompliziertheit. Der Aufbau eines Menüs beginnt nämlich mit dem Hauptgang, die Reihenfolge der Gänge hintereinander ist aber umgekehrt. Auch im à la carte Geschäft wird der Gast wohl zuerst seinen Hauptgang wählen und dann die dazu passende Vorspeise oder Suppe. Streng fachlich genommen ist aber weder die Suppe noch der Nachtisch als Gang zu werten. In der Praxis werden aber immer beide als Gänge bezeichnet. Wenn man von einem dreigängigen Menü spricht, meint man immer: Suppe, Hauptgericht, Nachtisch.

Die Anordnung auf der großen Standardkarte sollte folgendermaßen sein:
 I. Kalte Vorspeisen
 II. Suppen
 III. Zwischengerichte
    (warme Vorspeisen)

IV. Eierspeisen
   (da man ja auch diese als Zwischengericht essen kann, Eier im Näpfchen, pochiertes Ei etc.)
V. Fischgerichte
   (Als Hauptgericht, aber auch als Zwischengericht z. B. eine kleine Forelle, blau, eine ganze Seezunge für eine Person als Hauptgericht oder für 2 Personen als Zwischengericht, evtl. auch kleinere Portionen als Zwischengericht)
VI. Hausspezialitäten
   (2 – 3 Platten, Töpfe, Spieße oder ähnl., was eine ganz besondere Spezialität des Hauses, des Küchenchefs oder der Region ist)

Fleischgerichte in der Reihenfolge:
VII. Vom Kalb
   (Aus Gründen der Preisstaffelung steht auch oft das Schweinefleisch an 1. Stelle)
VIII. Vom Rind
IX. Vom Schwein
X. Lamm, Wild und Geflügel
   (Meistens in einer Rubrik zusammengefaßt, weil hier ja nach Saison auf den Tageskarten ein verstärktes Angebot erfolgt)
XI. Diätgerichte oder
   leichte Vollkost,
   Kinderteller, Seniorenteller,
   Touristenteller, Autofahrermenü
   (Dies wird individuell auf den Betrieb zugeschnitten überall etwas unterschiedlich gehandhabt).
XII. Gemüse und Beilagen – evtl. auch vegetarische Gerichte
XIII. Salate
XIV. Kalte Platten, kalte Gerichte, Käse
XV. Warme Süßspeisen, kalte Süßspeisen, Eisspezialitäten
XVI. Obst
XVII. Käse
   (Wird auch oft zum Schluß gesetzt, meistens jedoch, wie neuerdings auch beim Menü, vor der Süßspeise).

5. Preiswahrheit und Preisklarheit

Viele Gäste ziehen zuerst Preisvergleiche, bevor sie die Qualität verglichen haben. Das benachteiligt manchmal den Gastwirt, der Redlichkeit beim Aufstellen der Speisekarte als selbstverständlich betrachtet. Hier steht auf der Karte lebendfrische Bachforelle oder sogar Wildbachforelle, also eine Rarität, die auch teuer im Einkauf ist und daher zwangsläufig viel teurer verkauft werden muß als eine Zuchtforelle oder gar eine gefrorene Importforelle. Würde man aber schreiben Wildbachforelle und eine Zuchtforelle servieren, so ist das eine Irreführung des Gastes, wenn nicht gar eine Warenunterschiebung. Viele Gäste merken den Unterschied vielleicht nicht und sind so über den nach ihrer Meinung unberechtigten Preisunterschied empört. Genauso verhält es sich mit manchen anderen Gerichten. Ein Helgoländer Hummer ist eine Seltenheit geworden und außerhalb Helgolands kaum noch zu erhalten. Immer wieder liest man aber auf den Speisekarten Helgoländer Hummer. Um sich nicht strafbar zu machen, muß man hier einfach nur Hummer schreiben, oder wenn, dann eben Nordseehummer oder kanadischer Hummer. Eine große Seltenheit ist auch der

Mastochse geworden. Heute betreibt man eine moderne Bullenmast, wo die Tiere im Alter von ca. 2 Jahren, also noch vor der Geschlechtsreife, geschlachtet werden. Wenn man also Mastochsenfleisch anbietet, dann muß es auch vom Mastochsen sein. Bullenfleisch hört sich eventuell nicht so gut an. Man muß dann eben die Bezeichnung Rindfleisch wählen. Auf Preisklarheit sollte man wegen der Korrektheit immer achten. Auf vielen Speisekarten findet man noch als Preisauszeichnung: „Tagespreise", oder „ab   5,—", „nach Größe", „von — bis" oder „nach Gewicht".

Bei den Tagespreisen ist es wohl berechtigt, daß man für bestimmte Gerichte, wie Spargel, frische Pfifferlinge, Steinpilze, Trüffeln, Austern und dergleichen die Preisschwankungen an den Gast weitergibt. Jedoch sollte man diese Gerichte dann auch nur auf der Tageskarte führen, zumal es diese Spezialitäten ja auch nicht das ganze Jahr über gibt. Man kann ja auf der Standardkarte einen Hinweis eindrucken, siehe Tageskarte.

Bei anderen Gerichten, die nach Gewicht verkauft werden, ist es unbedingt notwendig, auf der Karte zu schreiben: je 100 g =   oder bei Trüffeln und Kaviar je 10 g =

6. Vermeidung von Sprachgemisch

Wie bereits bei dem Thema stilistische Reinheit erwähnt, sollten zweisprachige Bezeichnungen wie fritierte Kartoffeln, farcierte Artischockenböden, Dauphinkartoffeln, Turkeysteak, Hammelchops, Fasanenconsommé oder Lobstercocktail, absolut vermieden werden. Auch Zwei- oder gar Dreisprachigkeiten in einem Menü sind zu unterlassen.

7. Speisekarten lesen ohne Lexikon

Nicht geläufige Garnituren sind zu beschreiben. So sollte man z. B. bei einem Gericht Winzerinart in Klammern dazuschreiben, auf Weinkraut, mit angeschwenkten Trauben und Pilzen. Warum schreibt man nicht überhaupt z. B. anstatt Rostbraten Esterhazy, gleich Rostbraten mit Gemüsestreifen, statt Filet Mayer, Filetsteak mit Spiegelei, statt Rumpsteak nach Haushofmeisterart, Rumpsteak mit Kräuterbutter. Heute haben viele Gäste eine bestimmte Ernährungsweise oder gar Diät einzuhalten und möchten oder dürfen bestimmte Zutaten der Garnituren nicht essen. Es liegt im Trend der Zeit und im Sinne der neuzeitlichen Ernährung, die Garnituren durch bekannte Bezeichnungen zu ersetzen und damit dem Gast zu erklären.

8. Vermeidung von endlos langen, verwirrenden Speisekarten

Ein gut ausgesuchtes Angebot ist besser als ein endlos langes. Wie oft findet man Gerichte in fast gleichen Zubereitungsarten. Wenn wir ein Schweinekotelett, natur, auf der Karte haben, dann muß nicht noch dasselbe mit Kümmelbutter, mit Paprikabutter, mit Pilzen, mit Gemüsestreifen und mit Senfsoße daneben stehen. Ein oder zwei Zubereitungsarten genügen. Ein erfahrener Gast weiß sowieso, wenn wir ein Paprikakotelett anbieten, daß er dieses auch naturell haben kann. Auch soll das Zahlenverhältnis innerhalb der Gerichtegruppen stimmen. Wenn wir nur 5 Hauptgerichte anbieten, müssen es keine 15 Suppen sein. Wenn der Gast zu lange zum Auswählen der Gerichte braucht, so geht das auf Kosten der Wartezeit. Der Gast berechnet die Zeit kaum, die er mit dem Auswählen beschäftigt war. Er schaut aber dann auf die Uhr und beschwert sich, daß er so lange auf sein Essen warten muß. Oft geht durch eine zu umfangreiche Speisekarte die dritte Besetzung teilweise verloren und damit ein enormer Teil des Jahresumsatzes. Verwirrend können Speisekarten auch sein, wenn zuviel ähnlich klingende Garnituren ohne weitere Beschreibung nebeneinander aufgeführt sind. Der Gast weiß dann zuletzt nicht, was er bestellen soll und nachher nicht mehr, was er bestellt hat. Dazu kommt noch folgendes: Jeder Gast weiß, daß bei einem sehr umfangreichen Speiseangebot nicht jedes Gericht frisch zubereitet werden kann. Außerdem ist eine große Vorratshaltung notwendig, die hohe Kosten verursacht und letztlich vom Gast bezahlt werden muß.

9. Richtige Übersetzungen
Feststehende französische Garnituren müssen auch unbedingt richtig geschrieben werden. Die große klassische und erstklassige Küche ist unbestritten in Frankreich zu Hause. Darin liegt der Grund der Anwendung dieser französischen Bezeichnungen in unserem internationalen Gewerbe. Wir haben es schon so hart genug, uns gegenüber fanatischen Sprachreformern zu behaupten. Es wird uns besonders dann schwerfallen und uns keinerlei Rechtfertigung geben, wenn wir immer wieder mit fehlerhaften Schreibweisen auffallen.
Besonders dann, wenn wir ganze Speisekarten übersetzen, können wir nicht gewissenhaft genug vorgehen. Mag uns auch evtl. der ausländische Gast einen Fehler verzeihen, der deutsch sprechende Kritiker tut das meistens nicht. Oft wird es versäumt, eine gewissenhafte Korrektur zu lesen. Man sollte die Übersetzung der großen Standardkarte zweckmäßigerweise in ein Dolmetschbüro zur Überprüfung geben, wenn man selber nicht hundertprozentig die Sprache beherrscht. Die Richtlinien für die Schreibweise von Speise- und Menükarten in französischer Sprache finden Sie im Anhang.

Übersetzungen ins Englische
Hier gilt das Gleiche wie für die Übersetzungen ins Französische. Wenn ein Hotelier oder Gastwirt glaubt, daß er seinen Gästen eine englischsprachige Speisekarte auflegen muß, dann sollte auch die Übersetzung absolut fehlerfrei sein.
Wir wollen hier in diesem Rahmen kein Wörterbuch veröffentlichen. Einige englische Fachausdrücke haben sich auch schon bei uns eingeprägt. Im Englischen finden wir auch gerade in der Menüzusammenstellung immer wieder französische Wörter. Angefangen beim Wort „menue" bis zu einer großen Anzahl von Garniturbezeichnungen und Zubereitungsarten kommt der Ursprung der Küchenfachsprache immer wieder zur Geltung. Französischkenntnisse sind also auch für das Erstellen von englischen und amerikanischen Speisekarten nicht entbehrlich.

Englische Wörter als Begriff auf einer deutschen Speisekarte
Bei verschiedenen Speisen, besonders bei Regional- und Nationalgerichten, besteht leicht die Gefahr in eine Zwei- oder gar Dreisprachigkeit zu verfallen.
Amerikanische Gerichte, die sich ohne Schwierigkeiten übersetzen lassen, sollten in deutscher Sprache aufgeführt werden. So läßt sich zum Beispiel das Wort Turkeysteak einwandfrei als Truthahnsteak übersetzen.
Anders verhält es sich bei ausgesprochenen englischen oder amerikanischen Spezialitäten. Genauso wie das deutsche Gericht „Sauerkraut" auch in Amerika Sauerkraut heißt, wird das Porterhouse Steak überall auf der ganzen Welt so genannt. Ähnliche Beispiele nicht übersetzbarer Spezialitäten sind z. B. Irish Stew, Kidney Pie, Yorkshire Pudding, T-Bone-Steak, Rib Eye Steak oder Corned Beef. Würde man das Wort Rib Eye Steak wörtlich ins Deutsche als Rippen-Augensteak übersetzen, so wüßte bestimmt kein Gast was damit gemeint ist.
Das Beispiel einer Menüübersetzung in englischer und französischer Sprache finden Sie im Anhang. Sie sehen an diesem Muster deutlich, wie sehr auch hier die Verbindung der französischen Sprache mit der Menüübersetzung zum Ausdruck gebracht wird.

10. Ernährungsphysiologische Richtlinien
Die heutige Lebensweise ist geprägt von Eile und Hast bei meist zu wenig körperlicher Anstrengung. Die Arbeitswelt, die immer mehr Konzentration und geistige Anstrengung fordert und dabei die Muskelkraft kaum benötigt, verlangt eine andere Ernährungsweise als in früheren Generationen. Nicht nur, daß der Mensch weniger Energieverbrauch hat, kommen durch Bewegungsmangel oft auch Verdauungsschwierigkeiten hinzu. Herzkrankheiten, Nervosität und Erschöpfung sind oft Folgen von Überarbeitung.

So haben wir immer mehr Gäste, die für die Wiederherstellung oder für die Erhaltung ihrer Gesundheit eine bestimmte Kost benötigen. Ein ganz besonderer Wert wird auf eine ausgeglichene vollwertige Ernährung gelegt. Das Hotel- und Gastgewerbe kann an diesen Tatsachen nicht vorbeigehen, wenn es die Gäste nicht verlieren will.

Große Industriebetriebe, die ihre Mitarbeiter in einer Gemeinschaftsverpflegung beköstigen, haben das schon lange erkannt. Sie wissen, daß die Gesundheit ihrer Belegschaft ein wichtiger Produktionsfaktor ist. Hier treffen wir oft die besten Küchenmeister und meistens auch eine Diätassistentin oder einen diätisch geschulten Koch, die für die Speiseplangestaltung verantwortlich sind.

Jeder Betrieb sollte sich seinem Standort entsprechend auf dieses Problem einstellen. Genügt es, daß z. B. in einem Ausflugslokal eine leichte Vollkost angeboten wird, so sollte ein Restaurant im Kurort oder in Kurortnähe schon Diätspeisen in die Speisekartenplanung mit einbeziehen. Weitere Beispiele: Eine vielfach von Autofahrern besuchte Gaststätte sollte mindestens ein leicht bekömmliches Kraftfahrergericht anbieten. Ohne einen Seniorenteller mit kleineren Portionen und leicht verdaulichen Speisen, kommt fast kein Restaurant mehr aus. Überall ist fettarme, eiweißreiche und vor allen Dingen auch vitaminreiche Kost gefragt. Der verantwortungsbewußte Küchenchef sollte dieses immer beachten.

Der Unterschied zwischen „leichter Vollkost" und „Diät" liegt darin, daß es sich einerseits um leicht verdauliche Speisen handelt, früher auch als „Schonkost" bezeichnet, andererseits um eine ganz genau auf die jeweilige Krankheit ärztlich verordnete Kost, bei der die Zutaten genau abgewogen und nach Vorschrift gegart werden. Diätgerichte dürfen nur von speziell dafür geschultem und geprüftem Personal hergestellt werden (Diätassistentin, diätisch ausgebildeter Koch). Auf einer Speisekarte können diätische Hinweise angegeben werden, wie z. B. Energiegehalt (Kilojoule) oder Broteinheit (BE). Verboten sind jedoch Hinweise auf schlankmachende oder gewichtsvermindernde Eigenschaften.

Es ist wirklich eine Kunst und es erfordert viel Berufserfahrung sowie Fachwissen und laufende Fortbildung auf dem Sektor der Ernährungslehre, wenn ein Küchenfachmann alle hier genannten Fakten voll berücksichtigt und in die Speisekartengestaltung mit einbeziehen will.

Beispiele von Menüs für verschiedene Schonkostformen, die auch ein Betrieb anbieten kann, der keine Diätassistentin bzw. diätisch geschulten Koch beschäftigt, sind im Anhang angegeben.

Das Speiseangebot je nach Tageszeit und Anlaß

Die Tagesmahlzeiten
Die Tageszeit ist ausschlaggebend für das Speiseangebot. So unterteilen wir die Tagesmahlzeiten in:

Erstes Frühstück
Zweites Frühstück
Mittagessen
Nachmittagskaffee
Abendessen
Spätmahlzeit

Ein zweiter wichtiger Punkt im Angebot der Speise- oder Menüzusammenstellung ist der Zweck bzw. der Anlaß, für den die Speisen serviert werden sollen.
So kann ein zweites Frühstück einerseits den täglichen Bedarf an richtiger Ernährung decken. Andererseits aber auch als Paradefrühstück zu einem besonderen Anlaß in Form eines Sektfrühstücks, eines Gabelfrühstücks nach dem französischen Muster eines petit dèjeuner à la fourchette, gereicht werden.
Nicht zuletzt ist aber auch die Nationalität der Gäste in Bezug auf ihre Lebensgewohnheiten ausschlaggebend für das Speiseangebot. Ganz besonders ist die Zusammenstellung einer Frühstückskarte von dem Gästekreis abhängig.
Wir wollen hier nur in Kurzform einige Frühstücksgewohnheiten und Frühstücksarten aufzählen.
Bei uns in Deutschland herrscht das kontinentale Frühstück vor. In vielen Häusern ist dieses altherkömmliche Frühstücksgedeck durch das Frühstücksbüfett abgelöst worden. Begrüßt wird das Frühstücksbüfett besonders von den Gästen, die gern etwas später frühstücken und so gleich das erste und das zweite Frühstück miteinander verbinden. Für manche Betriebe besteht hierdurch der sehr große Nachteil, daß viele Gäste nur noch Halbpension buchen, weil sie durch ein überreichliches Frühstück das Mittagessen einsparen.

Das Frühstück
Das kontinentale Frühstück
Das kontinentale Frühstück, in Frankreich auch dèjeuner simple genannt, besteht aus Butter, Brötchen und verschiedenen Brotsorten, Marmelade, Konfitüre und Honig, sowie das Frühstücksgetränk, Kaffee, Tee, Kakao oder Milch. Wenn ein Gast Fruchtsaft, Eierspeisen oder Aufschnittbeilagen wünscht, so werden diese extra in Rechnung gestellt.

Breakfast
Das englische und amerikanische Frühstück ist wesentlich umfangreicher. Frisches Obst, frisch gepreßte Säfte, Getreidespeisen, Eierspeisen, Fisch- und Fleischgerichte, sowie Wurst, Käse, Schinken und kalter Braten gehören zum Frühstück.

Early Tea
Einem reichhaltigen Frühstück geht meistens ein sogenannter Early Tea voraus. Dieser besteht nur aus einer Schale Tee und wird meistens auf dem Zimmer eingenommen. Das Frühstück – Breakfast – ist bei den Amerikanern und Engländern eine Hauptmahlzeit, während das Mittagessen eine Zwischenmahlzeit ist.

Lunch

Lunchtime ist die Mittagessenszeit. Meistens gibt es hier ein kaltes Gericht als Lunch. Beliebt sind Salate, Sandwiches, Roastbeef kalt und Gemüserohkost. Bestenfalls werden kleine Snacks gereicht, wie Hamburger, Cheeseburger, Hot Dogs oder Corn on the Cob.

Brunch

Das amerikanische Brunch besteht aus einer Kombination aus Frühstück und Mittagessen (Breakfast und Lunch). Besonders unter den Langschläfern findet dieses Mahl immer mehr Liebhaber. Man kommt zum Frühstück nicht zu spät und ist zum Mittagessen nicht zu früh dran.

Beim Brunch wird immer mit Pauschalpreisen gearbeitet, wobei allerdings die Getränke extra in Rechnung gestellt werden. Der Gast bedient sich selbst an einem reichhaltigen Büfett. Neben den aufgezählten Speisen eines Breakfast enthält dieses Büfett noch verschiedene Suppen, Braten, regional bedingte, rustikale Gerichte, Goulasch, Würstchen usw.

Wir sehen anhand dieser Beispiele schon, wieviel Arten von Frühstücksangebote es gibt. In der tabellarischen Aufstellung auf der Seite 27 wollen wir Musterbeispiele von verschiedenen Essensformen herausstellen.

Besondere Mahlzeiten

Besondere Mahlzeiten sind z. B.:

Das Sektfrühstück

Im kleineren Rahmen, meistens mit Kaviar als Spezialität.
Auch im größeren Rahmen als Stehempfang mit exquisiten Canapées von Kaviar, Lachs, Stör und Gänseleber.

Das Repräsentationsfrühstück

Es ist eigentlich kein Frühstück, sondern von der Tageszeit her mehr ein Lunch. Es besteht aus leichten aber sehr erlesenen Speisen und wird vor Staatsempfängen oder sonstigen repräsentativen Veranstaltungen gereicht.

Das kalte Büfett

Es handelt sich um eine Speisefolge mit klassischem Charakter in kalter Form. Die Gäste können sich zwanglos selbst bedienen. Repräsentiert den Leistungsstand der Küche.

Das rustikale Büfett

Es wird ähnlich wie das kalte Büfett zur zwanglosen Bewirtung der Gäste als Selbstbedienungsbüfett aufgebaut. Allerdings ist es nicht streng nach den Regeln der klassischen Speisefolge zusammengestellt und vom Wareneinsatz her weitaus kostengünstiger gehalten. Oft oder meistens wird es als kombiniertes kalt-warmes Büfett dargeboten.

Das hors d'œuvre Büfett

Vorspeisenbüfett vor einem Festmenü. Die Gäste können sich zwanglos ihre Vorspeisen auswählen. Diese Art bietet hervorragende Kommunikationsmöglichkeiten für die Gäste. Man wartet, bis man sich neben dem gewünschten Gesprächspartner einreihen kann und findet immer leicht einen Aufhänger für ein Gespräch, indem z. B. über eine Büfettschauplatte gesprochen wird.

Das Diplomatenbüfett
Dieses Büfett findet gerne bei Diplomatenessen Anwendung und wird daher auch Diplomatenbüfett genannt. Es handelt sich hierbei um ein kaltes bzw. kalt-warmes Büfett, bei dem sehr teure Materialien, wie Hummer, Kaviar, Trüffeln, Gänseleber, Pasteten, Terrinen usw. verarbeitet werden, wobei das Gastgeberland eigene Spezialitäten in den Vordergrund stellen sollte.

Salatbüfett
Wird vorwiegend bei einer Steakparty oder anläßlich einer Steakwoche angeboten. Eignet sich aber auch als Vorspeisen- und Beilagenbüfett.

Das Galabüfett
Ein Büfett mit viel Prunk, ansonsten wie das kalte Büfett. Erstellt nach den strengen Gesetzen des klassischen Menüaufbaues. Exquisite Vorspeisen und Pasteten als Schauplatten angerichtet. Alle Hauptplatten müssen Schauplatten sein. Früher auch immer mit Butterskulpturen und Eismeißelarbeiten. Von der Vorspeise bis zum Obstkorb muß ein stilvoller Aufbau hervorstechen. Nie hat eine Küche mehr Möglichkeiten, ihre Leistungsfähigkeit und ihr künstlerisches Schaffen unter Beweis zu stellen. Diese Arbeiten sind heute kaum noch zu bezahlen. Viele Häuser führen solche Büfetts hauptsächlich wegen ihrer großen Werbewirksamkeit durch. Oft wird auch dieser Galastil mit dem üblichen kalten Büfett kombiniert.

Das Schwedenbüfett
Es wird auch Smörgasbord genannt. Erlesene Fischvariationen dominieren hier. Es steht immer in der Mitte des Raumes, hat einen Aufsatz und ist von beiden Seiten begehbar. Es eignet sich auch hervorragend für Diplomatenessen und festliche Empfänge.

Das Stehbüfett
Es besteht aus Canapèes, Sandwiches, Cocktailwürstchen, kleinen Fleischbällchen usw., die im Stehen gegessen werden können, ohne daß Besteck benötigt wird.

Das amerikanische Büfett
Cocktails von Krustentieren, Schalentieren und Fischen. Frisches Obst, kleine Süßspeisen, Roastbeef, Fleisch, kleine Meatballs (Fleischbällchen), Würstchen, Salate und Rohkostgemüse.

Deutschland Europäischer Kontinent	Frankreich	England, Amerika
6.30 – 10 Uhr 1. Frühstück kontinentales Frühstück	petit dèjeuner simple (nur mit Hörnchen und Brötchen) petit dèjeuner complett (mit Brötchen, Butter und Konfitüre)	Early Tea Breakfast
9 – 10 Uhr 2. Frühstück Brotzeit in Bayern und Schwaben Gabelfrühstück	petit dèjeuner à la fourchette	11 – 14 Uhr Brunch
12 – 14 Uhr Mittagessen (in Deutschland Hauptmahlzeit des Tages)	dèjeuner	Lunch – Luncheon
16 – 17 Uhr Nachmittagskaffee Kaffeezeit In Österreich Jause (Kaffejause)	café	Five o'clock tea Afternoon tea
18.30 – 20 Uhr Abendessen	dinér (Abendesen, auch Hauptmahlzeit)	Dinner (Hauptmahlzeit des Tages)
20 – 22 Uhr und später Nachtmahl im festlichen Rahmen zu besonderen Anlässen	souper	Supper
	Besonders bei Empfängen, aber auch nach dem Theater, Konzert, einer festlichen Abendveranstaltung. Also ein festliches Mahl zu einer etwas späteren Stunde gereicht.	
mittags oder abends meistens jedoch abends In Deutschland als Hauptessen oder Freundschaftsessen, auch als Jahresessen veranstaltet	diner amical	Amical Dinner
Festveranstaltung Bankett	banquet	Banquet
	Ein Festmahl in gehobenem Rahmen mit exaktem Serviceeinsatz und exquisiter Speisefolge. Oft mit Prunk und Pracht aufgezogen.	

Muster einer Frühstückskarte für ein kontinentales Frühstück im Passanten-Café

Frühstückskarte

Gedeck 1 ____

Kleines Frühstücksgedeck
Tasse Kaffee, Kaffee Hag od. Glas Tee
Brötchen mit Butter und Marmelade

Gedeck 2 ____

Tasse Kaffee, Kaffee Hag, Tee oder Schokolade
Brötchen, Hörnchen, Butter, Marmelade
Gekochtes Ei oder eine Scheibe gekochter Schinken

Gedeck 3 ____

Portion Kaffee, Kaffee Hag, Tee, Kräutertee, Schokolade oder Milch
Brotauswahl, Brötchen und Hörnchen
Butter, Konfitüre und Honig

Gedeck 4 ____

Portion Kaffee, Kaffee Hag, Tee, Kräutertee oder Schokolade
Brotauswahl, Brötchen und Hörnchen, Butter, Konfitüre und Honig
Aufschnittbeilage

_____

Frühstücksgetränke

Tasse Kaffee oder Kaffee Hag ____

Glas Tee, Pfefferminztee, Hagebuttentee, Malventee oder Kräutertee ____

Glas warme oder kalte Milch ____

Tasse Schokolade ____

Portion Kaffee, Kaffee Hag, Tee, Schokolade, Ovomaltine, Kakao oder Kräutertee ____

Getreide- und Milchspeisen

Portion Haferflockenbrei ____

Portion Porridge mit Milch oder Sahne ____

Portion Cornflakes mit Zucker, Milch oder Sahne ____

Portion Milchreis mit Früchten ____

Portion Grießbrei mit Himbeersaft ____

Muster einer Frühstückskarte – Kontinentales Frühstück im Hotel

Frühstückskarte

Frühstücksgedeck:

Kaffee, Tee, Kakao, Ovomaltine, Milch oder koffeinfreier Kaffee, Pfefferminz-, Hagebutten-, Kamillen- oder Kräutertee,

Butter, Marmelade, Konfitüre oder Honig, Brotauswahl, verschiedene Brötchen und Hörnchen.

Auf Wunsch auch Diätmargarine, Diabetikerkonfitüre oder Halbfettmargarine.

Frühstücksbeilagen und Extras:

Frisch gepreßte Fruchtsäfte   Tagespreis

Orangen-, Grapefruit-, Ananas-, V-8-Gemüsesaft,
Tomaten-, Karotten-, Apfel-, Traubensaft

Joghurt, natur
Früchtejoghurt
Quark mit Kräutern
Quark mit Früchten
Quark mit Sanddorn
Bircher-Benner-Müsli

gekochtes Ei oder Ei im Glas
Portion Spiegelei oder Rührei
2 Stück Rühreier mit Schinkenwürfel
2 Stück Spiegeleier mit Speck oder Schinken
Omelette mit feinen Kräutern (von 2 Eiern)

Hausmacher Leber- oder Blutwurst
Schinkenwurst, Mortadella, Lyoner oder Thüringer
Salami oder Cervelatwurst
Gekochter Schinken
Westfälischer Knochenschinken oder Bündnerfleisch
Parmaschinken

Allgäuer Bergkäse oder Emmentaler
Camembert, Gervais oder Hüttenkäse
Gorgonzola oder Roquefort

Portion Porridge oder Haferflockenbrei
Portion Kornflakes mit frischer Milch oder mit Sahne

Mineralwasser
Fachinger

Frucht- und Gemüsesäfte:

Frisch gepreßte Säfte
im täglichen Angebot   Tagespreis

Orangen-, Grapefruit-,
Ananassaft   ———

Tomaten-, Karottensaft   ———

V-8-Vegetablejuice
(Gemüsesaft aus
acht verschiedenen
Gemüsen)   ———

Sauerkrautsaft   ———

Mineralwässer:

Kaiser-Friedrich-Quelle   ———
Apollinaris   ———
Fachinger   ———

Gebäck:

Brötchen   ———
Hörnchen   ———
Scheibe Toast   ———
Scheibe Brot   ———

Spezialgebäck
(z. B. Butterhörnchen,
Kissinger Hörnchen,
Nußschleifen)   ———

Eierspeisen:

gekochtes Ei oder
1 Ei im Glas   ———

Portion Rührei oder
Spiegelei   ———

Portion Rührei oder
Spiegelei mit Speck
oder mit Schinken   ———

Original Bacon and Eggs
(mit knusperigen
Speckstreifen)   ———

Ham and Eggs
(Spiegeleier mit Schinken)
over oder side up   ———

Aufschnitt und Wurstbeilagen:

Hausmacherwurst
(Blutwurst, Leberwurst
oder Preßsack)   ———

Bierschinken, Lyoner,
Mettwurst, Thüringer
oder Teewurst   ———

Gekochter Schinken   ———

Roher Schinken oder
Bündnerfleisch   ———

Parmaschinken oder
Roastbeef   ———

Verschiedenes

Portion Butter
oder Margarine   ———
Portion Confitüre
oder Honig   ———

Muster einer Frühstückskarte auf einem Luxusschiff – Deutsch, aber dem amerikanischen Breakfast sehr ähnlich

Frühstückskarte

Fruchtsäfte:
Pampelmusen – Orangen – Ananas – Pflaumen – Sauerkraut – Tomaten – Gemüse – Weintrauben

Kaffee:
Bremer – Hag – Idee – Nescafé – Malz

Tee:
Darjeeling Flowery – Ceylon – Pfefferminz – Kamillen – Hagebutten – Lindenblüten – Mate

Milchgetränke:
Trinkmilch – Joghurt – Quark – Kakao – Ovomaltine

Suppen:
Haferflocken in Milch, Grieß in Milch – Haferschleim

Zerealien:
Corn Flakes – Rice Krispies – Müsli

Brot und Brötchen:
Verschiedene Brötchensorten – Sesam – Roggen – Mohn- und Graubrotbrötchen – Kopenhagener – Weißbrot – Graubrot – Schwarzbrot – Kümmelbrot – Zwiebelbrot – Toast – Pumpernickel – Knäckebrot

Gebäck:
Zwieback – Süßgebäck

Konfitüren/Gelees:
Aprikosen – Kirsch – Erdbeer – Himbeer – Johannisbeer – Orangen

Diät-Konfitüren:
Sauerkirsch – Aprikosen – Erdbeer – Himbeer

Honig:
Schleuderhonig

Aufschnitt:
Diverse Wurstsorten – Roher oder gekochter Schinken – Käse

Eierspeisen:
Gekochte – pochierte – Rühreier – Spiegeleier, auf Wunsch mit Speck oder Schinken – Omelette mit Pilzen, Kräutern oder Tomaten – Eierpfannkuchen – Rosinen- oder Apfelpfannkuchen

Vom Grill:
Frühstücksspeck – Saftschinken – Rostwürstchen – Minutensteak – Cheeseburger – Hamburger

Kartoffeln:
Bratkartoffeln, auf Wunsch mit Speck oder Zwiebeln

Fisch:
Gebratener Fisch der Tageskarte mit Kräuterbutter – Kippered Hering, warm oder kalt – Brathering – Rollmops

Fruchtdessert:
Ananasscheiben – Pfirsichhälften – gekühlte Erdbeeren oder Himbeeren

Frische Früchte:
Pampelmusen – Äpfel – Apfelsinen – Melonen

Dunstobst:
Gedünstete Pflaumen

Tafelwasser:
Fachinger – Apollinaris

Das englische und das amerikanische Frühstück

Ice-Water = Eiswasser
Es steht zwar niemals auf einer Breakfast-Card, ist aber für den amerikanischen Gast Grundbedingung. Wie vor jedem Essen, so auch zum Frühstück, wird es unaufgefordert gereicht.

Breakfast-Card

Fresh squeezed Juices:
Fresh squeezed orange or Grapefruit juice

Frisch gepreßte Säfte:
Frisch gepreßter Orangen- oder Pampelmusensaft

Chilled Juices:
Orange, Grapefruit, Pineapple, Apple, Prune, Grape, Tomato, V-8-Vegetable, Sauerkraut or Clam-juice

Eisgekühlte Säfte:
Orangen-, Pampelmusen-, Ananas-, Apfel-, Pflaumen-, Trauben-, Tomaten-, Gemüse-, Sauerkraut- oder Muschelsaft

Fresh Fruits:
Half a Fresh Grapefruit, Iced Water Melon, Cantalup Melon, Honey Dew Melon

Frisches Tafelobst:
1/2 frische Grapefruit, geeiste Wassermelone, Cantalup- oder Honigmelone

Fresh Oranges or Sliced Oranges

1 ganze frische Orange oder Orangenfilets

Fresh Raspberries, Fresh Strawberries, Fresh Blueberries

Frische Himbeeren, frische Erdbeeren oder frische Blaubeeren

Royal Choice of Fresh Fruits from the Basket

Große Auswahl vom Früchtekorb

Stewed Fruits:
Steamed Pruns, Figs or Apricots in Syrup

Kompott:
Gedämpftes Dörrobst – Pflaumen, Feigen oder Aprikosen in Sirup

Sliced Peaches, Pears, Apples or Mixed Compott

Pfirsichscheiben, Birnen- oder Apfelkompott oder gemischtes Kompott

Cereals (Dry Cereals):
ready to eat

Getreidespeisen:
eßfertig

Corn Flakes, Rice Flakes, Bran Flakes, Grape-Nuts, Shredded Wheat, Wheat Flakes, Puffed Rice, Puffed Wheat, Puffed Corn

Maisflocken, Reisflocken, Kleieflokken, Teiggraupen, Weizenfäden, Weizenflocken, Puffreis, Puffweizen, Puffmais

Sugar Frosted Flakes	Mit Zucker überzogene Weizenflocken
Cooked (Cooked Cereals): Oatmeal, Porridge, Hominy	*Getreidespeisen (gekocht):* Haferschleim, Haferflocken (nur in Wasser gekocht, Milch oder Sahne extra serviert), Maisgrießbrei
Cream of Wheat, Milk Rice	Weizengrießbrei, Milchreis
Fish: Smoked Traut, Dutch Herring on Ice, Fried Kipper (Kippered Herring) Fried Haddock or Creamed Haddock, Fried Sole Meuniere, Grilled Turbot, Smoked Salmon, Poached Salmon, Bloater, Codfish	*Fische:* geräucherte Forelle, holländische Metjesheringe auf Eis, gebratener Räucherhering Schellfisch gebraten oder in Milch und Rahm gekocht, gebratene Seezunge, gegrillter Steinbutt, Räucher- oder pochierter Lachs, Bückling, Kabeljau
Egg Dishes: One Soft Boiled Egg, One Poached Egg, Two Boiled Eggs in a Glas,	*Eierspeisen:* gekochtes Ei, pochiertes Ei, 2 Eier im Glas,
Shirred Eggs, Scrambled Eggs plain, Scrambled Eggs with Cheese, Scrambled Eggs with Mushrooms, Fried Eggs (Sunny side up or turned over)	gebackene Eier, Rühreier naturell, Rühreier mit Käse, Rühreier mit Pilzen, Gebratene Eier (Spiegeleier) auf einer Seite gebraten (Ochsenauge) oder auf beiden Seiten gebraten (Overeggs)
Bacon and Eggs, Ham and Eggs,	Spiegeleier mit Speck, Spiegeleier mit Schinken,
Fried Eggs with Crisped Bacon,	Setzeier in knusperig gebratenen Frühstücksspeckstreifen,
Omelet with Ham, Omelet with Tomatoes, Omelet with Shrimps, Omelet with Chicken Liver, Omelet with Fried Sausages, Plain Omelet	Schinkenomelette, Omelette mit Tomaten, Omelette mit Krevetten, Omelette mit Geflügelleber, Omelette mit gebratenen Würstchen, Omelette natur

Pancakes:
Dutch Apple-Pancake with Maple-Syrup,
Griddle-Cakes,

Stuffed Pancake with Confiture,

Bacon-Pancake,
Griddled Buckwheat Cakes

Meats:
Lamb Chops, Small Tenderloin-Steak
Crisped Ham or Bacon,

Pork Chop, Veal Chop,
Fried Bavarian Pork Sausages,

Fried Veal Sausages,
Sauted Kidneys,
Corned Beaf Hash,

Shopped Tenderloin-Steak,
Nuernberg Pork Sausages,
Frankfurt Sausages,
Fried Milk Fed Calfs Liver

Cold Cuts:
Corned Beef,
Virginia Style Ham,
Westphalien Ham,
Boiled Cederland Ham,
Cold Roasts,
Corned Ox-tongue,
Roastbeef,
Liver Sausage,
Differend Kind of Sausages

Cheese
Roquefort, Gorgonzola,
Danish Blue,
Swiss, Dutch,
Philadelphia,
French Camembert,
Chester

Pfannkuchen:
Holländischer Apfelpfannkuchen mit Speckstreifen und Ahornsirup,
auf dem Backblech hergestellte Pfannkuchen,
gefüllter Pfannkuchen (Palatschinken),
Speckpfannkuchen,
Buchweizenpfannkuchen

Fleischgerichte:
Lammchops, kleines Filetsteak,

knusperig gebratener Schinken oder Speck,
Schweinskotelette, Kalbskotelette,
gebratene bayerische Schweinswürstl,
Kalbsbratwürste,
sauere Nierchen,
gepökeltes Rindfleischhaschee (Rinderhack)
Rinderhacksteak vom Filet,
Nürnberger Schweinswürstl,
Frankfurter Würstchen,
gebratene Kalbsleber

Aufschnitt:
Gepökeltes Rinderdosenfleisch,
Virginia Schinken,
westfälischer Knochenschinken,
gekochter Cederland-Schinken,
kalter Braten,
gepökelte Ochsenzunge,
Roastbeef kalt,
Leberwurst,
verschiedene Wurstsorten

Käse:
Roquefort, Gorgonzola,
dänischer Blauschimmelkäse,
Schweizer, Holländischer Käse,
Philadelphia Weichkäse,
Französischer Camembert,
Chesterkäse

Breads, Toasts, Cakes, Rolls:	*Brotsorten, Toaste, Gebäck und Brötchen:*

Different Kind of Rolls, Verschiedene Sorten Brötchen,
House Bread, Hausbrot,
Brown Bread, Wheat Bread, dunkles Mischbrot, Weißbrot,
Dutch Milk Bread, holländisches Milchbrot,
Pumpernickel, Vasa Bread, Pumpernickel, Knäckebrot,
Rye Bread, Muffins, Roggenbrot, Portionsküchlein,
Danish Pastry, Doughnuts, Blätterteiggebäck und Krapfen,

Buttered Toast, gebutterter Toast,
French Toast, in Milch und Ei getauchter ausgebackener Toast,

Melba Toast, entrindete und hauchdünn geschnittene Toastscheiben,

Milk Toast, Milchtoast,
Rye Bread Toast, Roggenbrottoast,
Cinnamon Toast, Zimttoast,
Plain Toast. einfacher Toast.

Butter: *Butter – Brotaufstrich:*
Sweet Butter, Salted Butter, Süßrahmbutter, gesalzene Butter,
Whipped Butter, Diet Butter. geschlagene Butter oder Diätmargarine.

Preserves Eingemachter, süßer Brotaufstrich

Marmalade: Marmalade ist nicht zu verwechseln mit Marmelade, dem Sammelbegriff für süßen Brotaufstrich aus verschiedenen Früchten. Hier ist immer eine Marmelade aus Zitrusfrüchten gemeint, eigentlich meistens Orangenmarmelade mit den Schalen und dem typischen Bitternachgeschmack.

Jam:
Strawberry Jam, Rasberry Jam, Jam ist der eigentliche Begriff, der
Blueberry Jam, Blackberry Jam. mit dem deutschen Marmelade zu übersetzen ist, z. B. Erdbeer-, Himbeer-, Heidelbeer-, Brombeermarmelade.

Jelly:
Red Currant Jelly, Black Currant Jelly, Apple Jelly, Gooseberry Jelly.

Jelly ist mit Gelee zu übersetzen, hier rotes Johannisbeergelee, schwarzes Johannisbeergelee, Apfelgelee und Stachelbeergelee.

Confiture:
Strawberry Confiture, Black Cherry Confiture

Konfitüre:
Konfitüre ist immer mit ganzen Früchten von erlesener Qualität in vollreifem Zustand. Hier: Erdbeerkonfitüre, Schwarzkirschenkonfitüre.

Maple-Syryp:

Maple Syrup ist eine amerikanische Spezialität, Ahornsirup.

Honey

Honig

Beverages:
Coffee, Sanka Coffee, Instant, Tea, Pepperminttea, Camomiletea, Ovaltine, Cocoa, Chocolate, Fresh Milk hot or cold, Skirn Milk.

Getränke:
Kaffee, koffeinfreier Kaffee, Nescafé, Tee, Pfefferminztee, Kamillentee, Ovomaltine, Kakao, Schokolade, Frischmilch, heiß oder kalt, entrahmte Frischmilch (Magermilch).

Wichtige Anmerkung:
Die Beverages-Getränke stehen nicht nur am Schluß der Breakfast-Card, sondern sie sollten tatsächlich auch immer am Schluß serviert werden.
Aus dem umfangreichen Angebot läßt sich wohl auch zweifellos schließen, daß es sich hier um eine Hauptmahlzeit handelt. Nach ernährungswissenschaftlichen Erkenntnissen ist es auch vollkommen richtig, wenn vor der Arbeit gut gegessen wird. Aus nachstehender schematischer Darstellung über den Verteilungsvorschlag für den Tagesbedarf an Nährstoffen geht das ganz klar hervor.

Zum 1. Frühstück	− 25 %
Zum 2. Frühstück	− 10 %
Zum Mittagessen	− 30 %
Zum Nachmittagskaffee	− 10 %
Zum Abendessen	− 20 %
Zur Spätmahlzeit	− 5 %

Wenn das zweite Frühstück entfällt, können zum 1. Frühstück 35 % des gesamten Tagesbedarfs eingenommen werden.

Standardkarte

Wie vorhergehend schon erwähnt, handelt es sich bei einer Standardkarte um eine Speisekarte, die über einen längeren Zeitraum gültig ist und sowohl internationale als auch regionale Gerichte enthält.

Jede Region, ja fast jedes Dorf, hat aber irgendeine bestimmte Spezialität und es ist in diesem Rahmen nicht möglich, von allen Gegenden Deutschlands eine entsprechende Karte als Muster aufzuführen.

Es soll daher nachfolgend nur eine neutrale, für ein Hotel der gehobenen Kategorie passende Karte als Beispiel wiedergegeben werden. Diese ist weitgehend regional unabhängig, weist aber doch einige Gerichte auf, die als Spezialitäten der Gegend, hier des Bodensees, zu bezeichnen sind und auf die bei einer Standardkarte auch nicht verzichtet werden sollte.

Die Karte ist bewußt im Original wiedergegeben, um zu zeigen, daß es in der Praxis leider kaum fehlerfreie Speisekarten gibt (z. B. Schreibweise mit Bindestrichen). Auf zwei Fehler, die auch häufig zu finden sind, soll besonders hingewiesen werden:

1. Angabe der Zubereitungsart

Dort, wo die Zubereitung nicht durch die Garniturbezeichnung festgelegt ist (z. B. eine Seezunge Colbert ist immer gebraten), sollte sie angegeben werden. Zweck der Speisekarte ist es ja auch, den Gast möglichst genau über das Speiseangebot zu informieren. Dazu gehört auch, wie die Speisen zubereitet sind.

2. Reihenfolge der Bestandteile eines Gerichtes

Aus Gründen der besseren Übersichtlichkeit sollte man bei der Angabe eines Gerichtes oder eines Ganges immer eine bestimmte Reihenfolge einhalten, und zwar: Hauptmaterial (Fleisch, Fisch), Soße, Ergänzungsbeilage (Gemüse, Obst) und zum Schluß die Sättigungsbeilage (Kartoffeln, Teigwaren). Diese Reihenfolge ändert sich allerdings, wenn anstatt Gemüse Salat gegeben wird. Dann wird dieser zuletzt angegeben. Ebenso gibt man kalte Beilagen, wie z. B. geeisten Meerrettich, immer zuletzt an.

Zum Beginn
Appetizers · Pour commencer

Mild geräucherter Salm, Orangensahnemeerrettich
Smoked salmon with orange horse-radish
Saumon fumé, raifort à l'orange

Bodensee-Fischteller, mit feinen Salaten
und pikanten Saucen garniert
Bodensee-fish-plate with delicious salads and spicy sauces
Plat de poissons »Lac de Constance« avec salades
délicieuses et sauces à la ravigote

Frisch geräuchertes Bodensee-Felchenfilet,
Apfelmeerrettich
Fresh smoked Bodensee fera fillet, horse-radish
Filet de féra fumé, raifort

Roquefort-Birne auf Preiselbeer-Toast
Roquefort-pear on cranberry-toast
Poire au roquefort sur toast aux airelles-roux

Blätterteigpastetchen mit feiner Fleischfülle
Puff paste patty filled with a fine stew
Bouchée à la reine

Original Beluga-Malossol-Kaviar
28,5 g auf Eis serviert

Nizzaer Salat
Salad Nizza · Salade Niçoise

Hausgemachte Wild-Pastete
Waldorf-Salat, Cumberland-Sauce
Homemade venison-galantine
Salad Waldorf, Cumberland-sauce
Galantine de gibier
Salade Waldorf, Sauce Cumberland

Suppen
Soups · Potages

Tomatencremesuppe
Tomato soup · Crème de tomates

Zuppa Pavese
Rinderbrühe mit Eigelb und Käsecroûtons
Clear soup with an egg and cheese-croûtons
Consommé à l'oeuf avec croûtons au fromage

Bodensee Fischsuppe
Fish soup
Potage de poisson du lac

Klare Rinderbrühe mit Ei
Beef broth with egg
Consommé à l'oeuf

Suppentopf Henry IV mit Ochsenbrust und
Masthuhn, Fadennudeln und Gemüse
A chicken pot with breast of beef, vermicelli and vegetables
Poule au pot avec poitrine de boeuf, vermicelles et légumes

Hamburger Krebssuppe
Hamburg crayfish soup
Bisque d'écrevisses hambourgeoise

Geflügelcremesuppe Monte Christo
Chicken purée soup
Potage de volaille

UNSERE PREISE SCHLIESSEN
BEDIENUNGSGELD UND MEHRWERTSTEUER EIN
ALL INCLUSIVE-RATES · PRIX TOUT COMPRIS

Leicht und bekömmlich
Something light · Entrées

Omelette mit französischen Champignons
Omelette with white french mushrooms
Omelette aux champignons français

Hühnerbrust Kaiserin Maria-Theresia
Champignon-Risotto
Breast of chicken mushroom-risotto
Blanc du poulet risotto aux champignons

Spanisches Omelette
mit Zwiebeln, Tomaten, Paprika und Kartoffelscheiben
Spanish omelet with onions, tomatoes, paprika and potatoes
Omelette Espagnol avec oignons, tomates, piment et pommes de terre

Eine herzhaft zubereitete **Salatschüssel mit gekochtem Ei**
Salad assortment with an egg
Salades assorties à l'oeuf

Gemüseplatte Reichenau mit Ei
Assorted vegetables with egg
Légumes assorties à l'oeuf

Engadiner Käsetoast mit Schinken
Cheese-toast with ham Engadin
Toast gratiné Engadin

Toast Bombay . Kleines Filet, pikant gewürzt, Curry-Banane, Mango, Langostinos, Sauce Hollandaise
Small fillet, curry banana, mango, langostinos, Sauce Hollandaise
Petit filet, banane au curry, mango, langostinos, Sauce Hollandaise

Verlorene Eier nach Wittelsbacher Art, Buttertoast mit Staudensellerie und Waldpilzen
Poached eggs Wittelsbach Buttered toast, celery stick, mushrooms
Oeufs pochés Wittelsbach , Toast au beurre, céléri en branches, champignons

Aus dem Schwäbischen Meer
From the Lake · Don du Lac

Frisches Bodensee-Blaufelchen Meunière
Bodensee-fera, panfried in butter
Féra du Lac de Constance à la meunière

In Ei gebackenes Bodensee-Felchenfilet, Mandelbutter
Egg-fried Bodensee-fera, almond-butter
Filets de féra du Lac de Constance, frits à l'oeuf, beurre aux amandes

Zander im Wurzel-Sud, Senfbutter
Boiled perch-pike with a mustard-butter
Sandre bouilli au beurre de moutarde

Paniertes Bodensee-Egli-Filet, gemischte Salatplatte, Sauce Gribiche
Bodensee perch-fillets in breadcrumbs, salad assortment
Filets de perche panés du Lac de Constance, salades assorties

Gekochtes Egli-Filet Nantua
Krebsschwanz-Sauce, Pilaw-Reis
Poached perch-fillets, Crayfish sauce, rice
Filets de perche pochés, sauce d'écrevisses, riz

Gemischte Bodenseeplatte mit Dillsauce
Gebratene Felchen-, Eglifilets und Zander
Assorted Bodensee-plate with a dill-sauce
Panfried fera-, perch fillets and perch-pike
Plat Lac de Constance mixte à l'aneth Viennoise
Filets de féra, perche et sandre braisés

Allgäuer Gebirgsforelle blau, zerlassene Butter
Fresh Allgäu blue trout, melted butter
Truite au bleu, beurre fondu

Etwas Besonderes aus unserer Küche
Bodensee-Fischkessel, mit erlesenen Fischen und frischen Gemüsen, Safran, Kartoffeln und Croûtons
Something special from our kitchen
Bodensee-casserole with selected fish and fresh vegetables, saffron, potatoes and croûtons
Une spécialité de notre cuisine
Casserole Lac de Constance , poissons choisis, légumes frais, pommes de terre, safran, croûtons

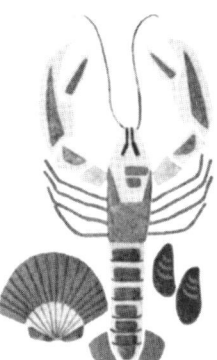

Als Beilagen werden Petersilienkartoffeln und grüner Salat gereicht.
Potatoes with parsley and salads are served with all fish dishes.
Tous nos poissons sont accompagnés de pommes persillées et salades

Althergebrachtes und vom Grill

Meat dishes and from the Grill
Plats de viande et Grillades

Mexikanisches Pfeffersteak von zarter Lende
Stäbchen-Kartoffeln, Kopfsalat
mit Walnuß-Dressing
*Mexican peppersteak, potatoes,
green salad with walnut-dressing*
*Steak au poivre Mexicain, pommes de terre,
salade verte avec noix-dressing*

Chateaubriand, Sauce Béarnaise (2 Pers.),
gebackene Kartoffeln, junge, grüne Bohnen
*Chateaubriand, Sauce Béarnaise, fried potatoes,
green beans*
*Chateaubriand, Sauce Béarnaise, pommes de terre,
haricots verts*

Schweinsfilet Aquavit
Safran-Risotto, Tomatensalat
Fillet of pork, risotto, tomato-salad
Filet de porc, risotto, salade de tomates

Tafelspitz vom Mastochsen, Meerrettich-
Sauce, würzige Beilagen, Petersilienkartoffeln
Boiled rump, horse radish sauce, parsley potatoes
*Pointe de culotte bouillie, sauce au raifort,
pommes persillées*

Hähnchen in Rotweinsauce
Edelpilze, Croûtons, Butterkartoffeln
*Chicken in red wine sauce
mushrooms, croûtons, parsley potatoes*
*Coq au vin, champignons, croûtons,
pommes persillées*

Zartes Rinder-Huftsteak Café de Paris
Waffelkartoffeln
*Steak of beef Café de Paris
Potatoes*
*Steak de boeuf Café de Paris
Pommes gaufrettes*

Haus-Spezialitäten

A hearty meal · Nos spécialités

Ratsherrengericht, zubereitet nach altem
Lindauer Patrizierrezept, verschiedene
Medaillons, hausgemachte Spätzle
Various roast medallions in cream-sauce, Spätzle
Différents médaillons sautés, sauce à la crème, Spätzle

Schwarzwälder Kirschensteak, Sauerkirschen, Mandelbällchen, Apfelsalat Waldorf
*Steak Black Forest, potato-croquets
with almonds, apple-salad Waldorf*
*Steak Forêt Noire, crôquettes aux
amandes, salade de pommes Waldorf*

Klein aber fein, Kalbssteak,
Sauce Béarnaise, bunter Reis,
gefüllter Pfirsich, Butterspargel
*A titbit for the connoisseur, veal steak,
peach, rice, asparagus*
*Petit mais bon, steak de veau,
pêche, riz, asperges*

Kalbsnüßchen Portofino,
mit Zwiebeln, Tomaten, Champignons
und Käse gratiniert, Butternudeln
*Small medallions of veal Portofino, with onions,
tomatoes, white mushrooms, gratinated with
cheese, buttered noodles*
*Noisettes de veau Portofino, avec oignons,
tomates, champignons, gratinés avec fromage,
nouilles au beurre*

Heidschnucken-Ragout
mit feinen Gemüsen, Butterkartoffeln
*Stew of heath-sheep
Vegetables, buttered potatoes*
*Blanquette de brebis,
légumes, pommes natures*

Schwäbischer Bauernpfannkuchen,
Salatplatte
Bacon pancake, salad assortment
Crêpe au lard, salades assorties

Aus der kalten Küche

Cold dishes · Plats froids

Geflügelsalat in einem rassigen Curry-Rahm,
mit Früchten und Salat garniert
Chicken-salad in a curry-cream, with fruits and salad
Salade de volaille, crème au curry, fruits et salade

Lindauer Rauchfleisch
auf dem Holzteller herzhaft garniert
Smoked raw ham Lindau served on wooden plate
*Jambon fumé du pays, comme à Lindau,
servi sur plat sculté en bois*

Leckere kalte Platte
Assorted cold cuts · Assiette anglaise

Tartar-Beefsteak mit Ei, angemacht mit
einem Schuß Whisky und vielen Zutaten
*Steak Tartar with egg, a dash of whisky and
a lot of ingredients*
*Steak Tartar, avec oeuf, un coup de whisky
et beaucoup d'ingrédients*

Kraftbrot Strammer Augustin
Gewürfelter Katenrauchschinken,
Spiegelei, Senfgurke
Rye bread, farmer's raw ham, fried egg, cucumber
*Pain de seigle, jambon fumé du pays,
oeuf au plat, cornichon*

Süßigkeiten und Gefrorenes – Käse

Desserts, sweets · Entremets doux et glaces – Cheese · Fromage

Gemischtes Eis
Assorted icecream · Glace panachée

Karamel-Creme Äbtissin
mit Sauerkirschen und Sahne
Caramel custard with cherries and whipped cream
Crème au caramel avec cerises et crème Chantilly

Schwedenfrüchte mit Schlagrahm
Assorted berries with whipped cream
Baies assorties avec crème frappée

Eisbecher Augustin Sumser
Ice cream coupe with fruits · Coupe Jacques

Pralinen-Parfait mit Walnüssen
Praline-parfait with walnuts
Parfait aux pralines avec noix

Birne Schöne Helene
Pear Belle Hélène · Poire Belle Hélène

Pfirsich My fair Lady
Peach My fair Lady · Pêche My fair Lady

Vanille-Eis mit heißen Sauerkirschen
Vanilla-icecream with hot cherries
Glace à la vanille, cerises chaudes

Diplomaten-Pudding
Pudding Diplomat
Pouding Diplomat

Brombeereisauflauf
Frozen blackberry soufflé
Soufflé glacé aux mûres sauvages

Gemischte Käseplatte
Assorted cheese · Fromages assortis

Gebackener Camembert
Fried Camembert · Camembert pâtissé

Käse nach Ihrer Wahl
Cheese, according to your choice
Fromage à votre choix

Getränke

Kalte Getränke

Apollinaris	Flasche
Siebers-Quelle	Flasche
Fachinger	Flasche
Apfelsaft, LINDAVIA	Flasche
Johannisbeersaft, LINDAVIA	Flasche
Sauerkirschsaft, LINDAVIA	Flasche
Traubensaft weiß, LINDAVIA	Flasche
Limonade	Flasche
Coca-Cola	Flasche
Insel Pils vom Faß	0,2 Ltr.
Insel Pils	kl. Flasche
Spatengold, München, Export hell	kl. Flasche
Spaten dunkel, München, Export	kl. Flasche
Spaten-Club-Weizenbier	½ l Flasche

Aperitifs und Spirituosen

Cinzano weiß	5 cl
Cinzano rot	5 cl
Sherry Varela Manzanilla, dry	5 cl
Campari bitter (mit Farbstoff), mit Soda	5 cl
Asbach Uralt	2 cl
Scotch Whisky Johnnie Walker, mit Soda	4 cl
Courvoisier V.S.O.P.	2 cl
Grand Marnier	2 cl
Akvavit Aalborg	2 cl
Gordon's dry Gin	2 cl
Jägermeister	2 cl

UNSERE PREISE SCHLIESSEN BEDIENUNGSGELD UND MEHRWERTSTEUER EIN · ALL INCLUSIVE-RATES · PRIX TOUT COMPRIS

Muster einer Nachmittagskarte – wird in Bayern auch Brotzeitkarte oder in Schwaben Vesperkarte genannt und liegt etwa in der Zeit zwischen 14 und 18 Uhr im Restaurant auf

Nachmittagskarte

Suppen:
Hühnerbouillon mit Ei
Hausgemachte Goulaschsuppe, Holzofenbrot
Pfälzer Zwiebelsuppe, Kümmelbrötchen

Kalte Speisen:
Belegtes Brot mit Hausmacherwurst, Bergkäse oder Rauchfleisch
Kaltes Ripple, Salzgurke, Bauernbrot
Bündnerfleisch, Cornichons, Holzofenbrot
Brotzeitteller nach Art des Hauses (Hausmacherwurst, Schinken, Käse, kalter Braten, Salatgarnitur, Rettich oder Radieschen, Butter und Brot)

Kleine warme Gerichte:
Warme Seele mit Butter
Warme Schinkenseele
Nürnberger Rostbratwürstl mit gemischtem Salat
Tellergoulasch, Brot oder Brötchen
Entrecôte vom Grill mit Meerrettich oder mit Kräuterbutter, Holzofenbrot
Kleines Filetsteak auf Toast, Salate der Saison

Jeden Mittwoch:
Von 11 Uhr bis 16 Uhr
Frisches Kesselfleisch, Bauernbrot

Ab 16 Uhr
Frische Hausmacher Blut- und Leberwürste, Weinsauerkraut, Brot

Käse:
Bergkäse, Emmentaler oder Lindauer Butterkäse, Butter und Toast
Angemachter Camembert, Bauernbrot
Käseplatte, Rettich oder Radieschen, Butter und Brot

Süßspeisen:
Gemischtes Eis, Karamelkreme, Bayerische Kreme
Eisbecher mit Früchten und Sahne
Pfirsich Melba, Bananensplit
Frisches Tafelobst nach Wahl

Muster einer kleinen Abendkarte – ab 21 Uhr oder ab 22 Uhr

Kleine Abendkarte

Suppen:
Schwäbische Flädlesuppe
Hausgemachte Goulaschsuppe
Allgäuer Käsesuppe

Toaste:
Schinkentoast mit Schweizerkäse, überbacken
Hähnchenbrustschnitzel auf Toast mit Ananasscheibe und Senffrüchten
Schweinenackensteak auf Toast mit Paprikabutter

Tellergerichte:
Fleischkäs mit Spiegelei, Kartoffelsalat
Schwäbische Maultaschen, abgeschmelzt, grüner Salat
Tellerfleisch mit frisch geriebenem Meerrettich, Brot
Garniertes Sauerkraut, Kartoffelpüree (Rostbratwürstl, Rauchfleisch, kleines Ripple, Wellfleisch)
Entrecôte vom Grill, Salatplatte
Kalbssteak vom Grill mit Saisonsalaten
Filetsteak vom Grill mit Champignons, Salate der Jahreszeit
Bis 23 Uhr können alle Gerichte auch mit Pommes frites bestellt werden
Aufpreis pro Portion –

Kalte Speisen:
Schweizer Wurstsalat, Brot
Hausmacherwurst, Schinken und Käse auf dem Holzbrett angerichtet, Essiggurke, Brot
Räucherlachs mit Rahmmeerrettich auf Toast
Schwarzwälder Schinkenbrett, Kirschwasser, Brot
Roastbeef mit Salaten garniert, Remouladensoße
Parmaschinken, Melone, Butter und Brot

Käse:
Käseauswahl vom Brett
Angemachter Camembert (Obatzter), Brot

Süßspeisen:
Gemischtes Eis
Parfait Grand Marnier
Apfelstrudel mit Vanillesoße
Eisbecher mit Früchten und Sahne

Muster für kalte Büfetts

Rustikales kaltes Büfett

Vorspeisenplatten:
Geräucherte Forellenfilets, Sahnemeerrettich
Aalgalantine nach Art des Hauses
Gefüllter Hecht, Gurken- und Fenchelsalat
Gebeizte Regenbogenforellen auf schwedische Art, Senfsoße
Matjesfilets auf Eis
Ochsenbrust, Vinaigrettesoße
Schweinefleischpastete, Apfel-Sellerie-Salat

Frische Salate:
Kopf-, Endivien-, Frisee-, Kresse-, Tomaten-, Rettich-, Spargel-, Weißkraut-,
Rotkraut-, rote Beete-, Karotten- und Gurkensalat

Verschiedene Salate:
Italienischer Salat, mit gefüllten Eiern garniert
Nizzaer Salat
Escoffiersalat
Nürnberger Ochsenmaulsalat
Münchener Wurstsalat

Schauplatten und Hauptgerichte:
Spanferkelgalantine
Gefüllte Jungschweinschulter, Essiggemüse
Westfälischer Knochenschinken, Pumpernickel, Steinhäger
Gefüllter Schweinsnacken mit Backpflaumen im Brotteig, Pfeffergurken
Roastbeef mit Gemüsebukett, Remouladensoße
Schweinskopfsülze, Vinaigrettesoße
Milchlammkeule, gefüllt, Pfefferminzgelee
Kalter Braten, reichlich garniert, Tatarensoße

Käse:
Große Käseauswahl vom Brett, Radieschen, Brezeln, Butter und Brot

Obst- und Süßspeisen:
Frisches Tafelobst nach der Jahreszeit
Obstsalat – heiße Kirschen auf Vanilleeis – kandierte Früchte
Petit fours – Nußkipferl – Abazziagebäck – Linzerschnittchen
Bayerische Creme – rote Grütze mit Vanilletunke – Waldmeistergelee

Rustikales – kalt-warmes Büfett

Kalt:
Nürnberger Ochsenmaulsalat, bayerischer Wurstsalat, Bodenseefischsalat, Reichenauer Gemüsesalat, Schweizer Käsesalat, Rettichsalat, Kartoffelsalat, Nizzaer Salat, Krautsalat, Rindfleischsalat nach Teufelsart, Paprikasalat, Nudelsalat mit Schinkenwürfeln, roter und weißer Preßsack sauer mit Zwiebelringen, Eiersalat

Warm:
Nürnberger Rostbratwürstl auf Kraut, Münchener Weißwürstl mit süßem Senf, Regensburger Würstchen, Frankfurter Würstchen, Lindauer Schüblinge, fränkische blaue Zipfel

Kalt:
Schweinskopfsülze mit Vinaigrettesoße, gefüllte Kalbsbrust mit Schnittlauchmayonnaise, gefülltes Kalbsherz nach Wiener Art, Schweinehals auf schwedische Art, kalter gemischter Braten reichlich garniert, westfälischer Knochenschinken, Schwarzwälder Schäufele, gekochte Rinderbrust mit Frankfurter grüner Soße, bayerische Milzwurst mit Salzgurken, original Thüringer Rotwurst, Pfälzer Saumagen, Würzburger Rotgelegter, fränkische Knäutele, Rügenwalder Teewurst

Warm:
Saure Linsen mit Spätzle und Saitenwürstchen,
Ungarische Goulaschsuppe,
Erbsensuppe mit Schweinsohren und Spitzbeinen,
saure Kutteln,
Sahnebeuscherl mit kleinen Semmelklößchen

Kalt:
Schweinemett mit gehackten Zwiebeln, Tatar mit Ei garniert, russische Eier auf Gemüsesalat, Schinkentaschen mit Fleischsalat gefüllt, Schweinefleischpastete, Spanferkelgalantine, garnierter Truthahn, Pökelrinderzunge mit Sahnemeerrettich, Hasenterrine

Warm:
Schinken im Brotteig, heißgeräucherter Schweinehals auf Weinkraut, geschröpfte Jungschweinschulter, Schweinehaxen vom Grill, Kalbsschäufele sauer, Münchener Surhaxen, Schweinezüngle im Wurzelsud, Spießbraten, heißgeräucherte Bodenseefelchen

Bei der entsprechenden Personenzahl, läßt sich auch sehr gut ein Spanferkel oder ein ganzer Ochse am Spieß für ein kalt-warmes Büfett mit einplanen.

Käse:
Allgäuer Bergkäse vom Rad geschnitten, Romadour mit Zwiebelringen in Essig und Öl eingelegt, fränkischer Gerupfter (angem. Camembert), Mainauer, Harzer mit Gänsegriebenschmalz, Emmentaler, Appenzeller, Edamer, Roquefort, bayerischer Blauschimmelkäse und Camembert

Süßspeisen und Früchte:
Wiener Apfelstrudel mit Vanillesoße, Quarkblätterteigtaschen, Linzer Schnitten, Erdbeertarteletten, Heidelbeerkuchen und Zwetschgendatschi mit Sahne, großer Früchtekorb, Obstsalat, Eisbüfett

Galabüfett – international

Galabüfett

Original Sevruga Malossol Kaviar auf Eisblock mit Beilagen
Grönlandkrabben-Cocktail
Norwegischer Hummer, Cocktailsoße, Zitrone
Frischer Lachs und Seezungenröllchen
Dänischer Räucherlachs, Sahnemeerrettich
Geräucherter Aal, Forellenfilet und Stör mit Zitrone
Straßburger Gänseleberpastete mit Madeiragelee
Amerikanische Hochrippe, Remouladensoße
Geflügelpastete auf Pariser Art, Sc. Vincent
Kalbsrücken auf skandinavische Art
Gefüllte Eier auf Gemüsesalat
Gespicktes Rinderfilet auf Gärtnerinart
Hasenpastete, Sc. Cumberland
Gespickter Rehrücken Baden-Baden
Geflügelgalantine auf indonesische Art
Poularde und Ente mit Mandarinenfilets
Delikateßschinken mit Spargelspitzen
Stangenspargel mit Sc. vinaigrette
Geräucherter westfälischer Schinken
Heringssalat – Geflügelsalat – Waldorfsalat
Obstsalat mit Maraschino
Käseplatte, Crackers, Pumpernickel

Süßspeisen:
Baumkuchen, Obsttörtchen, Sachertorte, Mokkatorte, Himbeertorte, Grand-Marnier-Torte, Schokoladentorte, Lübecker Nußtorte, Käsetorte, Käsesahnetorte, Schwarzwälder Kirschtorte, Kiwitorte, Sahnequarkspeise mit Erdbeeren, Weißweingelee, Rotweingelee mit Früchten, Pralinés, Petit fours, Diätsüßspeise

Galabüfett – regional bezogen (Raum Baden/Bodensee)

Galabüfett

Felchenkaviar im Eisblock – Eiersalat
Bodenseefisch-Mayonnaise
Felchentimbale mit Krebsschwänzen garniert
Geräucherte Regenbogenforelle, geräucherter Flußaal, geräuchertes
Felchenfilet – Sahnemeerrettich
Graved Lachs
Hechtgalantine
Gefüllter Zander nach Rigaer Art
Barschfilets, süßsauer eingelegt
Hausgemachte Gänseleberterrine auf Straßburger Art
Truthahngalantine auf moderne Art
Poulardenpastete mit Cumberlandsoße
Fasanengalantine, Salat Hiller
Rebhuhnbrüstchen, Waldorfsalat
Hausgeräucherte Rehschinken mit geeister Honigmelone
Schweizer Bündnerfleisch, Cornichons
Kalbsrücken nach Blumenmädchenart
Rinderhochrippe, zartrosa gebraten, Gribichesoße
Gespickte Ochsenlende in Madeiragelee, Reichenauer Gemüsesalat
Rehrücken auf Jägermeisterart
Frischlingsgalantine mit gefüllten Birnen umlegt
Hasenpastete mit Quittensoße
Lammterrine, gefüllte Fenchellöffel
Pökelrinderzunge mit Meerrettichsalat
Entenmedaillons in Portweingelee
Gefüllte Wachteln
Saftschinkenröllchen mit Spargel
Schwarzwälder Schinken

Salate:
Rindfleischsalat Escoffier, Kalbfleischsalat mit Steinpilzen, Geflügelsalat Hawaii, Thunfischsalat auf Nizzaer Art, italienischer Salat, Krabbensalat mit Edelfischen vom Bodensee, Spargelsalat, Artischockensalat à la vinaigrette, Hummersalat

Käse:
Allgäuer Bergkäse vom Rad serviert, angemachter Camembert, Gervais mit frischen Kräutern, Sahnequark mit frischen Früchten, Lindauer Butterkäse, Mainauer Käse, Emmentaler, Appenzeller und Edelpilz-Camembert aus dem Allgäu

Süßspeisen:
Baumkuchen, Obsttörtchen, Sachertorte, Mokkatorte, Himbeertorte, Grand-Marnier-Torte, Schokoladentorte, Lübecker Nußtorte, Käsetorte, Käsesahne-torte, Schwarzwälder Kirschtorte, Kiwitorte, Sahnequarkspeise mit Erdbeeren, Weißweingelee, Rotweingelee mit Früchten
Pralinés, Petit-fours, Diätsüßspeise

Spezialitätenkarte

Neben einer Gewinn- und Umsatzsteigerung gibt es noch viele Gründe, einmal eine Spezialitätenwoche oder einen Spezialitätenabend zu veranstalten.
Es ist immer für alle Mitarbeiter aufregend, wenn Gerichte auf einer neuen Karte sind, die noch nie oder schon lange nicht mehr gekocht und serviert wurden. Das ist die beste Methode, vom Alltagstrott abzulenken. Die Mitarbeiter von Küche und Service werden gefordert, zur Kreativität angereizt, zu Stil, Teamgeist und Phantasie motiviert. So können mehrere Fliegen mit einer Klappe geschlagen werden. Neben der Werbung für den Betrieb erhöht man den Umsatz und schafft ein besseres Betriebsklima durch Erfolgserlebnisse. Alle Gründe, die Anlaß für eine Spezialitätenwoche geben, können garnicht aufgezählt werden. Es erscheint aber die vorausgegangene Schilderung „Mitarbeitermotivierung" als eine sehr wichtige Begründung.
Politische Ereignisse oder Staatsbesuche können als Leitmotiv für eine internationale Spezialitätenwoche dienen. Auch nach einem bestimmten Urlaubstrend kann man mit einer Spezialitätenwoche Urlaubserinnerungen bei den Gästen wecken. Historische Ereignisse, wie z. B. 1000-Jahr-Feier einer Stadt, Gedenkfeier an einen Feldherrn oder Nationalhelden, Künstler oder Dichter können ein Thema für eine Spezialitätenwoche sein. Jedes Festspiel, jede Oper- oder Theateraufführung bilden mit der Handlung oder dem Komponisten Gelegenheit für eine Spezialitätenaktion. Selbstverständlich rangieren die Saisonspezialitäten wie Jagd und Fischerei, Spargel und Pilze, Frühjahr, Sommer, Herbst und Winter mit der Fastenzeit, Karwoche, Martini, Ostern, Pfingsten und Weihnachten an erster Stelle.
Während auf einer Standard- oder Tageskarte weitestgehend auf Phantasienamen verzichtet werden sollte, kann man sich bei Spezialitätenkarten kleine kochkünstlerische Freiheiten herausnehmen. Man sollte allerdings in Klammern dahinter die eigenerfundene Garniturschöpfung erklären. Vielfach bieten sich aber auch im Zusammenhang mit dem Motiv der Spezialitätenwoche Originalgarniturbezeichnungen an. Als Beispiel soll nur an zahlreiche russische Spezialitäten erinnert werden, die auf einer Theaterkarte z. B. nach der Zarewitsch- Aufführung einen vorderen Platz einnehmen könnten.
Spezialitäten, die auf einer dafür eigens erstellten Karte angeboten werden, müssen aber auch wirklich das sein, was der Name verspricht. Es sollte sich niemand verleiten lassen, die besonders günstige Marktlage (Sonderangebot) einer bestimmten Rohware als Anlaß für eine Spezialitätenwoche zu nehmen. Nur beste und wirklich erstklassige Produkte können auch als Spezialität angeboten werden.
Zu häufige Wiederholungen von Spezialitäten der gleichen Art oder auch ein zu langes Auflegen der Spezialitätenkarte können dazu führen, daß durch den Anschein von Abgedroschenheit überhaupt keine Spezialitätenkarten mehr ziehen.
Spezialitäten müssen allererste Qualität aufweisen, in Originalzubereitung geboten werden, aktuell und originell zugleich sein. Eine Spezialitätenkarte ist immer ein Stück angewandte Verkaufskunde.

Nachfolgend werden Beispiele für Spezialitätenkarten angegeben, die sich von der Jahreszeit her anbieten oder auf bestimmte Feste hin ausgerichtet sind.

Spezialitäten zum Hl.-Dreikönigstag

Vorspeisen:
Vorspeisenteller Hl. Dreikönigstag
(3 delikate verschiedene Räucherfischvorspeisen –
Lachs, Belugastör, Felchen, Sahnemeerrrettich, Dillsenfsabayon und Cocktailsahnesoße, Butter und Toast)

Königskrabbencocktail
angerichtet in der halben Grapefruitschale,
auf Eis serviert

Für Gesellschaften ab 4 bis 6 Personen
Eine ganze Königskrabbe à la nage

Suppen:
Doppelte Fasanenkraftbrühe Royal
Königinsuppe

Hauptgerichte:
Vom königlichen Wildgeflügel
Fasanenbrust auf Champagnerkraut, Sahnepilzsoße, Kartoffelpüree

Vom König der Wälder
Rothirschsteak mit Steinpilzen, grüne Nudeln, Apfel-Sellerie-Salat

Von der Königin des Meeres
Seezungenfilet in Langustensoße, Trüffelreis

Süßspeisen:
Gefüllte Ananas auf königliche Art
(ausgehöhlt, mit Vanilleeis, Dunstkirschen und Ananaswürfeln gefüllt)

Apfel auf königliche Art
(Kerngehäuse ausgestochen, gedünstet, erkaltet, gefüllt mit Mandelmilchsulz, auf Tartelett angerichtet)

Königspudding
(Bisquit mit Marsala getränkt, als Charlotte mit Aprikosenmarmelade bestrichen und mit Pudding gefüllt)

Spezialitätenkarte für karnevalistische Veranstaltungen

Spezialitäten zum Karneval

Vorspeisen:
Toast Harlekin
(bestrichen mit verschiedenfarbigen Buttermischungen, belegt mit gehacktem Eiweiß und Eigelb, Räucherlachsstreifen, Räucherzungenstreifen und Champignons)

Vorspeisenplatte Dreiergestirn
Prinzen-Schnittchen
(Toast mit Hühnerfleisch, Sardellenstreifen, Eierscheiben und Schnittlauch)
Bauernbrot mit Schweinemett, gehackten Zwiebeln und Paprika
Jungfrau's-Lieblingsbrötchen
(Roggenbrötchen mit Dillkräuterbutter bestrichen, mit marinierten Krabbenschwänzen belegt, mit Kresse garniert)
Lumpen-Salat
(Wurstsalat mit Essig, Öl, Zwiebeln und Gewürzgurken angemacht)

Suppen:
Scharf gewürzte Goulaschsuppe
Prinzeßsuppe – Hühnerrahmsuppe mit Spargelköpfen
Närrische bunte Nudelsuppe
(kräftige Rindssuppe mit hausgemachten verschiedenen Nudeln,
grün = Spinatnudel, rot = tomatierter Nudelteig, hell = natur)

Den Mund nicht zu voll genommen mit:
Narrentoast
(Schweinenackensteak auf Toast mit Zwiebeln, Paprikastreifen, Champignons und gehackten Kräutern, bunt garniert angerichtet)
Verlorenes Ei nach Prinzessinart, auf Toast
(mit Spargelspitzen und holländischer Soße)
Seezungenschleifchen nach Jungfrauenart
(in Artischockenrahmsoße mit Kerbel, Dill und Estragonspitzen,
bunter Gemüsereis)

Für Närrinnen, Narren, Hofstaat, Fußvolk und alle närrischen Freunde
Pfefferlendchen Tolle Tage
(Schweinefilet mit frischem, grünem Madagaskarpfeffer und Tomatenwürfel in Sahnesoße)

Zunftmeister-Steak
(Filetsteak, saftig und zünftig gebraten, Café de Paris-Butter), Mandelbällchen und Salatteller
Büttenredners Überraschungstopf
(drei verschiedene kleine Lendchen im Topf, auf Bratkartoffeln, überdeckt mit einem dünnen kleinen Kräuter-Pilz-Eierpfannkuchen)
Entrecôte Prinz Karneval
(mit drei verschiedenfarbigen aufgeschlagenen Buttersoßen überzogen – Hollandaise, Kräuterbearnaise und Choronsoße –). Dazu Prinzeßbohnenbündelchen und Thronfolgerkartoffeln
Kalbssteak Rot-Weiße Funken
(Kalbssteak mit Rahmchampignons, belegt mit Tomatenkirschen).
Dazu Rettichsalat und bunter Reissockel

Süßes, Saures und Käsiges bis daß der Tag anbricht:
Mainzer Handkäs mit Gänsegriebenschmalz und Bauernbrot
Käsesalat Prinzengarde
(Schweizer Käse, Zwiebelringe, Gurken und Paprikastreifen, süßsauer angemacht)
Käsmollenbrot
(Allgäuer Bergkäse, Bauernbrot, Bierradigarnitur)
Liebe für drei tolle Tage
(Vanilleparfait mit drei verschiedenen Fruchtmarksoßen, Himbeer, Brombeer und Orangen-Grand-Marnier-Soße)
Ein Küßchen in Ehren
(Zimtparfait mit Calvadosschaum und einem Schuß Eierlikör)
Heiße Liebe
(Vanille- und Haselnußeis mit heißen Schattenmorellen und grünen Pfefferkörnern)
Träume sind Schäume
(Mousse au chocolat in zwei Farben, von bitterer Schokolade und von weißer Schokolade)
Blaue Nacht
(Heidelbeereis mit Curaçao blue und Cassis, aufgefüllt mit einem Schuß Sekt)
Bis(-auf-die-letzte-)Mark-Heringsrollmops
Matt-Jes-Salat mit Zwiebelringen und Pfeffergürkchen
Nachlese-Sauerkäse
(bayerischer Backsteinkäse mit Zwiebelringen, Öl und Essig,
pikant sauer eingelegt)
Kater-und-Kätzchen-Frühstück
(Ochsenmaulsalat, Sülze, Heringshappen, Salzgurken, Essiggemüse, Meerrettichsalat)

Spezialitätenkarte für Aschermittwoch

Aschermittwochspezialitäten

Rollmops mit Brot oder mit Bratkartoffeln
Bismarckheringe mit Pellkartoffeln
Brathering, sauer eingelegt, Pellkartoffeln
Matjesfilet auf Eis mit blauen Zwiebelringen, frischer Butter, grünen Bohnen, Dampfkartoffeln
Matjesfilet auf Hausfrauenart, mit Äpfeln und Zwiebeln in Rahmsoße, Salzkartoffeln
Aal, sauer, Bratkartoffeln

Artischockenherzen, Sc. vinaigrette
Gefüllte Eier auf russischem Salat
Schweizer Käsesalat, Salzgurke, Pellkartoffeln
Sahnequark mit frischen Kräutern, Radieschen, Bachkresse, Schnittlauchbrot

Lauchsuppe mit Röstbrotwürfeln, Zwiebelsuppe, badische Schneckensuppe, Bodenseefischsuppe, Artischockenrahmsuppe

Weinbergschnecken mit Kräuterbutter im Häuschen serviert
Weinbergschnecken im Briochteig, Friseesalat in Himbeeressig-Dressing
Gebackene Tintenfischringe, Gribichesoße, Kartoffelsalat
Artischockenböden auf provencalische Art
Frische Champignons in Kräuterrahmsoße, Semmelkloß
Rühreier mit Räucherlachs, süßsaure Schmorgurken, Dill-Schloßkartoffeln

Kabeljaufilet, gebacken, Sc. remoulade, Kartoffel- und grüner Salat
Schellfisch in Senfsoße, Salzkartoffeln, Gurkensalat
Lebendfrische Bachforelle, blau, zerlassene Butter, Sahnemeerrettich, Salzkartoffeln
Regenbogenforelle mit Kräutern in der Folie gebraten, Olivenkartoffeln, Kopfsalatherzen
Aal, grün, Salzkartoffeln, Gurkensalat
Seezunge Colbert, Pariser Kartoffeln, Salate der Saison
Babysteinbutt für 2 Personen, Sc. hollandaise, Salzkartoffeln
Zanderfilet auf Müllerinart, Dampfkartoffeln, Kressesalat

Sauer eingelegter Backsteinkäse (Romadour) mit Zwiebelringen
Angemachter Camembert, frisch eingeschnittener Rettich, Butterbrot
Gewürfelter Schafskäse mit Essig und Öl auf Kopfsalat, mit Oliven garniert

Käseomelette oder Kräuteromelette
Eierpfannkuchen mit Blattspinat gefüllt
Hoppel Poppel vegetarisch

Nachfolgend einige Beispiele für Schneckenspezialitäten

Schneckenspezialitäten

6 Stück Weinbergschnecken, auf Elsässer Art (in trockenem Elsässer Riesling pochiert, mit Kräuterbutter im Häuschen serviert)

6 Stück Weinbergschnecken auf Haushofmeisterart (mit Kräuterbutter im Häuschen serviert)

6 Stück Weinbergschnecken auf Küchenmeisterart (mit frischer Knoblauchbutter im Häuschen serviert)

6 Stück Weinbergschnecken auf Burgunder Art (in Burgunder pochiert, mit Knoblauch, Kräuter- und Rotweinbutter im Häuschen serviert)

6 Stück Weinbergschnecken in frischer Dillbutter, im Häuschen serviert

6 Stück Weinbergschnecken am Spieß, in Bierteig gebacken, Sc. remoulade, Salatteller

Spezialitätenkarte für Frühjahr

Frühjahrsspezialitäten

Vorspeisen:
Portion Radieschen mit frischer Butter und Schnittlauchbrot
2 Stück wachsweich gekochte Perlhuhneier auf Kopfsalat mit einer Kräuter-Joghurt-Dressing
Frühlingsbrot (Bauernbrotschnitte mit Butter, Eierscheiben, Radieschenscheiben, Salatgurken, Tomatenecken, Frühlingskräutern und Kressegarnitur)
Kiebitzeier im Salzsockel serviert, Butter, Roggenbrötchen
Lammbriesterrine mit frischen Frühjahrsmorcheln, Gribichesoße

Suppen:
Kräuterrahmsüppchen mit Schneckeneinlage
Sauerampfersuppe mit Forellenklößchen
Lammkraftbrühe mit Erstlingsgemüsen

Zwischengerichte:
2 Stück Wachtelspiegeleier auf Blattspinat, Kartoffelschnee
Kretzerfilet in Dillschaumsoße, Maltakartoffeln, Löwenzahnsalat
Rühreier mit Kückenleber und Schnittlauch, Toast
Lammleberscheiben auf Gurken-Fenchel-Gemüse, neue Kartoffeln
Krebsschwänze in frischer Dillbutter, Lauchrisotto

Hauptgerichte:
Stubenkücken Vatel, Kartoffelschnee mit Frühjahrskräutern, Kopfsalat
In Buttermilch gebeizter Kitzbraten (Ziegen-Milchlamm), Löwenzahn und Lauchgemüse, Kräuterkartoffeln
Milchlammrücken für 2 Personen, Schnittlauchsamtsoße, junge Gemüsezwiebeln mit Lauch, gedünstet, Schloßkartoffeln
Junges Täubchen im Kräutermantel, Lauchkartoffeln, Rapunzelsalat
Gefüllte Wachtel Suwaroff, Spinateierkuchen, Kartoffelnestchen mit Blumenkohlröschen
Jungentenbrust, Rhabarbersoße, Folienkartoffeln mit Ziegen-Kräuter-Quark, Frühlingssalate von der Reichenau
Lammfilet auf provencalische Art, Schmorgurken mit Tomaten im Fenchelblatt, Brandteigkartoffeln mit jungen Brennesselspitzen gefüllt
Kalbssteak in Kräuterrühreihülle, Frühlingsgemüse, neue Kartoffeln

Nachspeisen:
Geeiste Ananas mit Pfefferminzparfait gefüllt
Rhabarbereisauflauf
Halbgefrorenes von Frühjahrsblütenhonig mit Orangensoße

Spezialitätenkarte für Karfreitag

Spezialitäten zum Karfreitag

Vorspeisen:
Artischockenböden mit Krevetten gefüllt
Kiebitzeier im Salzsockel serviert, Selleriesalz, Dijonsenf-Mayonnaise, Toast
Wachteleier im Kressenest
Gebeizte Regenbogenforelle nach Art des Hauses, Preiselbeermeerrettich, Toast, Malossol Kaviar mit Blinis

Suppen:
Kartoffelsüppchen mit Sauerampfer
Muschelsuppe auf Matrosenart
Passierte Linsensuppe mit Sahnehäubchen
Artischockenrahmsuppe mit Eglikößcheneinlage

Zwischengerichte:
Kartoffelauflauf mit jungem Blattspinat
Omelette mit Räucherlachs, Hopfenspitzensalat mit Sc. vinaigrette
Gemüse-Fisch-Auflauf, Folienkartoffeln mit Crème fraîche und
Kräutern gefüllt
Hummer Thermidor, Toast
Frische Artischocken, Sc. hollandaise
Frischer Stangenspargel, zerlassene Butter, Maltakartoffeln

Hauptgerichte:
Pochierte Eier auf Blattspinat mit Trüffelschaumsoße, Kartoffelschnee
Gekochte Hopfenspitzen, Kaviarschaumsoße, Kartoffelplätzchen, Salat von rosa Champignons in Dressing mit Kresse
Makrelenfilet, gebacken, mit Paprikasoße auf Weinsauerkraut, Kartoffelpüree
Gedünsteter Schellfisch, Senfbutter, Salzkartoffeln, Endiviensalat
Seezungenschleifchen nach Florentiner Art, Schloßkartoffeln
Steinbuttschnitte, pochiert, Sc. hollandaise, neue Kartoffeln
Bachforelle in Rieslingsud, Nußbutter, Meerrettichspäne, Salzkartoffeln
Gefülltes Zanderfilet in Muschelsoße mit Langustenmedaillons garniert, wilder Reis, Gurken- und Tomatensalat mit Dillspitzen

Nachspeisen:
Apfelküchle in Vanillesoße
Rhabarbertorte mit Baiser
Crêpes Barbara
Mokkaauflauf mit Aprikosensoße

Spezialitätenkarte für Ostern

Osterspezialitäten

Vorspeisen:
Salatherz in einer feinen Dressing von Himbeeressig und Walnußöl, umlegt mit warmer Kückenleber
Möweneier im Kressenest, grüne Soße, Butter und Toast
Hasenterrine, Cumberlandsoße, Butter und Toast
Cocktail von Meeresfrüchten mit Wachteleiern garniert, Toast

Suppen:
Aufgeschlagene Kerbelsuppe mit pochiertem Perlhuhnei
Lammkraftbrühe mit buntem Eierstich
Legierte Wildkaninchensuppe mit Kräuternockerln

Fische:
Klößchen vom Barsch, von der Forelle und vom Zander, Dillsoße und im Reisrand
Seezunge mit pochiertem Ei und Colbertsoße, Pariser Kartoffeln
St.-Peter-Fisch mit Kräuterschaumsoße, Gurken- und Tomatengemüse, Schwenkkartoffeln

Hauptgerichte:
Lammragout mit Frühjahrsgemüsen, Nestchen von bunten Hausmachernudeln, Frisésalat mit Bachkresse
Kaninchenkeule in Weißweinsoße mit Zitronenmelisse, bunter Reis mit gedünsteten Radieschen, Eichblattsalat mit jungen Löwenzahnherzen in Kräuterjoghurt
Gebeiztes Hasenrückenfilet mit Kräuterduxelles im Teigmantel, Rhabarberschaumsoße mit frischer Minze, Champignonkartoffeln
Osterlammkeule, zartrosa gebraten, Estragonsoße, junge Keniabohnen und Blumenkohlröschen, Bäckerinkartoffeln
Kitzbraten in Sauerrahmsoße, mit Blattspinat gefüllte Tomaten, glasierte Babyzwiebeln auf einem Lauchbett angerichtet, in Dillbutter geschwenkte Nußkartoffeln
Milchlammschulter mit Lammbrieseierstich und Röstbrotwürfeln gefüllt, braisierte Salatherzen, Bechamelkartoffeln, Rapunzeln und Chinakohl in Pfefferminz-Himbeeressig-Dressing
Lammkoteletten mit Kräuterbutter, Keniabohnen in der Lauchschleife, überbackene Kartoffeln auf Kronprinzenart

Lammrücken auf provencalische Art, kleine abgedrehte Köpfe von jungem Frühjahrswirsing, Fondantkartoffeln
Filetsteak „Frohes Osterfest" im Kartoffelrand, mit pochiertem Perlhuhnei, einer holländischen Soße in drei verschiedenen Farben, Erstlingsgemüse
Stubenküken mit Butter und Blütenhonig gebraten, Nestchen von Kartoffelschnee mit frischen Kräutern bestreut, mit der Kükenleber gefüllte Morchelspitzen, Kopfsalat mit Rhabarberstreifen in Sauerrahmdressing

Süßspeisen:
Biskuithasen mit Rumfrüchten und Pistazieneiskugeln
Eisbecher mit Osterüberraschung
Schokoladenhäschen und Marzipanküken auf einem kleinen Erdbeercharlotten-Nestchen

Spezialitätenkarte für Christi Himmelfahrt – Vatertag

Christi Himmelfahrt

Deftige Spezialitäten für den Vatertagsausflug:
Pikante Bierhappen
Appetitsildbrötchen mit Ei garniert
Schweinemettbrötchen mit Zwiebelringen
Nürnberger Ochsenmaulsalat, Bauernbrot
Rindfleischsalat Escoffier, Toast
Matjessalat auf schwedische Art, Roggenbrötchen
Münchener Wurstsalat, Brot
Romadour mit Essig, Öl und Zwiebelringen eingelegt, warme Laugenbrezel mit frischer Butter

Als besondere Spezialität zu Vaters Ehrentag
Frische Solokrebse à la nage

Suppen:
Vaters Kraftsuppe Rindsbouillon mit Ei, Ochsenmarkscheiben und Schnittlauch
Ungarische Goulaschsuppe
Französische Zwiebelsuppe
Hamburger Aalsuppe

Fische:
Matjesfilet auf Eis mit Zwiebelringen, grünen Bohnen, neuen Kartoffeln und frischer Butter
Grüne Heringe im Senfmantel, gegrillt, neue Kartoffeln
Speckscholle mit Kartoffelsalat
Aal in Salbei gebraten, neue Kartoffeln, Gurkensalat
Bouillabaisse nach Marseiller Art, Knoblauchtoast

Kräftig und deftig:
Hammelbohnenfleisch
Schlachtschüssel, Weinkraut, Kartoffelbrei
Eisbein mit Erbsenpüree und Sauerkraut
Spanferkel, am Spieß gebraten, Saisonsalate und Kartoffelsalat
Ochsenbrust, gekocht, Meerrettichsoße, kalte Beilagen, Bouillonkartoffeln
Lammstelzen im Wirsingblatt, Bäckerinkartoffeln
Schweinshaxe vom Grill, Salate der Saison
Schweinenackensteak mit Pfeffersoße, Pilzrisotto, Kopfsalat
Lammrücken mit Zwiebelmus, Bohnenbündelchen, Bäckerinkartoffeln
Pariser Pfeffersteak, Ratatouille, Kartoffelbällchen

Bitte beachten Sie unsere Dessert- und Eiskarte
Käseauswahl vom Brett

Tageskarte für die Pfingstfeiertage – Pfingstsonntag

Pfingstsonntag

Vorspeisen:
Möweneier im Salzsockel, Butter und Toast
Spargelcocktail mit Parmaschinkentütchen und Wachteleiern garniert
Krebse in Dilljoghurtmarinade, mit Frisée und Bachkresse umlegt
Stangenspargel mit Sc. vinaigrette, dazu Bündnerfleisch auf dem Holzbrett
Reichenauer Salatplatte mit warmen Lammbriesstreifen umlegt

Suppen:
Suppe von Bachkrebsen, Melbatoast
Lamm-Curry-Rahmsuppe mit Sahnehäubchen, Ingwerstäbchen

Geeiste Spargelkraftbrühe mit Rinderessenz, Kümmelkräckers
Erdbeerkaltschale, Löffelbiskuit

Kleine, festliche Spargelgerichte:
Stangenspargel mit Sc. mousseline und gekochten Möweneiern umlegt
Stangenspargel auf polnische Art, gekochter Schinken, neue Kartoffeln
Stangenspargel mit Kräuterschaumsoße und Krebsscheren, neue Kartoffeln

Weitere Spargelspezialitäten finden Sie auf unserer Spargelkarte.

Fischgerichte:
Seezungenröllchen Nantua, Champignonrisotto
Wolfsbarsch auf Gemüsestreifen, Kaviarschaumsoße, neue Kartoffeln
Kretzerfilet in Dillsoße mit Krebsschwänzen, Schloßkartoffeln

Fleischgerichte:
Lammnüßchen mit provencalischen Kräutern, in der Folie gegrillt, Gurken-,
Fenchelgemüse, Olivenkartoffeln
Kalbsfilet im Kräutermantel und Blätterteig, Spargelspitzen mit
Sc. hollandaise, Herzogintomate
Filetsteak auf Gärtnerinart, mit jungen Sommergemüsen umlegt,
Sc. béarnaise, Brandteigkartoffeln
Ochsenlende vom Spieß, Sc. bordelaise, Keniaböhnchen, Bernykartoffeln

Süßspeisen:
Vanilleparfait mit frischen Erdbeeren
Eierlikör-Halbgefrorenes mit frischen Erdbeeren
Mokkaparfait mit Erdbeer-Kiwisalat

Tageskarte für eine Sommer-Grillparty auf der Terrasse oder im Gartenlokal

Grillparty

Vorspeisen:
Geeiste Melone mit Parmaschinken
Cocktail von Meeresfrüchten
Rindfleischsalat, gekühlt, mit Gurkenkugeln und jungen grünen Bohnen

Kalte Suppen und Kaltschalen:
Gaspacho
Heidelbeerkaltschale mit Grießnockerln

Vom Holzkohlengrill:
Schweinenackensteak, Schweinelendchen, Lammchops, Entrecôte, T-Bone-Steak, Rinderkotelette, Porterhouse Steak

Spezialbuttermischungen zur Auswahl:
Kräuterbutter, Knoblauchbutter, Café-de-Paris-Butter, Dillbutter, Kümmelbutter, Schalottenbutter, Rotweinbutter oder Senfbutter

Salatauswahl am Büfett:
Knackig frische Saisonsalate und verschiedene Dressings
In der Folie gebackene Kartoffeln aus der Holzkohlenglut

Am Spieß gegrillt:
Spanferkel, Kalbshaxe, Junghähnchen

Für unsere Gäste, die eine leichte Kost bevorzugen:
Kalbsrückensteak mit frischen Kräutern, in der Folie gegrillt

Fische:
Regenbogenforelle vom Rost, Dillbutter, Folienkartoffeln
Makrelen und Felchen, gebraten

Käse:
Bergkäse, Weinkäse, angemachter Gervais, Rettiche, Butter, Bauernbrot

Zum Abschluß:
Großes Eisbüfett

Tageskarte zur Jahreszeit Spätsommer – Herbst – zum Anlaß von regionaler Kirmes – Kerbe – Erntedankfest-Feierlichkeiten

Kirmes

Suppen:
Leberklößchensuppe
Badische Grünkernsuppe
Schwäbische Flädlesuppe

Voressen (Zwischengerichte):
Saure Kutteln, Schwarzbrot
Gänse-Schwarz-Sauer auf pommersche Art
Hasenleber auf Apfelscheiben mit Zwiebelringen, Bauernbrot
Ochsenbrust auf unterfränkische Art mit Kartoffelgemüse

Aus frischer Schlachtung:
Grobe Bauernbratwurst mit Kraut oder mit gemischtem Salat
Blut- und Leberwurst, Sauerkraut, Kartoffelbrei
Schlachtschüssel nach Art des Hauses

Besonders zu empfehlen:
Warmer Zwiebelkuchen und 1 Glas Suser

Festtagsschmaus:
Jungschweinsbraten, geschröpft, Kartoffelklöße, Krautsalat
Gemischter Braten, Dämpfkraut auf bayrische Art, Schupfnudeln
Saures Rindfleisch, Leipziger Allerlei, Serviettenklöße
Entenbraten, Apfelrotkraut, Kartoffelplätzchen
Ein ganzes junges Rebhühnchen, im Speckmantel gebraten, Weinkraut, Kartoffelpüree
Hirschkalbsbraten in Rotweinsoße, Spätzle vom Brett, Preiselbeeren
Frischlingsragout mit Steinpilzen, Semmelknödeln, Apfel-Sellerie-Salat

Süßes zum Nachtisch:
Zwetschgendatschi mit Sahne
Dampfnudeln mit Vanilletunke
Zwetschgenknödel mit brauner Butter
Apfelküchle mit Zucker und Zimt

Tageskarte zum St. Martin, 11. November – Martinifest

St. Martin

Vorspeisen:
Geräucherter Spiegelkarpfen, Sahnemeerrettich, Toast
Fasanensalat nach Winzerinart, Butter, Toast
Geräucherte Gänsebrust, Apfelmeerrettich, Anisbrot und Butter
Gänseleberparfait, Butter und Toast
Terrine getrüffelte Gänseleber nach Straßburger Art, Butter, Toast
Martinisalat mit frischen warmen Gänsestopfleberscheibchen umlegt

Suppen:
Elsässer Schneckensuppe
Hechtklößchensuppe auf badische Art
Kräutersuppe mit Gänseklein, in der Terrine serviert
Schwedische Gänsesuppe „Swartsoppa"

Martinispezialitäten:
Gänseklein in Petersiliensoße, Kartoffelbrei
Gefüllter Gänsehals auf Haushälterinart, breite Nudeln
Gänse-Schwarz-Sauer, Bratkartoffeln
Gänseklein auf pommersche Art, Salzkartoffeln
Gänseleber mit Trüffeln und Portweinsoße, Kräuterrisotto
St.-Martins-Gans auf Mecklenburger Art, Rotkohl, Kartoffelklöße
St.-Martins-Gans auf Elsässer Art, mit Bratwurstbrät gefüllt, auf Sauerkraut mit Rauchfleisch, Kartoffelpüree
Martinsgansbraten auf Bauernart, Kartoffelklöße, Sellerie-Karotten-Salat
Geschmorte Gänsekeule Chipolata (Maronen, Rosenkohl, Champignonköpfe, Pariser Karotten, glacierte Perlzwiebeln und Würstchen), Kartoffelbällchen
Paniertes Kalbskotelette, Thronfolgerkartoffeln, Martinisalat
Tournedos Rossini, mit Gänseleber und Trüffeln, Pommes frites, Salate

Fische:
Seezungenröllchen in trockenem Martini, Champignonrisotto
Gespickter Zander in Gänseschmalz gebraten, Petersilienkartoffeln, Salat

Süßspeisen:
Haselnußcreme mit Sahnetupfen
Apfelcharlotte St. Martin
St.-Martin-Eisbecher

Der 24. Dezember
Den Abend dieses Tages verbringt man gerne im Kreise der Familie. Überwiegend wird der Heilige Abend im eigenen Heim gefeiert. Demzufolge haben auch die meisten Stadtrestaurants geschlossen.
Sehr viele Gäste sind aber am 24. Dezember noch auf der Reise. Bahnhofsgaststätten, Flughafenrestaurants, Autobahnraststätten und Speisewagenrestaurationen haben oft an diesem Tage noch Hochbetrieb, besonders dann, wenn der Heilige Abend auf einen normalen Werktag fällt.
An diesen Gästekreis sowie an den, der aus beruflichen Gründen an den Feiertagen unterwegs und dadurch auf ein Restaurant angewiesen ist, soll bei der Erstellung der nachfolgenden Tageskarte gedacht werden.
Aber auch die Gäste, die auf den letzten Drücker noch Weihnachtseinkäufe tätigen, die Geschäftsleute, die an diesem Tag nur wenig Zeit zum Essen haben, die Ehemänner, die zu Hause gerne dem Weihnachtsputz und Geschenkeaufbau aus dem Weg gehen wollen und den berufstätigen Hausfrauen, die in Eile noch die letzten wichtigen Besorgungen für die Feiertage zu erledigen haben, soll mit unserem Speiseangebot Rechnung getragen werden.
An erster Stelle stehen hier die fertigen, servierfreundlichen Gerichte. Die Weihnachtsgans wartet sowieso schon zu Hause im Kühlschrank. Für ein feudales Menü hat meistens der Gast weder Zeit noch Muße. Der Heilige Abend ist ohnehin mit viel Wartezeit verbunden, da möchte kein Gast auch noch lange auf sein Essen warten. Auch muß weiterhin berücksichtigt werden, daß die Gäste, die auf der Reise sind oder die, die von der Hast des Tages erschöpft sind, keine zu schweren und deftigen Speisen mehr wünschen. Gesundheitsbewußte Esser möchten oft jetzt schon vorbeugend an Joulen einsparen, welche sie eventuell an den Feiertagen gerne oder ungerne zuviel zu sich nehmen.
Sehr viel einfacher haben es da doch die Restaurants und vor allen Dingen Hotel-Restaurants in den Winter-, Kur- und Sportgebieten, die am Heiligen Abend schon ein weihnachtliches Festmenü servieren können. Individuell muß hier aber auch berücksichtigt werden, daß die jeweiligen Gäste, die an diesem Tag erst angereist sind, auch noch nicht aufnahmefähig für ein zu umfangreiches Menü sind. Außerdem soll an den zwei folgenden Tagen unbedingt eine Steigerung in der Menüqualität gegeben sein.

Weihnachten
Häuser, die es sich leisten können, werden an solchen Tagen nur mit der Menükarte arbeiten, eventuell noch eine kleine Karte mit besonderen Spezialitäten zusätzlich offerieren. Je nach Standort und dem Gästekreis eines Betriebes ist das aber von Fall zu Fall sehr unterschiedlich. Es gibt Häuser, die auch an den Feiertagen, beim stärksten Stoßgeschäft mit einer à la carte Karte arbeiten müssen.
In diesem Fall sollte die Speisekarte so wenig umfangreich wie möglich gehalten werden. Vorbereitete, servierfertige Gerichte, servierfreundliche Anrichteweisen, deutliche Benennungen der Gerichte und richtige Bevorratung sind hier die wichtigsten Grundsätze, die uns helfen, den Arbeitsablauf zu erleichtern. Es ist immer gut, wenn in diesem Fall auf Erfahrungswerte zurückgegriffen werden kann. Verkaufsanalysen von vorausgegangenen Jahren sind besser als ein sogenanntes Fingerspitzengefühl.

24. Dezember, à la carte Karte

Tageskarte

Vorspeisen:
Geflügelsalat mit Früchten, Toast
Räucherlachs mit Sahnemeerrettich auf Toast
Cocktail von Meeresfrüchten, Toast
Frische Imperialaustern auf Eis

Suppen:
Leberklößchensuppe
Fasanenkraftbrühe mit Backerbsen
Karpfenmilchnersuppe

Klein und fein, für eilige Gäste:
Königinpastetchen
Nürnberger Rostbratwürstl auf Kraut
Tellerfleisch (Ochsenfleisch mit Meerrettich)
Tellergoulasch, Spätzle, Salat
Gänseleber auf Apfelscheiben mit Röstzwiebeln, Kartoffelpüree

Fische:
Zanderschnitte auf Müllerinart, Salzkartoffeln, Saisonsalate
Spiegelkarpfen, blau, Sahnemeerrettich, zerlassene Butter, Salzkartoffeln

Fleischgerichte:
Rippchen, gekocht, auf Weinsauerkraut, Kartoffelpüree
Gemischter Braten in Rahmsoße, Schwarzwurzelgemüse, Salzkartoffeln
Kalbsrahmbraten, Spätzle, Saisonsalate
Gebratene Fasanenbrust auf Champagnerkraut, Trauben und Pilze, Rahm-
soße, Kartoffelbrei
Truthahnbrust, glaciert, Mischgemüse, Kartoffelkroketten

Grillgerichte:
Kalbssteak, Pommes frites, Salate
Entrecôte mit Café-de-Paris-Butter, Pommes frites, Salate
Truthahnbruststeak mit Gänseleber, Champignonkopf, Apfelscheibe,
Sc. hollandaise, Pommes frites, Saisonsalate

Für unsere Gäste auf der Reise, eine leichte Speise:
Müsli mit frischen Früchten
Apfelquarkspeise mit Schokoladensoße
Salatschüssel mit Kräuterjoghurtdressing und zwei wachsweich gekochten Eiern, Toast
Apfelreisauflauf mit Vanillesoße

Eingemachtes Kalbfleisch, hausgemachte Nudeln, Kopfsalat
Putengeschnetzeltes, Patnareis, Kopfsalat
Gekochtes Rinderfricandeau mit Kräutersoße, Dampfkartoffeln, Apfelkompott

Kinderteller „Max und Moritz":
Panierte Hähnchenkeule, Erbsen, Karotten, Pommes frites
(die Hähnchenkeule ist ausgelöst)

Seniorenteller:
Truthahnbruststeak, in der Folie gegrillt, Kartoffelpüree, Preiselbeeren

Nach dem Essen empfehlen wir ein Stück Christstollen aus eigener Konditorei und eine Tasse Kaffee.
(Sie können den Christstollen, den unser Konditormeister nach altem Dresdner Originalrezept hergestellt hat, auch zum Mitnehmen am Büfett kaufen.)

Süßspeisen:
Lebkuchenparfait mit Aprikosenmark
Eisbecher „Merry Christmas"
Haselnuß-Biskuit-Roulade mit Marzipan-Christrose
Bunter Weihnachts-Dessertteller

Muster einer Tageskarte für die Weihnachtsfeiertage – 25./26. Dezember

Weihnachten

Vorspeisen:
Hausgemachte Geflügelleberpastete, Cumberlandsoße, Melbatoast
Hummercocktail auf moderne Art mit frischer Ananas und Joghurt
Räucherlachs mit Sahnemeerrettich und 1/2 Kaviarei garniert, Toast
Gemischter Vorspeisenteller, Butter und Toast

Suppen:
Schwäbische Festtagssuppe (mit drei verschiedenen Einlagen)
Rinderkraftbrühe mit Trüffelstreifen
Artischockenrahmsuppe

Fische:
Spiegelkarpfen, blau, mit zerlassener Butter, geeistem Sahnemeerrettich und Salzkartoffeln
Hechtklößchen auf Blattspinat, Sc. Cardinal, Schloßkartoffeln

Tagesspezialität:
Geschmorte Gänsekeule nach altem Hausrezept, Apfelrotkraut, Kartoffelkloß

Fleischgerichte:
Gemischter Braten von Rind, Kalb und Schwein, Rosenkohl, Kartoffelklöße
Kalbsragout Marengo, Spätzle, gemischter Salat
Truthahnrollbraten in Rosmarinsoße, Broccoli mit Mandelbutter, Kartoffelpüree
Frischlingskeule, geschmort, in Wachholderrahmsoße, Spätzle, Salat Hiller
Kalbsfilet, gebraten, in Steinpilzsahnesoße, Spätzle, Salat
Rinderfiletbraten nach Burgunder Art, Rosenkohl, Karotten, Blumenkohl und Broccoli, Herzoginkartoffeln

Süßspeisen:
Tannenhonighalbgefrorenes mit heißen Sauerkirschen
Festlicher Eisbecher „Merry Christmas"
Biskuitroulade mit Williamsbirnenparfait gefüllt
Bunter Weihnachtseisbecher für unsere Kleinen
(Kindereisbecher ohne Alkohol)

Mit den nachfolgenden Spezialitätenkarten soll der Beweis erbracht werden, daß man mit etwas Fantasie für fast jeden Anlaß eine kulinarische Verbindung schaffen kann.

Kleine Abendspeisekarte für das Mozartfest

Sehr geehrte Damen,
sehr geehrte Herren, liebe Festgäste,

wir hoffen, daß es Ihnen beim Mozartfest gefallen hat und möchten unseren Teil dazu beitragen, daß Sie diesen Abend in netter Erinnerung behalten. Küche und Service haben sich auf Ihre Feststimmung eingestellt und eine extra Speisekarte entworfen.

Vorspeisen:
Geflügelsalat favorite (Champignons, Spargelspitzen), Butter, Toast
Geräuchertes Forellenfilet, Rahmmeerrettich, Butter, Toast
Hummercocktail mit Armagnac, Butter, Toast

Suppen:
Salzburger klare Rindssuppe mit Fleischtascherln
Wiener Knödelsuppe mit gebackenen Zwiebelringen
Klare Ochsenschleppsuppe mit Sherry

Kleine Schlemmereien zum Mozartfest:
Wiener Schnitzel, Bratkartoffeln, Salate
Rostbraten Esterhazy, Pommes frites
Rostbraten Don Giovanni mit ausgebackenen Zwiebelringen und gedünsteten Paradiesäpfeln, Röstkartoffeln
Rumpsteak Gärtnerin aus Liebe mit Kräuterbutter, grünen Bohnen, Pommes frites
Kalbssteak Königin der Nacht, gebackene Banane mit Sc. hollandaise, 1/2 Pfirsich mit Chilisoße, Reissockel
Filetsteak Mozart, Pfefferrahmsoße, Artischockenböden mit Selleriemus, Pommes croquettes

Toaste:
Toast Figaro (Gebratenes Kalbsmedaillon, Spargelspitzen, Sc. hollandaise)
Toast Zauberflöte (Rinderfilet Mignon, auf Gemüsestreifen)

Süßspeisen:
Salzburger Nockerln
Eisbecher Mozart (Früchte-Eisbecher mit Mozartkugel)

Kleine Theaterspeisekarte
anläßlich der Premierefeier von
„Der Vogelhändler"

Vorspeisen:
Vogelhändlerteller, Butter, Toast (verschiedene Salate, Schinken, Forellenfilet)
Geflügelbecher Adam, Butter, Toast (Geflügelsalat mit Äpfeln)
Nordlandlachs auf Toast mit Rahmmeerrettich

Suppen:
Rheinpfälzer Leberklößchensuppe
Doppelte Kraftbrühe Kurfürstin Marie (mit Eierstich)
Kesselsuppe Bäuerin Marie (mit in Bierteig gebackenen Zwiebelringen)

Warme Speisen – Pikante Tellergerichte:
Blätterteigpastetchen Baronin Adelaide (mit pikantem Ragout gefüllt)
Wiener Schnitzel, Gemüse, Pommes frites
Kalbssteak Briefchristel (in Eihülle gebackenes Kalbssteak), feine Erbsen, Pommes frites
Pikantes Paprikasteak Graf Stanislaus, Reis
Vogelhändlerplatte
1/2 Rebhühnchen auf Ananaskraut, Leberscheibe, Trauben, Pilze, Püree
Lammrückensteak Dorfschulze Schneck, mit grünen Bohnen, Pommes frites

Für 2 Personen
Jagdplatte Wildmeister Weps, 2 halbe Rebhühnchen, verschiedene Wildmedaillons auf Champagnerkraut, Trauben und Pilze, Kartoffelpüree

Kalte Speisen:
Hausmacher Wurstbrot Süffle (Blut-, Leber- und Schinkenwurst)
Holzteller Würmchen (verschiedene Rauchfleischspezialitäten)

Desserts:
Gemischtes Eis
Fürst-Pückler-Eisbecher mit Früchten
Vanilleeis mit heißer Schokolade
Vanilleeis mit heißen Sauerkirschen

Regionalkarten
Als nächste Gruppe von Spezialitätenkarten, die nicht nur jahreszeitlich oder auf einen bestimmten Anlaß bezogen sind, sondern bodenständige Gerichte herausstellen, möchten wir die regionale Spezialitätenkarte erwähnen.
Solche Karten sind allerdings sehr individuell und müssen ihren Liebhaberkreis finden. Besonders dann, wenn diese Karten in dem jeweiligen Dialekt gedruckt werden, ist hiermit ganz gezielt ein bestimmter Gästekreis angesprochen.
Hat man auf diese Art einen Stammgast gewonnen, so bleibt der meistens dem Restaurant auch treu. Die überlieferten Rezepturen entsprechen oft nicht ganz den Richtlinien unserer heutigen Ernährungslehre, dafür sind die Gerichte aber deftig und schmackhaft.
Besonders wenn jemand Gäste zu bewirten hat, die fremd in der Gegend sind und eventuell sogar Schwierigkeiten mit dem Dialekt haben, wird man sie gerne in ein Restaurant mit einer solchen Speisekarte führen. Es ist dann immer ein Spaß mit dem kulinarischen Erlebnis verbunden.
Es wäre zu umfangreich für das hier angesprochene Thema „Regionalkarten", wenn wir Spezialitätenkarten in Dialekt gedruckt aus allen Teilen Deutschlands aufführen wollten. Außerdem läuft ja so eine Karte oft neben der eigentlichen Standard- und Tageskarte.
Eine ganz besonders schöne, handgeschriebene Spezialitätenkarte der Allgäuer Küche ist nachfolgend als Beispiel wiedergegeben.

Muster einer Regionalkarte

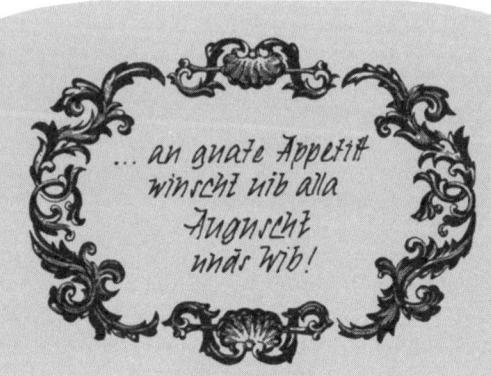

... an guate Appetit
winscht uib alla
Auguscht
unäs Wib!

a Holzar Genschtesuppe
mit am grauchte Wammert
und a Broat

*

an Tellar Voresse
mit am Broatknödel

*

Käs-Schletta (Käs-Rallar)
mit Broat, guat
abgschmolzget

a Häbres-Mus (Zwiches-Mus)
zuckret odr gsolze
wie de witt!

*

Käs-Spätzle m. am Salot

*

Äpfel-Spätzle
mit ar Schissl Mil'

*

Bire-Spätzle
mit ar Schissl Mil'

*

Katzeg'schrei
mit Preiselbeer
und am grine Salot

Krutspätzle
guat grescht

*

Kratzat
mit am selgmachte
Äpfelmus

*

Uffzogne Fläde
mit am selgmachte
Äpfelmus

*

an Brenntar (Schwarz-Mus)
mit grescht Erdäpfel

*

gschupfte
Krutnüdla
guat grescht

*

Krutkrapfe
guat broate

*

2 Dompfnüdla
mit ar Vanille-Soß

*

...und a kolt tasse:

Allgäuer Bergkäs
mit Butter

Port. Wislacker-Käs
mit Butter

Port. Backsteiner-Käs
mit Butter

1 Kl. Wachtar-Käs
mit Butter

Cammenbert-Käs
mit Butter

Dommandur-Käs
mit Butter
30% Fett (it so fett!)

Portion sure Käs

*

Port. gem. Pressack
roat u wiss

Pressack sur

*

a Lumpe-Suppe

*

a Bure-Brotzit
it am Holzteller
(Geräucherts, Pressack,
und a Strichwurst)

...zum Sufe gits:

1/2 Simmerberger
Hell

1/2 Simmerberger
Dunkel

1/2 Simmerberger
Weize

1/2 Simmerberger
Gold-Bock

...und an Wiss-Wing:

1/4 Westhofner
Bergkloster

1/4 Bernkastler
Riesling

1/4 Thüringer
Fohrenberg

...und a Roat-Wing:

1/4 Kalterer

1/4 Lauffner
Trollinger

Juchtat Getränke
d'Bedienung froge!

73

Saisonbedingte Spezialitätenkarte – Spargelkarte

Spargelkarte

Wir verarbeiten nur Spargel, der am gleichen Tage frisch gestochen wurde. Es wird nur Spargel erster Qualität aus den besten Anbaugebieten Schwetzingens verarbeitet. Grundsätzlich ist bei uns kein Spargelgericht vorbereitet bzw. wird Spargel schon sehr lange im voraus geschält oder vorgekocht. Die unterschiedliche Kochzeit bei Spargel bedingt auch eine unterschiedlich längere oder kürzere Zubereitungsdauer. Außerdem bedenken Sie bitte, daß besondere Spezialitäten auch etwas länger dauern können. – Bei vorbestellten Essen können wir zur vereinbarten Zeit sofort servieren.

Suppen

- Nr. 1 1 Glas Spargelsudwasser gekühlt serviert (kurgeeignet)
- Nr. 2 Klare Spargelkraftbrühe mit Rinderessenz
- Nr. 2a Klare Spargelkraftbrühe mit Profiteroles
- Nr. 3 Rinderkraftbrühe mit Spargeleinlage
- Nr. 4 Spargelcrèmesuppe
- Nr. 5 Spargelcrèmesuppe mit Sc. hollandaise, überbacken
- Nr. 6 Spargelrahmsuppe Chantilly mit gehobelten Mandeln, Paprika und Kräutern

Warme Spargelgerichte

- Nr. 7 Frischer Stangenspargel, natur, mit zerlassener Butter und neuen Kartoffeln
- Nr. 8 wie vor, mit gekochtem Schinken
- Nr. 9 wie vor, mit gebratener Kalbsleber
- Nr. 10 wie vor, mit kleinem Kalbssteak
- Nr. 11 wie vor, mit Wiener Schnitzel
- Nr. 12 wie vor, mit Rumpsteak vom Grill
- Nr. 12a wie vor, mit kleinem Filetsteak und Sc. hollandaise
- Nr. 14 wie vor, mit hausgeräuchertem Wildschweinschinken
- Nr. 15 wie vor, mit hausgeräuchertem Knochenschinken
- Nr. 16 wie vor, mit gemischtem Grillspieß
- Nr. 17 wie vor, mit Lammkoteletten oder Lammnüßchen, Pfefferminzbutter
- Nr. 18 wie vor, mit Salmschnitte vom Rost und Sc. mousseline
- Nr. 19 wie vor, mit gebackenem Kalbskotelette
- Nr. 20 wie vor, mit Beilagen von nordischen Räucherspezialitäten

Kalte Spargelgerichte

Nr. 21	Spargelsalat
Nr. 22	Spargel, geeist, mit Mixed Pickles, Kapern und Worchestersoße
Nr. 23	Spargel mit Sc. vinaigrette
Nr. 24	Spargel in Sc. ravigote mit Wachteleiern garniert
Nr. 25	Spargel auf sibirische Art mit Gribichesoße
Nr. 26	Spargel mit Sc. moscovite, kalt, und echtem Räucherlachs
Nr. 27	Spargelspitzen auf Schlemmertoast (Tatar mit dem marinierten Spargel belegt und mit Ei und Kaviar ausgarniert)
Nr. 28	Spargeltoast mit einer halben gegrillten Languste umlegt (mundgerecht serviert), Sc. moscovite
Nr. 29	Spargeltoast mit Krebsschwänzen mit Sc. mayonnaise überzogen
Nr. 30	Spargelspitzen pointes d'amour (Liebesspitzen, pikant)
Nr. 31	Marinierte Spargelspitzen auf Toast, umlegt mit gegrillten Hummerkrabbenschwänzen – Chilirahmmayonnaise

Kalt-warme Spargelkombinationen

Nr. 32	Spargel, kalt, mit heißer Stachelbeersoße und Rehschinken als Beilage
Nr. 33	Spargel, kalt, mit Mandelmeerrettichsoße und heißem Ochsenfleisch im Sud serviert
Nr. 34	Spargel, kalt, mit Malagasoße, Lammkoteletten als Beilage
Nr. 35	Spargel, warm, mit geeister Pfefferminzbutter, Wildschwein- oder Hirschkalbskotelette als Beilage
Nr. 36	Spargel, warm, mit Melbasoße überzogen, kleiner gemischter Grillspieß nach Jagdherrenart
Nr. 37	Spargel auf kanadische Art (mit heißer bitterer Schokoladensoße)
Nr. 38	Spargel auf portugiesische Art, warm, mit Tomatenmayonnaise überzogen
Nr. 39	Spargelspitzen in Bierteig gebacken mit Sc. remoulade
Nr. 40	Spargel, warm, mit Sc. Cumberland und Wildschweinschinkenbeilage
Nr. 41	Spargel auf spanische Art, mit geeistem Rahmmeerrettich und in Schinkentasche gegrillte Langustenschwänze als Beilage

Spargelgerichte mit Reis

Nr. 42	Kalbsfricassee mit frischem Brechspargel und Reis
Nr. 43	Ragout fin mit Spargel und Erbsen im Reisrand
Nr. 44	Sûpréme von Edelfisch mit Spargel und Krebsschwänzen, Reis
Nr. 45	Spargel auf Tomatenreis mit Parmesan überbacken

Diverse Spargelspezialitäten

- Nr. 46   Spargel in Eierpfannenkuchen gerollt
- Nr. 47   Spargel flämisch
- Nr. 48   Spargel Freiburger Art
- Nr. 49   Spargel Milanaise
- Nr. 50   Spargel polnisch
- Nr. 51   Spargel à l'Orly
- Nr. 52   Spargel holländisch
- Nr. 53   Spargel Malteser Art
- Nr. 54   Spargel mit echter Sce. Mousseline
- Nr. 55   Spargel amerikanisch mit frischen Champignons
- Nr. 56   Spargel Königin-Art (mit Ragout fin überbacken)
- Nr. 57   Spargel Berner Art
- Nr. 58   Spargel Genfer Art
- Nr. 59   Spargel à la Mornnay
- Nr. 60   Spargel Noisette (mit Haselnußschaumsauce)
- Nr. 61   Spargel Ideal (mit Tomatenbutter vermischt)

Spargeltoastschnittchen und Spargeltellergerichte

- Nr. 62   Spargeltoast mit gebratenen Schinkenwürfeln
- Nr. 63   Spargeltoast mit Estragonbutter und kleinem Kalbsmedaillon
- Nr. 64   Spargeltoast englisch
- Nr. 65   Spargeltoast Grand Veneur (mit Hirschschinkenwürfeln, Rührei und kleinen ausgesuchten Pfifferlingen)
- Nr. 66   Spargeltoast Kaiserlich (mit Trüffelbutter)
- Nr. 67   Spargeltoastschnittchen mit kleinem Filetsteak, Sce. bearnaise und Gänseleberparfait
- Nr. 68   Spargeltoast Royal (mit Trüffelcrèmesauce überzogen)
- Nr. 69   Spargeltoast mit Schinken und Schweizerkäse überbacken

Spezialitätenkarte – Fischgerichte

Große Fisch-Spezialitätenwoche

Vorspeisen
Cocktail von Bodenseefischen, Butter, Toast
Aalgalantine, pikante Kräutersoße, Toast
Krebsschwanzkomposition mit Gurkenkügelchen, Fenchelstreifen, Regenbogenforellenstückchen
Felchenkaviar, junge Dillspitzen, Joghurt und Crème fraîche, garniert mit Möwenei, Butter, Toast
Räucherlachs, Sahnemeerrettich, Butter, Toast
Hummercocktail, von frischem Hummer
Ein ganzer Hummer, kalt, en bellevue, für 2 Personen, Mayonnaisensoße, Butter und Toast
Hechtgalantine mit Langustenschwänzen, Dillsabayon, Butter, Toast
Steinbuttsalat mit Bachkrebsen und Jakobsmuscheln, Butter, Toast
Beluga-Malossol-Kaviar im Eisblock serviert
Austern meeresfrisch: Portugieser, Belons, holländische Imperial

Suppen
Fischkraftbrühe Nelson
Bodenseefischsuppe auf Bouillabaisseart
Hamburger Aalsuppe
Für 2 Personen, frisch zubereitet: Original Bouillabaisse auf Marseiller Art

Kleine Zwischengerichte
Risotto mit Meeresfrüchten
Omelette mit Karpfenmilchner
Blätterteigpastetchen mit Krebsschwänzen

Aus deutschen Flüssen, Bächen und Seen
Allgäuer Wildbachforelle, blau, mit zerlassener Butter, Salzkartoffeln und Sahnemeerrettich
Donauwaller im Wurzelsud, mit Zwiebelbutter und Dillschloßkartoffeln
Zanderschnitte Fürst Radziwill, Pilzrisotto
Bachneunauge in Gelee, Lyoner Kartoffeln
Eglifilet in Mandelbutter gebraten, mit Salzkartoffeln und Nüßlisalat
Blaufelchen auf Müllerinart, Salzkartoffeln, Salate nach der Jahreszeit
Felchenfilet, gedünstet, auf Gemüsestreifen, Dillschaumsoße, hausgemachte breite Nudeln mit Bröselbutter
Hechtschnitte in Kräutersoße, mit gedünsteten Gurkenkugeln, Fenchelrisotto
Regenbogenforelle im Spezialsud pochiert, Schaumsoße mit Felchenkaviar, Butterkartoffeln

Saiblingfilet auf dem Lauchbett, gedünstet, Nantuasoße, wilder Reis
Hecht auf Spreewälder Art (Schüsselhecht) mit Dampfkartoffeln und Gurkensalat
Aal, grün, mit Salzkartoffeln und Gurkensalat
Aal, in Salbei gebraten, gemischter Salatteller
Aal, sauer, mit Bratkartoffeln
Schleie in Braunbier gekocht, mit geschlagener Dillbutter, Salzkartoffeln und Meerrettichsalat
Regenbogenforelle vom Grill, Sc. béarnaise, Kartoffelkugeln, Saisonsalate
Bodenseekretzerfilets in Bierteig gebacken, Gribichesoße, Schwenkkartoffeln, Salate der Saison
Hechtklößchen in Krebsschwanzsoße, Butterreis, Gurkensalat
Karpfen auf polnische Art, mit geeistem Sahnemeerrettich, zerlassener Butter und Petersilienkartoffeln
Trüsche, gebacken, mit der Leber, Remouladensoße, Salatplatte

Ab 4 Personen:
Ein ganzer Hecht nach Art des Chefs, mit in dünnen grünen Speckscheiben gerollten Sardellenfilets gespickt, gefüllt mit Fischfarce und Leber auf badische Art, im Rohr gebraten und am Stück serviert

Aus den Meeren der Welt
Calamaris en Orly (Tintenfischringe in Bierteig gebacken, mit Tomatensoße), Dampfkartoffeln, Salate
Gedünsteter Angelschellfisch mit Senfbutter und Petersilienkartoffeln
Kabeljauschnitte, paniert, Remouladensoße, Kartoffelsalat
Pochierte Heilbuttschnitte, zerlassene Butter, Schloßkartoffeln und Gurkensalat
Finkenwerder Speckscholle mit Kartoffelsalat
Makrelenfilets nach Szegediner Art, Kartoffelpüree
Schnitte vom kanadischen Silberspringlachs, vom Rost, Choronsoße, Gurken-Fenchel-Gemüse, Salzkartoffeln
1/2 Hummer Thermidor, wilder Reis
Seezunge Colbert, Salzkartoffeln, Saisonsalate
Seezungenschleifchen auf Kardinalart, Pilzrisotto, Salatherzen Mimosa
St. Petersfisch nach Florentiner Art mit Garnelen umlegt, Dampfkartoffeln
Seezungenfilet Walewska (mit Langustenmedaillons in Langustensoße), Trüffelreis
Steinbuttschnitte Dumas, Olivenkartoffeln, Bachkressesalat in Himbeeressigdressing
Lotte de mer (Aalrutte), gedünstet, auf geschmolzenen Tomaten mit Basilikum, Nußkartoffeln
Loup de mer (Wolfsbarschfilet) mit kleinen jungen Gemüsen, gedämpft, Muschelsoße mit Crevetten, Risotto

Für 2 Personen:
Schlemmerplatte aus Neptuns Reich
Kleine Filets, gebraten, von Petersfisch, Meeräsche, Dorade und Steinbeißer, umlegt mit Riesengarnelenschwänzen und Jakobsmuscheln, 3 verschiedene aufgeschlagene Soßen, gedünstete Gurken und Tomaten im Fenchellöffel, Kartoffelauflauf mit Sauerampfer
Babysteinbutt, pochiert, Sc. mousseline, Schloßkartoffeln

Als Herrenessen
Frische Solokrebse à la nage

Zum Petri Dank
Eisbecher Seemannstraum (Früchte-Eisbecher mit Fischchen aus Marzipan)
Savarin mit Rumfrüchten Steife Brise
Blaues Meer (Zitronensorbet und Heidelbeerparfait mit einem kleinen Schuß Curaçao blue und mit Sekt aufgegossen)
Land in Sicht (Vanillekreme mit Sahnetupfen und Kiwischeiben als Uferrand)
Gute Brise (Windbeutel mit Baccardikreme gefüllt und Salat von exotischen Früchten umlegt)

Ab 2 Personen:
Surprise im Hafennebel
(Überraschungsomelette mit raffinierter Verdunstungstechnik durch untergesetzte Platte mit Trockeneis)

Käsespezialitäten aus vielen Ländern
Original schottischer Stilton mit altem Portwein
Gorgonzola aus Italien
Edamer aus Holland
Chester aus England
Camembert Cour de Normandie aus Frankreich
Tilsiter vom Ostseestrand

Die Bodenseefischer empfehlen beim Landgang:
Lindauer Butterkäse
Appenzeller
Schweizer Käse

und von der Insel Reichenau:
Frische Radieschen und Rettiche zum Käse

Spezialitätenkarte – Steakkarte

STEAK-WOCHEN
Über 100 Steakspezialitäten

Vom Rind

- Nr. 1   Hamburger (Rinderhacksteak mit Gurken, Zwiebeln, Ketchup)
- Nr. 2   Chopped Tenderloinsteak (faschiertes Filetsteak mit Röstzwiebeln)
- Nr. 3   Wiener Zwiebelrostbraten (aus der Rinderhuft geschnitten mit Röstzwiebeln)

Die nachfolgenden Steaks haben ein Gewicht von 200 g

- Nr. 4   Entrecôte vom Grill
- Nr. 5   Entrecôte maître d'hôtel
- Nr. 6   Entrecôte mit Meerrettich
- Nr. 7   Entrecôte mit Estragonbutter
- Nr. 8   Entrecôte mit Kümmelbutter
- Nr. 9   Entrecôte mit Schalottenbutter
- Nr. 10 Entrecôte mit Knoblauchbutter
- Nr. 11 Entrecôte mit Café-de-Paris-Butter
- Nr. 12 Entrecôte mit Paprikabutter
- Nr. 14 Entrecôte mit Trüffelbutter
- Nr. 15 Entrecôte mit Sc. béarnaise

Steaks vom Rind mit Garnituren

- Nr. 16 Rumpsteak Esterhazy
- Nr. 17 Rumpsteak nach Tiroler Art
- Nr. 18 Rumpsteak Mirabeau
- Nr. 19 Rumpsteak Meyerbeer
- Nr. 20 Rumpsteak nach Lyoner Art
- Nr. 21 Rumpsteak mit Champignons
- Nr. 22 Rumpsteak mit Pfifferlingen
- Nr. 23 Rumpsteak mit Morcheln
- Nr. 25 Rumpsteak mit kleinen Maiskölbchen und Barbecuesoße
- Nr. 26 Sirloinsteak, amerikanisches Sirloinsteak mit „Corn on The Cabs" (Maiskolben mit Butter)
- Nr. 27 Pariser Pfeffersteak vom Roastbeef (mit gestoßenem Pfeffer und Cognacsahnesoße)
- Nr. 28 Rib-Eye-Pfeffersteak mit frischem grünem Madagaskarpfeffer und Armagnacsoße
- Nr. 29 Mexikanisches Pfeffersteak vom Filet mit grünem Pfeffer, roten und grünen gehackten Pfefferschoten und süßen Maiskörnern
- Nr. 30 Pariser Pfeffersteak vom Filet mit gestoßenem Pfeffer in Cognacsahnesoße

Nr. 31	Madagaskarpfeffersteak vom Filet mit frischem grünem Madagaskarpfeffer in Armagnacsahnesoße
Nr. 32	Filetsteak Picallili, sehr scharf
Nr. 33	Filetsteak nach Berner Art vom Grill, natur, mit Sc. béarnaise
Nr. 34	Filetsteak mit Spiegelei auf Bratkartoffeln
Nr. 35	Filetsteak mit Champignons
Nr. 36	Filetsteak mit Pfifferlingen
Nr. 37	Filetsteak mit Morcheln
Nr. 38	Filetsteak Helder, gefüllte Tomaten mit Sc. béarnaise und Spargelspitzen
Nr. 39	Filetsteak mit Sc. Choron, gefüllte Artischockenböden, feine Erbsen, Spargelspitzen mit Sc. hollandaise
Nr. 40	Filetspieß mit Morchelrahmsoße (kleine Rinderfilets am Spieß)

Spezialitäten vom Rind für 2 Personen

Steakgewicht

Nr. 41	Rinderkotelette	
Nr. 42	T-Bone-Steak	
Nr. 43	Porterhouse Steak	
Nr. 44	Entrecôte double natur	380 g o. Kn.
Nr. 45	Entrecôte double mit Kräuterbutter	380 g o. Kn.
Nr. 46	Entrecôte double mit Sc. béarnaise	380 g o. Kn.
Nr. 47	Chateaubriand vom Grill, natur	380 g o. Kn.
Nr. 48	Chateaubriand mit Kräuterbutter	380 g o. Kn.
Nr. 49	Chateaubriand mit Sc. béarnaise	380 g o. Kn.
Nr. 50	Chateaubriand nach Gärtnerinart mit diversen Gemüsen umlegt und Sc. béarnaise	380 g o. Kn.

Mit dem ersten Teil unserer Steakkarte offerieren wir Ihnen genau 50 Steakspezialitäten rund ums Rind. Damit jedes Steak gerade individuell nach Ihrem speziellen Wunsch gebraten wird, ordern Sie bitte:

Deutsche Bezeichnung (nicht so geläufig)
Französische Bezeichnung (international bekannt, jedoch nicht so ausführlich wie die englische Bezeichnung)
Englische Bezeichnung (setzt sich international immer mehr durch und verdrängt die französische Bezeichnung)

1. Blutig – Blau – Bleu – Blue – Underdone (very rare)
Das Fleisch wird von beiden Seiten gut und scharf angebraten, ist innen aber noch vollkommen roh, leicht kalt und blutig. Nur der Kenner und Liebhaber wird es so bestellen, will es dann aber auch präzise so haben.

2. Halb roh, blutig – Saignant – Rare
Ebenfalls auf beiden Seiten kurz angebraten, aber nicht so scharf wie bei der ersten Stufe. Es müssen beide Seiten so weit durchgebraten sein, daß innen noch ein Streifen roh, an beiden Seiten aber der Fleischsaft schon gebunden ist. Beim Anschnitt zeigt sich hier rosa Saft mit innen noch etwas rohem Fleisch und Blut.

3. Rosa, englisch – à l'anglaise – Medium rare
Ca. 2,5 Min. auf jeder Seite braten, dann bei mäßiger und danach noch bei schwacher Hitze gut entspannen lassen. Es müssen sich kleine rosafarbige Saftperlen bilden. Das Eiweiß in den Fibrillen ist schon gebunden. Es ist hier ab dieser Bratstufe kein Blut mehr, sondern schon rosa Fleischsaft.

4. Mittel, halbdurch – à point – Medium
Genau auf den Punkt gebraten. Der Fleischsaft ist gerade noch rosa. In der Mitte ist beim Anschneiden ein zarter, dünner, schwach rosafarbener Streifen sichtbar. Die Saftperlen sind heller und feinperliger als bei der ersten Stufe. Beim Fingerdruck verbleibt eine Vertiefung für einen kurzen Moment. Das Fleisch ist noch zart, saftig und sehr schmackhaft. Es ist von den Engländern und Amerikanern der am häufigsten verlangte Bratgrad, aber auch der Franzose bestellt häufig „à point".

5. Ziemlich durch – (keine Bezeichnung) – Medium well
Ein wenig mehr als medium. Auch die deutsche Bezeichnung ziemlich durch ist ungenau und nicht vergleichbar. Eigentlich kennt nur die englische Küche noch diese fein detaillierte Unterteilung in medium rare, medium und medium well. Es ist die wohl schwierigste Bratstufe für den Koch, denn sie soll etwas mehr als in 4. beschrieben sein, aber trotzdem noch nicht ganz durch.

6. Gut durch – Bien cuit – Well done
Soweit durchgebraten, daß beim Anschneiden kein Saft mehr hervortritt.

Restlos durchgebraten – attaché – Very well done
Restlos trocken durchgebraten. Ausgetrocknet bis zum geht nicht mehr. Wird vom Koch nur mit Widerwillen hergestellt. Oft ist das Fleisch dann zäh.

Steaks vom Schwein

- Nr. 51   Schweinenackensteak vom Rost, mit Kümmelbutter
- Nr. 52   Schweinerückensteak nach Budapester Art
- Nr. 53   Schwarzwälder Kirsch Steak
- Nr. 54   Westmoreland Steak
- Nr. 55   Jägersteak
- Nr. 56   Tessiner Steak, mit Schinken und Käse, überbacken
- Nr. 57   Langenrainer Schinkensteak, mit Spargel und Käse, überbacken
- Nr. 58   Schweinelendensteaks in Morchelsoße
- Nr. 60   Schweinelendchen Romanoff
- Nr. 61   Schweinelendensteaks mit Schinken, Salbei und Sellerieblättern gefüllt
- Nr. 62   Schweinemedaillons Robert
- Nr. 63   Schweinerückensteak Picallili
- Nr. 64   Schweinesteak mit candiertem Ingwer, Kroepek und Chutney
- Nr. 66   Paprikasteak mit Pfefferschoten
- Nr. 67   Schweinerückensteak Esterhazy
- Nr. 68   Schweinerückensteak Cordon bleu
- Nr. 69   Schweinesteak, vom Grill, mit Estragonbutter
- Nr. 70   Schweinesteak nach Lyonnaiser Art

Kleine Steaks auf Toast

- Nr. 71   Schloßherrentoast (Schweinelendensteak mit Waldpilzen)
- Nr. 72   Toast Comtesse (2 kleine Kalbssteaks, Spargelspitzen, verlorenes Ei, Sc. hollandaise)
- Nr. 73   Toast à la châtelaine (Schweinesteak mit Schinken und Käse, überbacken)

Steaks vom Kalb

- Nr. 74   Paillard de veau grillée en folie (ganz dünn geklopftes, plattiertes Kalbssteak in der Folie gegrillt)
- Nr. 75   Kalbssteak, natur, vom Grill
- Nr. 76   Kalbsrückensteak, natur, vom Grill
- Nr. 77   Kalbssteak mit frischen Champignons
- Nr. 78   Kalbsrückensteak nach Prager Art
- Nr. 79   Kalbsrückensteak mit Mandelbutter
- Nr. 80   Kalbsrückensteak mit Paprikabutter
- Nr. 81   Kalbsrückensteak mit Trüffelbutter
- Nr. 82   Kalbssteak mit Pfifferlingen
- Nr. 83   Kalbssteak mit Spargelspitzen, Erbsen und Sc. hollandaise
- Nr. 84   Kalbssteak auf russische Art, Smetani, Steinpilze, Kräuter
- Nr. 85   Kalbssteak in Morchelrahmsoße
- Nr. 86   Kalbsmedaillons nach Zarenart
- Nr. 87   Kalbsfiletsteak mit Artischockenböden und Spargelspitzen, Sc. hollandaise
- Nr. 88   Kalbslendensteak Metternich
- Nr. 89   Kalbslendensteak Orlow
- Nr. 90   Kalbslendensteak Nelson

Hausspezialitäten

Nr. 91	Entrecôte Schloß Langenrain mit Kräuterbutter und Meerrettich
Nr. 92	Paillard de Bœuf Strindberg, dünn geklopftes (plattiertes) Rindersteak mit englischem Senf und Schalottenzwiebeln gebraten
Nr. 93	Filettopf Schloßkeller, drei verschiedene kleine Filets mit Gemüsen und Pilzen auf Bratkartoffeln

Lammspezialitäten

Nr. 94	Lammkoteletten nach Gutsschäferart
Nr. 95	Lammkoteletten Nelson
Nr. 96	Lammkoteletten mit braisiertem Fenchel
Nr. 97	Lammkoteletten mit gebackener Banane, Ananas, Ingwer, Mangochutney und Kroepek
Nr. 98	Lammkoteletten mit Knoblauchbutter

Steaks von Geflügel

Nr. 99	Truthahnsteak vom Grill, natur
Nr. 100	Turkey-Steak Südseetraum, Ananas, Sc. hollandaise, Kroepek, Mangochutney, Ginger und diversen Früchten
Nr. 101	Truthahnsteak in Morchelrahmsoße

Ein Halali der Jagd dem Steak

Nr. 102	Rehsteak mit Pfifferlingen
Nr. 103	Wildschweinsteak mit Calvados, flambiert
Nr. 104	Hirschkalbsteak mit Waldpilzen
Nr. 105	3 verschiedene Wildsteaks in Morchelrahmsoße

Beilagen

Als Steakbegleiter empfehlen wir:
Knackig frische Salate zur Auswahl am Salatbüfett
Pommes frites, Pommes croquettes, Kartoffelbällchen,
neue Kartoffeln, Bratkartoffeln, Lyoner Kartoffeln
Reis oder Spätzle, grüne Nudeln
Frische grüne Bohnen, Sommergemüse oder Erbsen

Sämtliche Preise sind Inklusivpreise
(Bedienungsgelder, Mehrwertsteuer sind im Endpreis enthalten)

Hinweis: Laut lebensmittelrechtlicher Verordnung muß beim Angebot von Wildsteaks, Wildmedaillons, Wildragout usw. immer die Tierart mit genannt werden. Nur Wild- oder Gattungsnamen reichen nicht aus.

Spezialitätenkarte – Wildgerichte

Unsere Spezialität: Wildgerichte

Vorspeisen
Wildkaninchenterrine, Apfel-Sellerie-Salat, Butter, Toast
Hirschfleischsalat mit Preiselbeerjoghurt und Pilzen, Toast
Wildentengalantine, Orangensalat, Melbatoast
Hasenpastete mit Madeiragelee, Bananen-Cumberland-Soße, Waldorfsalat
Zarter, mild geräucherter Rehschinken, Melonenkugeln mit Portwein, Butter und Toast

Suppen
Doppelte Fasanenkraftbrühe mit Maroneneierstich
Rebhuhnrahmsuppe St. Hubertus
Weiße Rebhuhnsuppe mit Sherrysahnehäubchen

Hauptgerichte
Hasenpfeffer, Semmelklöße, Apfelmus
Hasenschäufele in Rotwein gebeizt, Bratapfel, Serviettenkloß
Gespickte Hasenkeule in Wacholderrahmsoße, Rosenkohl, Steinpilze, Macaire-kartoffeln
Gespickter Hasenrücken für 2 Personen, Pfifferlinge in Rahm, Broccoli mit Mandelbutter, Brandteigkartoffeln
Jagdherrentopf, verschiedene Wildmedaillons, Trauben und Pilze, auf Majoran-Speck-Kartoffeln, Preiselbeeren
Fasanenbrust Walterspiel, auf Lebercrouton, Rahmsoße, Spätzle, Apfel-Sellerie-Salat mit Rote-Bete-Streifen
Junges Rebhühnchen im Speckmantel gebraten auf Champagnerkraut, Rahmsoße mit Trauben und Pilzen, Kartoffelpüree
Jungfasanenhahn mit Speckscheibe gebraten – für 2 Personen –
Weinkraut, Sahnesoße mit Steinpilzen, glacierte Edelkastanien, Kartoffelpüree
Wildente Bigarade, Orangensoße, Mandelbällchen, Chicoreesalat
Gefüllte Wachtel Suwarow, Sauerrahmsoße, Kartoffelcrêpes, Salat Lorette
Rehrücken Baden-Baden, kleine ausgesuchte Pfifferlinge, Rahmsoße, mit Johannisbeergelee gefüllte Dunstbirne, Spätzle vom Brett
Hirschkalbssteak mit Steinpilzen, Spätzle vom Brett, Salat Hiller
Frischlingslendchen, gebraten, mit Calvados, Bernykartoffeln, Chicoree-Kresse-Salat in Nußdressing
Elchrückensteak Stephanie, Bernykartoffeln, Rosenkohlsalat
Hirschkalbsfilet in Blätterteig, Hagebutten-Apfel-Soße, römische Nockerln, Salat von rosa Champignons und Bachkresse

Bitte beachten Sie unsere Dessertkarte.

Verschiedene Fondues

Fonduekarte

Neuenburger Fondue (Fondue Neuchâteloise):
Das Neuenburger Fondue ist das eigentliche Fondue. Hier wird der Käse in Weißwein mit einem Schuß Kirschwasser geschmolzen. Die mit einer Knoblauchzehe ausgeriebene feuerfeste Tonschüssel kommt mit dem in trockenem Weißwein und Kirschwasser geschmolzenen Gruyère zu Ihnen an den Tisch. Diese Fondueform steht auf einem Rechaud, dessen Flamme Sie selbst regulieren können.
Die dazugereichten Brotwürfel stecken Sie auf die Fonduegabel und drehen sie 2- bis 3mal durch die kochende Käsekreme. Dann legen Sie den mit Käse getränkten Brotwürfel auf Ihren Teller zurück, um ihn so zu verspeisen.
Wir servieren dieses Gericht ab 2 Personen   Pro Person   ____

Fondue Bourguignonne:
Dieses Gericht ist im eigentlichen Sinne gar kein Fondue, weil hier ja nichts geschmolzen wird. Es müßte friture à la Bourguignonne heißen, weil im heißen Fett gebraten wird.
Zartes, gewürfeltes Rinderfilet (180 g pro Person) wird Ihnen roh serviert. Viele pikante Zutaten werden dazu gereicht, Perlzwiebel, Pfeffergürkchen, süßsaure Kürbiswürfel, Senffrüchte, Oliven, Sardellenringe, Mixed Pickles, marinierte Champignonköpfe, Artischockenherzen mit Vinaigrettesoße, eingelegter Sellerie und verschiedene delikate Soßen wie Gribiche, Remoulade, Chili, Cocktail, Senfmayonnaise und Curryjoghurt.
Das schon heiße Öl kommt in einem Kupferkessel mit dem Rechaud zu Ihnen an den Tisch. Sie spießen die Fleischwürfel mit der Fonduegabel auf, um sie im brutzelnden Fett zu braten. Dann geben Sie die Fleischstücke auf Ihren Teller und essen dazu je nach Belieben von den zur Auswahl gestellten Beilagen und Soßen.
Wir servieren dieses Gericht ab 2 Personen   Pro Person   ____

Fondue Chinoise:
Müßte eigentlich bouilli à la Chinoise heißen. Es unterscheidet sich nur dadurch vom Fondue Bourguignonne, daß der Kupferkessel nicht mit heißem Fett, sondern mit einer heißen Bouillon auf den Tisch gestellt wird. Das Fleisch wird hier also nicht gebraten, sondern gekocht. Das Fleisch ist nicht würfelig, sondern blättrig geschnitten.
Ansonsten bedienen Sie sich wie zuvor beim Fondue Bourguignonne geschildert.
Wir servieren dieses Gericht ab 2 Personen   Pro Person   ____

Fondue nach Jagdherrenart:
Wird ähnlich angerichtet wie das Fondue Bourguignonne. Hirschkalbsfleisch, gewürfelt, gerollte Tranchen vom Rehrücken und Stückchen vom Hasenrückenfilet werden anstelle von Rinderfilet serviert. Das Öl im Kupferkessel ist lange Zeit vorbehandelt. Bestes Olivenöl haben wir verwendet. Frische Kräuter, wie Rosmarin, Salbei, Thymian, Estragon, Pfefferkraut, wenig wilder Bergknoblauch und Schalotten sowie zerdrückte Pfefferkörner, Wachholderbeeren und Koriander haben wir in das Öl eingelegt und einige Wochen stehen lassen. Dann wurde das Öl gefiltert, um jetzt für dieses Spezialfondue verwendet zu werden.
Als Beilage reichen wir in Bierteig gebackene Champignons, die Sie, wenn Sie möchten, noch einmal ganz kurz in das heiße Fett eintauchen können. Preiselbeeren, Apfelkompott, Dunstbirnen und Pfifferlingsalat sind in den Beilageschalen. Eine raffinierte Cumberland-Joghurt-Soße mit Crème fraîche und eine Ingwersoße runden dieses Gericht ab.

Wir servieren dieses Gericht ab 2 Personen   Pro Person _____

Bodensee-Fisch-Fondue:
Gewürzte, gerollte Kretzerfilets, Zanderstücke und kleine Regenbogenforellentranchen werden serviert.
Anstelle von Öl geben wir einen kräftigen, gut abgeschmeckten Fischfond mit feinen Gemüsestreifen in den Kessel.
Sie spießen die Fischstückchen auf, um diese im Fond zu garen. Zerlassene Butter und eine aufgeschlagene Kräutersoße bilden mit den heißen Folienkartoffeln zusammen eine ideale Beilage, die durch den Gurkensalat in Dill-Joghurt-Dressing noch ergänzt wird.

Wir servieren dieses Gericht ab 2 Personen   Pro Person _____

***

Zum Abschluß ein süßes Fondue mit Überraschungen:
Bei ganz schwach gehaltener Hitze kommt geschmolzene Schokolade auf den Tisch. Es wird hier kein Spiritusrechaud, sondern ein Elektrorechaud verwendet, damit die Schokolade nicht anbrennen kann.
Brandteigkugeln sind mit Vanille- und Haselnußeis gefüllt und wieder zusammengesetzt. Sie spießen diese Profiterolen auf die Gabel und drehen sie in der heißen Schokolade, um sie auf Ihren Teller zurückzulegen und zu verspeisen. Williamsbirnen und mit Williamsbirnenbrand abgeschmeckte Schlagsahne servieren wir dazu.

Wir servieren auch für 1 Person   Pro Person _____

Guten Appetit zum Fondue!

Internationale Spezialitätenwochen

Als letzte Möglichkeit von Spezialitätenkarten, der aber genausoviel Beachtung zukommen sollte, wie allen anderen besonderen Speise- und Spezialitätenkarten, sind die internationalen Spezialitätenkarten zu nennen.

Es wäre zu umfangreich, hier alle Nationen mit den gesamten Spezialitäten aufzuzählen. Der Rahmen des Themas wäre auch etwas überschritten, wenn wir alle internationalen Gerichte aufzählen wollten.

Im Anschluß finden Sie eine kleine Auswahl an Beispielen von besonders beliebten internationalen Spezialitäten.

Bei diesen Gelegenheiten sollten allerdings nicht nur die Speisen herausgestellt werden, sondern der ganze Rahmen muß solchen Spezialitätenwochen angepaßt sein.

Auf jeden Fall müssen Folklore, Kunst, Kostüme und Dekoration in Verbindung mit den kulinarischen Ereignissen geboten werden, um der Veranstaltung die notwendige Atmosphäre zu verleihen.

Am besten ist es, wenn man sich an Kollegen im Ausland wenden kann, um eventuell im Austauschverfahren solche Aktionen von Nation zu Nation zu organisieren. Wenn diese Möglichkeit nicht gegeben ist, sollte man sich an ein Konsulat oder an eine Botschaft wenden. Viele Länder sind am Export ihrer Erzeugnisse sehr interessiert und unterstützen gerne solche Aktivitäten.

Große internationale Export- und Importunternehmen sind ebenfalls Ansprechpartner für diese Unterstützungen.

Ratsam ist es auch, wenn man sich einen Koch dieser Nation für die Dauer der Spezialitätenwochen engagieren kann. Ausländische Spezialgerichte sollten auch in der Originalrezeptur zubereitet sein.

Spezialitätenkarte – Kulinarische Reise

Reisen Sie kulinarisch mit uns nach

BUDAPEST

Goulash hongroise
Feinstes Rindfleisch, gleichviel Zwiebeln, bester Rosenpaprika, dazu ein guter Tokayer ist das Rezept des Küchenchefs für dieses Goulash

Brochet ziganne
Verschiedene Lendchen, am Spieß, mit einer pikanten Paprikarahmsoße

ROM

Lasagne alla bolognese
Grüner Nudelteig, in Butter geschwenkt, mit geriebenem Parmesan und pikanter Fleischsoße

Saltimbocca alla Romana
Feinstes Kalbsschnitzel, gefüllt mit Parmaschinken und frischem Salbei

PARIS

Riz de veau Joseph
Kalbsbries in Rahmsoße, die mit Vermouth, Madeira und Cognac verfeinert wird

Suprême de volaille aux morilles
Mit Cognac flambierte Poulardenbrüstchen, dazu delikat gefüllte Morcheln

LISSABON

Filet de sole portugais
Seezungenfilets mit aromatischen Kräutern auf Pfannkuchen, die mit Spinat gefüllt sind

Coelho cambatatas estufadas
Kaninchenragout mit gestampften Kartoffeln

STOCKHOLM

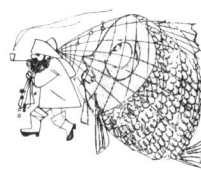

Smöre Brod
Fisch-Hors-d'œuvre

Paupiettes de saumon fumé sur toast
Lachsröllchen mit einem speziellen Paprikasauerrahmschaum gefüllt

MADRID

Tortilla madrilena
Omelette aus Eiern, Gemüsen, Zwiebeln und Kartoffeln

Pierna de Cordero Castillana
Lammkeulensteak, kräftig mariniert, rosa gebraten und mit einer Knoblauchsoße serviert

Menükunde

Was ist ein Menü?
Ein Menü ist eine genau festgelegte Reihenfolge von harmonisch aufeinander abgestimmten Speisefolgen, die zu einer bestimmten Zeit, zu einem festen Preis, meistens auch zu einem besonderen Anlaß, serviert werden.

Woher kommt der Name „Menü"?
Den Ursprung des Wortes „Menü" finden wir im lateinischen „minutius". Das heißt übersetzt, verringert, klein. Das Barockzeitalter bescherte uns das Menü. Im Mittelalter und in der Renaissance, aber auch schon viel früher, zur Zeit der Römer, hatte man riesige Speisefolgen, deren Gänge oft mit theatralischen oder musischen Einlagen unterbrochen werden mußten. Erst im Zeitalter des Sonnenkönigs Ludwig des 14. wählte man für die intimen Diners im kleineren Kreise die nach damaligen Begriffen sehr verkleinerte individuelle Speisefolge, eben das „Menü".

Die äußere Aufmachung der Menükarte
Alles, was zu den Regeln der Standard- und Tageskarten in bezug auf stilistische Reinheit, orthographische Korrektheit, optische Präsentation, Genauigkeit und Sauberkeit in der Aufmachung der Karten, angegeben wurde, ist auch für die Menükarte zutreffend und sollte streng beachtet werden. Für Pensionsgäste, Reisegruppen, Arbeits- oder Schüleressen, bei denen die Gäste ihre Getränke nach der Getränkekarte selbst auswählen und nur das Menü bekanntgegeben werden soll, wird meistens eine kleine Karte in Postkartengröße oder ähnlichem Format verwendet.
Für das à la carte Geschäft im Passantenbetrieb werden oft noch kleinere Formate gewählt, die dann mittels Heftklammern in die Tages- oder Standardkarte eingeklammert werden. Das hat den Vorteil, daß man sie herausnehmen kann, wenn ein Gericht ausverkauft ist.
Bei einem Festmenü werden in der Regel Faltkarten verwendet. Sehr häufig werden auch kartonierte Faltkarten mit einer Einlage aus besonderem Papier, dem Anlaß entsprechend, ausgestattet. Die Einlagekarte wird dekorativ mit einer Kordel eingebunden. Auf der Außenseite der Karte wird der Anlaß des Essens angegeben, dazu entweder ein zum Anlaß passendes Motiv, oder ein Hauswappen. Auf der Einlagekarte stehen immer links die Getränke, die zum Menü serviert werden und auf der rechten Kartenseite ist das Menü gedruckt. Dabei ist die Form zu beachten. Die verschiedenen Gänge sind untereinander angeführt, auf Mitte gesetzt und durch einen Absatz, dünnen Strich bzw. kleinen Stern voneinander getrennt. Nachfolgend ist als Muster die Schreibweise eines Menüs angegeben.

Vorspeisenbüfett

———

Klare Ochsenschwanzsuppe

———

Meeresfrüchte im Reisrand

———

Gefüllte Lammkeule, Kräutersoße,
Gemüse der Saison, Bäckerinkartoffeln

———

Eisauflauf mit frischen Erdbeeren

Der Ort der Veranstaltung wird auf der linken Seite unter der Getränkefolge angegeben und das Veranstaltungsdatum auf der rechten Seite unter der Speisefolge. Sollen aus irgendwelchen Gründen keine Getränke mit auf die Karte gesetzt werden, dann stehen Anlaß, Ort und Datum der Veranstaltung auf der linken Seite einer Faltkarte, wo sonst eigentlich die Getränkefolge steht. Grund dafür, daß keine Getränke angegeben werden, kann z. B. sein, daß überwiegend oder nur alkoholfreie Getränke serviert werden sollen. Dadurch würde das festliche Bild der exclusiven Speisefolge gestört. Auch bei Kommunionessen verzichtet man manchmal auf die Benennung der Weine, weil ja der Gast, bzw. das Kind, zu dessen Ehren das Fest gegeben wird, nicht von den Weinen trinken darf. Anders ist es bei einer Tauffeier, wo ja die Kindesmutter der Ehrengast des Tages ist.

Wer stellt das Menü zusammen?
Die Zusammenstellung der Speisefolgen zu einem Menü ist Aufgabe des Küchenchefs. Jedoch sollte dies immer in Zusammenarbeit mit dem Restaurant- oder bei Extraessen mit dem Bankettleiter durchgeführt werden. Eine Koordinierung zwischen der Küchen- und Restaurantleitung ist unerläßlich. Die Interessen sind manchmal etwas unterschiedlich. Der Küchenchef, der meist auch für den Einkauf zuständig ist, kann ein besonders günstiges Angebot auf dem Markt nutzen. Der Oberkellner weiß, was bei den Gästen ankommt, was servicefreundlich ist und was nur mit einem intensiven Verkaufsgespräch an den Gast zu bringen ist. Alle personellen und technischen Gegebenheiten müssen voll berücksichtigt werden. Das gilt sowohl für die Küche, als auch für den Service.

Zusammenarbeit zwischen Küche und Service
Durch geschickte Menüzusammenstellung können dort, wo zwischen Küche und Service ein gutes Einvernehmen herrscht, personelle Engpässe etwas abgeschwächt werden. Gerichte, die für die Küche weniger arbeitsintensiv sind, erfordern oftmals viel Zeit für ein korrektes Vorlegen. Umgekehrt sind servicefreundliche Gerichte meistens mit Mehrarbeit in der Küche verbunden.
Als Beispiel wollen wir in einem Menü mit der Vorspeise beginnen. Ein gemischter Vorspeisenteller oder ein Cocktail muß nur eingesetzt werden. Dagegen nimmt es sehr viel Zeit in Anspruch, wenn eine große Vorspeisenauswahl serviert werden muß. Für die Küche ist es aber arbeitsintensiver, mehrere Vorspeisenteller einzeln anzurichten und zu garnieren, als eine große Platte mit verschiedenen Vorspeisen herzustellen.
Ein Filettopf im à la carte Service muß nur auf eine Rechaudplatte eingesetzt werden. Verschiedene Lendchen mit einer Gemüsegarnitur und Kartoffelbeilage benötigen eine gewisse Zeit zum sauberen Vorlegen. Genauso verhält es sich z. B. mit einer Ochsenbrust, die mit Bouillonkartoffeln und kalten Beilagen serviert wird. Schon das Fleisch vorlegen nimmt relativ viel Zeit in Anspruch, wenn es fachlich richtig, mit Selleriesalz bestreut und mit Rindsbrühe leicht überlöffelt, serviert wird. Dann soll sich der Gast die kalten Beilagen nach seiner Wahl zusammenstellen. Schon die oft anzutreffende Unschlüssigkeit des Gastes nimmt neben der eigentlichen Servicearbeit viel Zeit in Anspruch. Für die Küche ist es natürlich leichter, mehrere Glasschalen mit den Zutaten zu füllen, als die ganze Anzahl von kleinen Tellern anzurichten. Mit ähnlichen Beispielen könnten wir fast endlos fortfahren.
Selbst bei der Annahme einer kleineren Gesellschaft mit 10 bis 15 Personen sollte der Restaurantfachmann immer Rücksprache mit der Küche halten. Der Hauptgrund liegt darin, daß der Restaurantfachmann nicht immer wissen kann, ob überhaupt diese Gerichte in der ausreichenden Anzahl herzustellen sind. Die andere Seite, weshalb kein Menü **ohne Rückfrage** angenommen werden darf, liegt darin, daß die Machbarkeit von der personellen und technischen Seite gesehen, garantiert sein muß. Es muß berücksichtigt werden, daß jedes Extraessen in einem gehobenen Rahmen sozusagen immer nebenher läuft. Es ist

stets eine **zusätzliche** Belastung zum laufenden à la carte Geschäft, bzw. zu den fest eingeplanten Veranstaltungen.

Die 10 Gebote der Menüzusammenstellung

Es ist kein Geheimnis, daß die Zusammenstellung von kleineren oder größeren Speisefolgen eine Kunst ist, die umfangreiches Fachwissen, Berufserfahrung und Fingerspitzengefühl für Kompromißbereitschaft voraussetzt. Auch dem routiniertesten Fachmann unterlaufen hier zwangsläufig immer wieder kleine Fehler. Es ist natürlich leichter, die Kunst des anderen zu kritisieren, als seine eigenen Fehler zu entdecken. Um die Fehlerquelle auf ein Minimum zu beschränken, sollen nachfolgend einige wichtige Anhaltspunkte in Kurzform genannt werden, die bei jeder Menüzusammenstellung unbedingt zu beachten sind.

1. Der Preis des Menüs

Bevor wir überhaupt mit der Menüzusammenstellung beginnen können, müssen wir wissen, welcher Betrag uns für den Wareneinsatz zur Verfügung steht. Bei der Großverpflegung steht dem Küchenleiter meistens ein begrenzter Wareneinsatz zur Verfügung, mit dem er auskommen muß. Bei Pensionsmenüs muß der Küchenchef meistens seine Rohstoff- und Herstellungskosten in den von der Geschäftsleitung vorgegebenen Kartenendpreis unterbringen. Für das à la carte und Veranstaltungsgeschäft werden die Menüs vom Wareneinsatz bis zum Kartenendpreis kalkuliert. Für den Veranstaltungsverkauf empfiehlt es sich, mit fertig ausgearbeiteten Menüvorschlägen zu arbeiten. Bei einem freien Verkaufsgespräch muß sich der Verkäufer beim Gesprächspartner erkundigen, welche Preislage er bereit ist, zu akzeptieren. Durch eine schnelle, überschlägige Rückwärtskalkulation wird er dann ermitteln, welche Rohstoffe er für die Menüempfehlung einsetzen kann.

2. Der Anlaß des Essens – Der Gästekreis

Hochzeit, Silberhochzeit, Taufe, Trauerfeierlichkeiten, Herrenessen, Tagungsessen, Diplomatenessen, Pensionsessen, Schüleressen, Touristenessen, Verpflegung von Hochleistungssportlern, Sanatoriumsgästen, Großverpflegungsteilnehmern, Krankenhauspatienten oder Anstaltsbewohnern (Alten- oder Kinderverpflegung) stellen sehr unterschiedliche Anforderungen, die ein Menü in seiner Zusammenstellung erfüllen muß.
Durch den gegebenen Anlaß des Essens ist meist auch der Gästekreis festgelegt. Aus welchem Personenkreis sich die Essensteilnehmer zusammensetzen, ist für die Menüzusammenstellung von sehr großer Bedeutung. Eine Gesellschaft mit überwiegend älteren Gästen bevorzugt leichte Speisen, nicht zu herzhaft gewürzt, nicht zu üppig in der Anrichteweise und alles gut weich in der Zubereitung. Außerdem sollte man dabei individuell auf einige notwendige Kostformen eingehen. So z. B. für einen Diabetiker einen Pfirsich Melba mit Süßstoff zubereiten oder für einen Gast, der Magenbeschwerden hat und daher weder Fett noch Röststoffe verträgt, ein Rindsfilet dünsten und mit Kräuterquark garnieren, wenn für die anderen Essensteilnehmer Filet vom Rost mit Kräuterbutter auf der Menükarte steht. Für einen wirklich guten und erfahrenen Küchenchef wird es möglich sein, jedes Menü so abzuwandeln, daß der Gast, der eine bestimmte Schonkost einhalten muß, mitspeisen kann, ohne daß es optisch sichtbar auffällt, daß ein ganz anders zubereitetes Schonkostgericht serviert wird.
Essensgäste, die körperlich schwere Arbeit verrichten, müssen sowohl in Portionierung, wie auch in der Zusammenstellung ein ganz anderes Menü erhalten, als Gäste, die eine überwiegend leichte sitzende Tätigkeit ausüben. Vergleichen wir als Beispiel das Essen

anläßlich eines Richtfestes mit einem Arbeitsessen einer Tagung der Steuerberater. Ein weiteres Beispiel: Empfangsessen für eine Eishockeymannschaft bzw. ein Galadiner bei einem Staatsempfang.
Mit den später aufgeführten Menübeispielen zu den verschiedenen Anlässen wird auf die Einzelheiten dazu genau eingegangen.

3. Die Teilnehmerzahl

Ob überhaupt ein Essen in einer bestimmten Größenordnung angenommen werden kann, ist immer, wie auch die Zusammenstellung des Menüs, selbstverständlich aus organisatorischen, technischen und räumlichen Gründen unbedingt von der Teilnehmerzahl abhängig. Aber auch die Menüzusammenstellung richtet sich nach der Anzahl der Gäste. Bestimmte Gerichte eignen sich nur für eine entsprechende Größenordnung. Wünscht z. B. der Gast ein Menü, bei dem als Hauptgericht ein ganzes Spanferkel oder ein Kalbsrücken serviert werden soll, so ist oft eine Mindestteilnehmerzahl erforderlich. Es gibt andererseits aber auch Gerichte, für die nur bis zu einer bestimmten Höchstteilnehmerzahl ein sauberer, reibungsloser Serviceablauf garantiert werden kann. So z. B. bei einem Filetsteak wegen der Berücksichtigung der verschiedenen Gästewünsche bezüglich der Bratstufe oder bei Gerichten, die am Tisch flambiert werden.

4. Die Uhrzeit/Tageszeit des Essens

Vordergründig sind hier organisatorische Gründe. So müssen doch mitunter 2, 3 oder noch mehr Veranstaltungen zur gleichen Tageszeit abgewickelt werden. Um Küche und Service zu entlasten, werden wir in einem Verkaufsgespräch oder bei fernmündlicher Annahme von Veranstaltungen versuchen, die Servicezeiten für den Hauptgang so zu legen, daß dieser nicht in allen Räumen gleichzeitig serviert werden muß. Die Uhrzeit ist aber auch für die Richtlinien der Zusammenstellung von Speisefolgen ausschlaggebend. Ein Galadiner, das für eine Künstlergruppe vor dem Auftritt serviert werden soll, muß zwangsläufig andere Menükomponenten aufweisen, wie ein Essen für die gleiche Gruppe, das aber nach dem Auftritt serviert wird. Ein Mittagsmenü, das schon um 11 Uhr gereicht werden soll, wird mehr dem amerikanischen Lunch oder einem Brunch gleichen und unterscheidet sich somit von einem Essen zur normal üblichen Mittagessenszeit.

5. Saisonbedingte Gerichte/Jahreszeit

Je nach Jahreszeit wird uns der Tisch unterschiedlich mit frischen Rohwaren gedeckt. Allerdings haben moderne Schockgefriermethoden, perfekt funktionierende Systeme von Kühl- und Tiefkühlketten, moderne Transportmittel wie Luftfracht und Güterschnellverkehr, die Starre des früheren Jahreszeitkalenders gebrochen. Hinzu kommt, daß wir durch die EU-Marktwirtschaft zollfreie Frischwaren zu einer Zeit beziehen können, in der wir diese früher nicht bei uns auf dem Markt hatten.
Trotzdem sollte man sich ein klein wenig an die frischen Rohstoffe halten, die uns die Jahreszeit beschert. Selbstverständlich können wir heute fast das ganze Jahr über frische Erdbeeren beziehen. Bei einem besonderen Essen werden wir auch einmal im Dezember einen Nachtisch mit frischen Erdbeeren auf die Karte setzen, insbesondere, wenn es der Gast wünscht. Auf jeden Fall sollten wir aber in der Saison, in der es bei uns frische Erdbeeren gibt, diese auch in irgendeiner Form im Menü mit einbauen, sei es als Sorbet oder zum Nachtisch. Das gleiche Beispiel könnte man mit Spargel und vielen anderen Produkten ergänzen.
Einen Rehrücken können wir im gefrorenen Zustand, wie jedes andere Wild, das ganze Jahr über kaufen. Dennoch wird man zur Schonzeit einer bestimmten Wildart diese nicht

forciert anbieten. Wenn der Gast aber danach verlangt, können wir es beschaffen. Da unsere Wildbestände schon lange nicht mehr ausreichen, müssen wir ja ohnehin, auch innerhalb der Jagdsaison, in vielen Fällen auf tiefgefrorene Ware zurückgreifen.
Anders verhält es sich mit frischen Krebsen, Austern und Muscheln, sowie mit sehr vielen Fischarten. Diese Spezialitäten können wir tatsächlich nur innerhalb der Fangzeit als **frisch** oder **fangfrisch** anbieten.
Nach wie vor ist es für uns wichtig, welche Rohwaren wir in welcher Jahreszeit beziehen können. Es kommt immer wieder vor, daß Gäste eine Menüzusammenstellung wünschen, die nur frische Ware beinhalten darf.

6. Serviceablauf des Menüs / servicetechnische Gesichtspunkte
Raum, Tischform, Tischreden, Pausen zwischen den Gängen, Serviceschluß, das sind, wie in den vorhergehenden Punkten schon erwähnt, in erster Linie organisatorische Fragen, die bei der Veranstaltungsannahme geklärt werden müssen.
Aber auch hier greift ein Rad in das andere und diese technischen Fragen sind ebenfalls richtungsweisend für die Menüzusammenstellung. Hierbei gibt es aber noch zwei entscheidende Punkte zu beachten, nämlich die Serviceart und wieviel Servicepersonal zur Verfügung steht.
Nicht unbedeutend ist auch die Länge des Anmarschweges von der Küchenausgabe bis zum Veranstaltungsraum. Bei einem langen Anmarschweg kann ich z. B. nicht gut ein Omelette surprise zum Nachtisch geben. Ist der Raum zu eng, so kann nicht im Bankettservice, sondern bestenfalls im table d'hôte Service gearbeitet werden. Ist die Tischform so, daß die meisten Gäste mit dem Rücken zum Guèridon sitzen, so ist kein englischer Service zu empfehlen. Entsprechend der Serviceart wählt man natürlich auch den Hauptgang für ein Festmenü. Ist das Servierpersonal knapp, so wird man keinen Gang mit 6 verschiedenen Gemüsebeilagen empfehlen.
Sind alle Pausen für Festreden und der genaue Servicebeginn fest abgesprochen oder sogar protokollarisch festgelegt, wie z. B. bei einem Staatsbankett, so können wir ohne Bedenken einen Gang mit einplanen, der auch auf die Minute genau serviert werden muß und keine Warte- oder Warmhaltezeiten verträgt. Haben wir eine Familienfeier, ein Klassentreffen oder sonst eine Veranstaltung mit etwas zwanglosem Ablauf, muß man immer damit rechnen, daß unvorhergesehen noch ein Essensteilnehmer meint, er müßte unbedingt noch eine Rede halten. In diesem Fall sollten wir vorsichtshalber keinen Hauptgang einplanen, bei dem das Fleisch genau auf den Punkt gebraten ist und jetzt durch die Serviceverzögerung nachzieht und dadurch großen Qualitätsverlust erleidet.

7. Küchentechnische Einrichtungen
Genauso wie der technische Serviceablauf im Restaurant oder im Veranstaltungsraum berücksichtigt werden muß, darf auch im Hinblick auf die Kücheneinrichtung und Küchenorganisation sowie den personellen Möglichkeiten bei der Menüzusammenstellung nichts außer acht gelassen werden. Will der Auftraggeber z. B. ein Kalbssteak ou four für 300 Personen und es ist nur ein Salamander vorhanden, der zum Überbacken für maximal 10 Steaks ausreicht, so können wir diesen Hauptgang einfach nicht annehmen. Das Gleiche gilt natürlich für Zwischengerichte, Vorspeisen und Süßspeisen genauso. Auch ist es wichtig zu beachten, daß die Hauptarbeit für das Extraessen nicht in der gleichen Zeit liegt, in der auch das meiste à la carte Geschäft fällt. Wenn es gar nicht anders geht, müßte man einen Hauptgang empfehlen, der vorbereitet und bereitgehalten werden kann, wie z. B. eine geschmorte Tafelspitze, braisierte Rindshüfte, glaciertes Kalbsfricandeu usw.

8. Marktlage / Bezugsquellensicherung / Termingerechte Anlieferung
Diese Punkte sind für eine Menüzusammenstellung äußerst wichtig und müssen bei der Vorausplanung unbedingt beachtet werden. Unser Auftraggeber kommt z. B. im Mai und bestellt für den 18. September ein Essen. Wir empfehlen Rebhühner, weil wir einen Jäger an der Hand haben, der uns jedes Jahr kurz nach dem Aufgehen der Rebhuhnjagd, um den 15. herum, eine größere Strecke anliefert. Diese Bezugsquelle ist aber auch dann nicht sicher, wenn uns der Jagdpächter schon 10 Jahre hintereinander zuverlässig versorgt hat. Plötzliches Unwetter kann verhindern, daß gejagd werden kann. Ein total verregneter Sommer kann die Brut wegschwemmen oder ertränken. Eine Krankheit kann im Revier ausbrechen und dergleichen mehr. Sicherer wäre diese Lieferung über einen Wildhandel. Dieser hat nämlich mehrere, auch ausländische, Anlieferer und könnte somit, wenn auch oft wegen großer Nachfrage mit erhöhtem Preis, zuverlässiger liefern. Gleiches gilt für die Lieferung von frischen Fischen, Krebsen, Muscheln und Austern. Auch verschiedene Gemüse, hier wiederum besonders der Spargel, können manchmal außergewöhnliche Bezugsschwierigkeiten bereiten. Ein zuverlässiger Lieferant, der durch gute Geschäftsverbindungen sehr leistungsfähig ist, spielt bei der Menüplanung eine große Rolle. Bei Lieferanten, die man noch nicht so lange kennt, sollten die vertraglich festgelegten Lieferbedingungen genau beachtet werden. Dies bezieht sich nicht nur auf den Zeitpunkt der Lieferung, sondern auch auf die Schadensregulierung bei Lieferung nicht einwandfreier Ware.

9. Ernährungsphysiologische Richtlinien
Ernährungswissenschaftliche Erkenntnisse, medizinische Forschungsergebnisse, die veränderte Arbeitswelt des Menschen, erheblich erhöhte Ansprüche an den nicht körperlich schwer schaffenden Menschen und dadurch die veränderte Lebensweise unserer Gäste haben uns Küchenreformen gebracht, die der Kochwissenschaft einen berechtigten Platz neben der klassischen Kochkunst einräumen.
Dem Gast soll das Essen nicht nur munden, sondern es soll ihm auch bekommen. 10- und 12gängige Menüs, wie sie früher üblich waren, oder mächtige Fleischportionen, dazu noch kompakt zubereitet, wie in den ersten Nachkriegsjahren, in denen die Menschen durch jahrelangen Verzicht einen vermeintlichen Nachholbedarf hatten, sind heute nicht mehr üblich.
Deshalb müssen wir keineswegs gleich eine Schonkost reichen. Doch die Speisefolgen sollen leicht und bekömmlich sein. Wir haben nichts davon, wenn der Gast noch einen ganzen Tag nach dem Fest ein Füllegefühl mit sich herumträgt. Es ist doch besser, wenn es ihm so gut geschmeckt hat, daß er am nächsten Tag den notwendigen Appetit hat, um schon wieder so ein Menü zu essen.
Der Gast zieht bekanntlich Vergleiche. Er wird schließlich nicht nur dort wieder hingehen, wo es ihm gut geschmeckt hat, sondern darüber hinaus das Restaurant bevorzugen, das ihm ein besonders bekömmliches Mahl geboten hat. Das sollte besonders für die Gästebewirtung von Industrieessen beachtet werden, da hier nach dem Essen oft noch geschäftliche Gespräche stattfinden. Der Gast, der anschließend im Auto zum Arbeitsplatz fährt und dort bei der Arbeit wieder sitzen muß, kann unsere alte herkömmliche Küche nicht mehr verarbeiten. An dieser unumstrittenen Tatsache kommen wir nun einmal nicht vorbei und müssen unsere Menüzusammenstellung dementsprechend vornehmen.
Die Ausgewogenheit in der Menüzusammenstellung muß aber auch hinsichtlich dem Gehalt von Vitaminen, Nährstoffen, Ballaststoffen, Funktionsstoffen und Ergänzungsstoffen gegeben sein.
Es geht schließlich auch darum, die Gesundheit und die Arbeitskraft unserer Gäste zu erhalten. Besonders die Kollegen, die in der Gemeinschaftsverpflegung tätig sind, tragen hier eine große Verantwortung. Der Gast im Restaurant kann sich eventuell durch eine Umbestellung oder Zusatzbestellung, notfalls durch einen Lokalwechsel, seinen Tagesbe-

darf an Vitaminen und Mineralstoffen beschaffen, wenn er Kenntnisse in der Ernährungslehre besitzt. Der Gast in der Gemeinschaftsverpflegung (z. B. als Patient in einem Krankenhaus) hat diese Möglichkeit kaum.
Auf jeden Fall muß aber ein Küchenfachmann, der mit der Erstellung von Speise- und Menükarten zu tun hat, Kenntnisse in der Ernährungslehre haben und die Vorgänge im menschlichen Organismus kennen.

10. Die fachlichen Richtlinien der klassischen Menükunde

Der Grund, weshalb die fachlichen Richtlinien des klassischen Menüaufbaues erst an 10ter Stelle genannt werden, ist nicht, daß diese weniger wichtig sind. Im Gegenteil – dieser Punkt ist einer der **wichtigsten**, weil damit auch die Bekömmlichkeit und der Genuß des Essens gegeben ist. Eine kalte Vorspeise nach einer heißen Suppe oder eine schwer verdauliche Speise am Schluß des Menüs sind sicherlich nicht bekömmlich.

Doch es müssen alle anderen Punkte, so wie sie der Reihe nach aufgezählt sind, beachtet werden, bevor man sich überhaupt mit der klassischen Speisefolge befassen kann. Was nützt ein nach klassischen Gesichtspunkten korrekt zusammengestelltes Menü, wenn der Gast den Preis nicht akzeptiert? Oder wenn zwar die Zusammenstellung stimmt, aber nicht zum Anlaß des Essens paßt. Eine Panne, die aus technischer oder organisatorischer Gegebenheit unvermeidlich ist, kann schlecht mit einer noch so korrekten fachlichen Menükomposition entschuldigt werden. Was nützt ein aufsehenerregendes Menü, wenn Küchen- und Servierpersonal damit total überfordert sind?

Schließlich sollte auch auf gesunde Ernährung mehr Wert gelegt werden, als auf eine unbedingt richtige klassische Menüzusammenstellung. Einen kleinen Fehler bei der klassischen Menüzusammenstellung können wir mit einer berechtigten Begründung, die auf die gesunde Ernährung und Bekömmlichkeit hinweist, eher entschuldigen, als einen Ernährungsfehler, der zugunsten des klassischen Menüaufbaues bestehen soll.

Wie wichtig die fachlichen Richtlinien beim klassischen Menüaufbau sind, soll nachfolgend genau erklärt werden.

Nachdem alle vorgenannten Punkte berücksichtigt wurden, wollen wir uns nachfolgend mit dem Aufbau eines Menüs beschäftigen.

Der Aufbau eines Menüs

Der **Höhepunkt** eines jeden Menüs ist der **Hauptgang.**
Aus diesem Grunde wird **immer,** gleichgültig ob wir nur ein 4gängiges oder ein 12gängiges Menü erstellen wollen, mit dem Hauptgang begonnen. Hierbei ist es nicht entscheidend, ob wir das Menü im Direktionsbüro ausarbeiten, am Chefschreibtisch in der Küche sitzen, ein Lehrgespräch mit Auszubildenden führen oder aus dem Stegreif ein Verkaufsgespräch mit einem Gast führen. Ort, Zeit oder besondere Umstände berechtigen uns nicht, von dieser feststehenden Regel abzuweichen. Fragt z. B. ein Pensionsgast im Vorbeigehen, was es denn zum Abendessen gibt, so wird man dem eiligen Gast niemals zuerst die Suppe oder die Vorspeise nennen, sondern den Höhepunkt des Essens, nämlich den Hauptgang. Möchte ein mit der Organisation von einem Industrieessen beauftragter Gast ein besonderes Menü bestellen, so wird man ihm auch niemals zuerst einen Nachtisch oder eine Vorspeise nennen, sondern das Hauptgericht.
Logischerweise ist der Hauptgang der Ausgangspunkt, nach dem sich alle weiteren Menükomponenten richten. Besteht der Hauptgang z. B. aus Prager Kurschinken und Burgundersoße, so kann man keine Kraftbrühe mit Madeira und Schinkenklößchen als Suppe und keinen Katenrauchschinken mit geeister Melone als Vorspeise servieren.
Vom Hauptgang aus gehen wir dann in der umgekehrten Reihenfolge wie die Gänge serviert werden nach vorne bis zu dem Gang, der zuerst serviert wird. Das ist meist die kalte Vorspeise oder die Suppe. Dabei soll auch gleich eine weitere wichtige feststehende Regel genannt werden. Eine kalte Vorspeise wird immer **vor** der Suppe gereicht, eine warme Vorspeise ist als Zwischengericht zu bezeichnen und wird immer **nach** der Suppe serviert. Das geht noch klarer aus der französischen Bezeichnung dieser Speisefolge hervor, **entrée chaude.** In manchen ländlichen Gegenden bei uns spricht man auch von einem Voressen. Auch das wird nach der Suppe serviert und ist gleichzusetzen mit dem französischen Wort **relevé.**
Sind wir vom Hauptgericht aus bei der Vorspeise angelangt, dann gehen wir wieder vom Hauptgericht aus nach hinten bis zum Nachtisch bzw. Dessert. Es ist auch fachlich richtig, nach der Festlegung des Hauptganges sofort den ersten Gang anzugeben und danach dann die weiteren Gänge der Reihenfolge nach so, wie diese serviert werden.

Zum Thema „Gänge" = Speisefolgen noch vier sehr wichtige Anmerkungen:
I. Nicht alles, was in die Speisefolgen eingebaut wird, ist ein Gang. So steht beispielsweise auch der Mokka und oft der Digestif innerhalb der Speisefolgen. Rein fachlich gesehen, ist auch weder die Suppe noch die Süßspeise als Gang zu bezeichnen. Praxisbezogen hat es sich aber fest eingebürgert, daß man es als Gang mitzählt. Spricht man von einem 5gängigen Menü, das Suppe und Süßspeise beinhaltet, so sind dieselben als Gänge mitgezählt.

II. Fälschlicherweise wird oft bei uns die Süßspeise als Dessert bezeichnet. Dessert ist aber ein kleines Gebäckstück, Petit fours oder auch eine Konfekt- oder Pralinenart. Es wird in der klassischen Menüfolge zum Schluß, unmittelbar vor dem Mokka oder Kaffee, gereicht. Streng fachlich genommen ist die Süßspeise als süßer Zwischengang zu betrachten. Es heißt ja auch im Französischen entremets sucré chaud oder entremets sucré froid (warme oder kalte süße Zwischenspeise lautet korrekt die wörtliche französische Übersetzung).

III. In der klassischen Menüfolge stand früher der Käsegang immer am Schluß eines Menüs. Das hat sich aber geändert. Bedingt ist diese Änderung durch die korrespondierenden Getränke. Zur Süßspeise trinkt man Sekt oder auch relativ süßen Wein wie Auslese, Beerenauslese etc. Zu den meisten Käsesorten paßt jedoch schwerer nussiger Rotwein. Da nun aber so ein Wein nach Sekt oder süßem Wein unmöglich schmeckt, hat man in der modernen Speisefolge einfach die Gänge anders angeordnet.

IV. Sorbet als Speisefolge
In früheren Zeiten, als 12gängige Menüs noch an der Tagesordnung waren, konnte auf das Sorbet nicht verzichtet werden. Es wurde zur Erfrischung und zum neuen Anreiz der Geschmacksnerven benötigt. Heute, wo man Menüs mit wesentlich weniger Gängen reicht, kommt das Sorbet auch wieder zum Zuge. Man reicht es immer nach dem Fischgang, also vor dem Hauptgericht. Es soll einmal den Geschmack vom Fisch her neutralisieren, den Magen entlasten, den Gaumen erfrischen und die Geschmacksnerven auf den folgenden Gang einstimmen.
Enthält ein Menü keinen Fischgang, dann serviert man das Sorbet vor dem Hauptgericht, jedoch niemals direkt nach der Suppe.
Hat ein Menü mehr als acht Gänge, dann steht das Sorbet in der Reihenfolge immer an fünfter Stelle.

Wir kennen jetzt die Richtungen, die wir vom Hauptgang ausgehend einzuschlagen haben. Schauen wir uns jetzt den Menüaufbau ganz genau an. Auf den Hauptgang ausgerichtet, müssen folgende Regeln eingehalten werden:

Abwechslung und **Harmonie** müssen grundsätzlich gegeben sein.
D. h., Wiederholungen in jeder Form sind zu vermeiden. Die Komponenten müssen in den Farben wechseln. Rohstoffe und Zubereitungsarten dürfen nicht mehrmals vertreten sein.

Ausnahmen:
Es gibt wenige Ausnahmen, die eine Wiederholung gestatten. So dürfen in einem Menü zweimal Kartoffeln gereicht werden, wenn als Speisefolge ein Gang mit Fisch vorausgeht, zu dem eine andere Beilage schlecht paßt. Es sollten dann natürlich die Zubereitungsarten der Kartoffeln verschieden sein, also z. B. nicht zweimal hintereinander gekochte Kartoffeln.
In der Spargelsaison darf ein Menü zweimal Spargel als Gang oder als Beilage enthalten. Z. B. Spargel mit Sc. vinaigrette als Vorspeise und Kalbssteak nach Prinzeßart als Hauptgericht. Auch eine Spargelsuppe und ein darauf folgender Gang mit Spargel als Beilage wäre statthaft.
Bei einem ausgesprochenen Jagdessen dürfen, ja sollten sich sogar innerhalb des Menüs mehrere Gänge mit Wild wiederholen. Es sollten aber nicht die gleichen Wildarten sein und es ist auch auf das farbliche Wechselspiel hell-dunkel zu achten.
Für ein ausgesprochenes Fischessen gilt die gleiche Regel wie für ein Jagdmenü. Auch hier dürfen mehrere Fischgänge aufeinander folgen. Geschmacksrichtungen, Arten und Zubereitungsformen sollten allerdings wechseln.
In einem reinen vegetarischen Menü ist es ähnlich. Wiederholungen von Gemüsegängen müssen nicht vermieden werden, allerdings verschiedene Gemüse und unterschiedliche Zubereitung.

Damit wäre das wichtigste gesagt, was zu den 10 Geboten der Menüaufstellung gehört. Nachfolgend soll noch auf einige Fehler bei der Menüzusammenstellung hingewiesen werden, die auch in der Praxis leider sehr oft anzutreffen sind.

Wiederholung von Rohstoffen
Haben wir beispielsweise ein Rindsfilet Wellington als Hauptgang in einem Menü, also ein Gericht, bei dem Blätterteig und Pilze verarbeitet sind, dann dürfen wir weder Teig in irgendeiner Form noch Pilze als Beilagen oder in einem anderen Gang reichen. Es kämen auch keine Brandteigkartoffeln mehr in Frage. Haben wir ein helles Fleisch im Hauptgang, z. B. einen Kalbsrücken, so können wir kein Ragout fin als Zwischengericht servieren.
Der Gast wählt ja meist aus dem Grunde ein Menü, daß er dadurch die Möglichkeit hat, mehrere verschiedene Gerichte in harmonischer Abstimmung zu genießen.

Wiederholungen von Zubereitungsarten
Wird z. B. im Hauptgang ein Rohstoff durch Backen zubereitet, so dürfen weder die Beilagen noch ein vorangehender oder nachfolgender Gang etwas Gebackenes aufweisen. Falsch wäre ein gebackenes Kalbskotelette als Hauptgang und eine Seezunge Colbert als Zwischengericht, evtl. noch gebackene Schwarzwurzeln als Beilage zum Kotelette sowie eine Pastete als Vorspeise und dazu noch eine Suppe mit Backerbsen. Die Zubereitungsarten wie dünsten, schmoren, dämpfen, kochen, poelieren, braten, grillen, backen usw. müssen sich abwechseln.

Die farbliche Zusammenstellung
Wiederholung zu vermeiden gilt nicht nur für die Rohstoffe und Zubereitungsarten, sondern auch in der farblichen Zusammenstellung muß eine Abwechslung gegeben sein. Nach einer hellen Suppe muß ein dunkles Fleisch folgen, nach einer weißen Soße eine braune oder umgekehrt. Falsch wäre zum Beispiel: Hummercocktail, Tomatensuppe, gebackenes Barschfilet mit Orlysoße, Erdbeersorbet, Paprikaragout, Radicchiosalat, Herzoginkartoffeln, rote Grütze. Mag das Beispiel auch etwas zu extrem rot erscheinen, so geht hieraus doch klar hervor, was unter allen Umständen zu unterlassen ist.

Stilblüten
Schon bei der Erstellung von à la carte Karten wurde dieses Thema ausführlich behandelt. An dieser Stelle wollen wir nochmals darauf hinweisen.
Stilblüten wie Edellachs, Mastpoularde, junges Spanferkel, junges Erstlingsgemüse usw. sind widersinnig und haben keinerlei Berechtigung auf unserer Menükarte.

Eintönigkeit
Jegliche Eintönigkeit muß vermieden werden. Auch wenn die Speisen variieren, entsteht z. B. eine Eintönigkeit durch Wiederholungen von Namen und Garniturbezeichnungen zu Ehren einer Person.

Hier ein falsches Beispiel	und	ein richtiges Beispiel
Kraftbrühe Brillat Savarin		*Kraftbrühe mit Karotten, Champignons und Trüffelfädeneinlage*
Felchenfilet Doria		*Felchenfilet, gebraten, mit Gurkenkugeln*
Rinderlende Colbert, Sc. foyot, Prinzeßbohnen Haushofmeisterart, Elisabethkartoffeln		*Rinderlende im Krautmantel mit Speck umwickelt, Sc. foyot, Prinzeßbohnen mit Kräuterbutter, mit Blattspinat gefüllte Brandteigkartoffeln*
Salat Sarah Bernhardt		*Salat von grünen Spargelspitzen mit gewürfelten Artischockenböden und Eiern*
Creme Marie-Luise		*Pfirsichcreme mit Kirschwasser*

Selbstverständlich muß nicht jeder Gang mit den Zutaten der Garnitur beschrieben werden. So hätten wir hier z. B. auch noch die „Sc. foyot" umschreiben können mit der Erklärung „Bearner Soße mit Fleischglace".
Bei dem Umfang des vorgenannten Menüs könnte ohne Bedenken zweimal eine Garniturbezeichnung zu Ehren einer Person angewendet werden. Es sollten möglichst bekannte

Namen und Garnituren gewählt werden. Gerade wenn Garniturbeschreibungen zuviel Text in Anspruch nehmen, sollten „Namen" angegeben werden.
Eintönigkeit zu vermeiden gilt auch für Wiederholungen von Städtenamen. Eine Menükarte ist keine Werbelektüre für Städtetouren.

Hier ein falsches Beispiel	und	ein richtiges Beispiel
Wiener Goulaschsuppe		*Rahmgoulaschsuppe mit Paprika*
Ostender Heilbutt, pochiert, Frankfurter Soße, Pariser Kartoffeln		*Pochierter Heilbutt, grüne Kräutersoße, Kartoffelkugeln*
Hamburger Börsensteak mit Leipziger Allerlei auf Niedernauer Kartoffeln		*Rinderhacksteak mit Rührei und Schinkenwürfel, gemischtes Gemüse mit Morcheln, auf Bratkartoffeln*
Eberswalder Spritzkuchen		*Gefüllter Spritzkuchen*

Auch hier könnten zwei Gänge mit Garniturnamen bezeichnet werden. Es soll mit diesem Beispiel nur gezeigt werden, daß es auch möglich ist, Garniturnamen fast immer durch Beschreibung der Zutaten zu ersetzen.
Eintönigkeit zu vermeiden gilt auch für Wiederholungen der Bezeichnungen von Ländern und Landschaftsnamen. Eine Menükarte ist keine Landkarte.
Köche kommen viel in der Welt herum. Das Gastgewerbe ist wie kein anderes in hohem Maße von internationalen Erfahrungen geprägt. Es ist auch sehr zu begrüßen, wenn ein Küchenchef spezielle Gerichte, die er im Ausland kennengelernt hat, zu passender Gelegenheit auf seiner heimischen Speisekarte anbietet.
Vorsicht sollte jedoch bei der Menüzusammenstellung geboten sein. Es dürfen sich nicht fortlaufend Regionalbezeichnungen und Ländernamen wiederholen. Auch dann, wenn sich innerhalb der wechselnden National- oder Regionalgerichte die Rohstoffe ändern, wirkt das Menü ausdruckslos und fantasiearm.

Hier ein falsches Beispiel	und	ein richtiges Beispiel
Indische Schwalbennestersuppe *Französische Blätterteigstäbchen*		*Seeschwalbennestersuppe mit Blätterteigstäbchen*
Kanadischer Hummer auf holländische Art		*Hummer mit aufgeschlagener Buttersoße überbacken*
Schwarzwälder Kirschsorbet		*Kirschsorbet*
Tiroler Rostbraten, brasilianischer Salat, Elsässer Kartoffeln		*Rostbraten mit in Bierteig gebackenen Zwiebelringen, geschmolzenen Tomaten und gehackten Kräutern, neue Kartoffeln mit Rauchspeckwürfeln, in Butter gebraten*
Orangen auf norwegische Art		*Orangeneis mit Ananaswürfeln und Rum in der Orangenschale angerichtet mit Baiserhäubchen*

Wie schon vorhergehend erklärt wurde, sind hier im richtigen Beispiel zuviel Rohstoffbeschreibungen angegeben und es müßten hier ein oder zwei Gänge mit Garniturnamen versehen werden. Grundsätzlich sollte auch hier wieder gezeigt werden, daß es möglich ist, jeden Garniturnamen zu umschreiben.

Korrespondierende (passende) Getränke

Anspruchsvolle Gäste erwarten nicht nur eine perfekte Zusammenstellung der Speisen, sondern auch die Getränkefolge muß untereinander harmonieren und zu den Speisen passen. Die Zusammenstellung erfordert also genausoviel Aufmerksamkeit und Sachverstand wie die Erstellung der Speisenfolge. Beide müssen dann noch in Aroma, Würze, Gehalt und Geschmack aufeinander abgestimmt sein. In unserem Fachbuch „Meisterlicher Service" sind wir bereits auf eine detaillierte Zuordnung von Getränken zu Speisen eingegangen. Es ist jedoch leichter, für nur ein Gericht einen Wein zu empfehlen, als zu einer Folge von mehreren Speisen, die auch oft eine Folge von mehreren Weinen verlangt. Dabei sind folgende Grundsätze zu beachten!

1. Grundatz: Vom Leichten zum Schweren
Die Getränkefolge soll immer in Aroma, Geschmack und Gehalt eine Steigerung erfahren. Der erste Wein darf daher nie zu schwer sein und keine zu streng bukett- oder rebsortenbetonte Geschmacksrichtung aufweisen.

2. Grundsatz: Die passende Weinart zum jeweiligen Gericht
Rote Weine zu dunklem Fleisch, weiße Weine zu hellem Fleisch. Roséwein bzw. Weißherbst zu Geflügel und einigen Wildgeflügelgerichten. Herbe und spritzige Weißweine zu Fischgerichten. Nur zu einigen Gerichten von Mittelmeerfischen, die mit Knoblauch zubereitet werden, paßt ein leichter Rotwein. Manche Fettfische oder Räucherfische mit öligem Geschmack verleihen einem Rosé oder Rotwein unangenehmen metalligen Nachgeschmack. Oft herrscht hier auch die Meinung, daß für diese Fischarten ein säurehaltiger Wein besonders gut passen würde. Jedoch verträgt sich auch die Säure nicht mit dem öligen Fischfett. Es empfiehlt sich hier ein trockener, aber nicht sehr säurehaltiger Wein. Zu Fischgerichten, die mit Rotwein zubereitet oder mit Knoblauch gut gewürzt sind, eignen sich auf jeden Fall nicht zu schwere Rotweine. Bei den deutschen Weinen haben wir in der Rebsortenvielfalt eine so große Auswahl, daß auch mancher Weißwein zum dunklen Fleisch paßt.

3. Grundsatz: Feinde des Weines
Bei der richtigen Weinempfehlung ist auch zu beachten, daß der Geschmack des Weines durch einige Inhaltsstoffe der Speisen verfälscht wird. So z. B.:
a) Essig in den Salatdressings
b) Fruchtsäure in den Zitrusfrüchten
c) Zucker in Süßspeisen

4. Grundsatz: Die Ausgeglichenheit von Wein und Speisen muß gewahrt bleiben
Der Charakter des Weines darf einen sehr feinen Geschmack der Speise niemals übertönen. Der Geschmack des Weines muß dazu beitragen, einen besonderen Speisegenuß zu unterstreichen und zu heben. Andererseits darf aber auch eine Speise nicht den typischen Weincharakter überdecken.

5. Grundsatz: Keine Belehrung des Gastes
Wenn ein Restaurantfachmann einen Gast beraten soll, darf die Beratung niemals in eine Belehrung ausarten. Der Restaurantfachmann muß feststellen, welche Geschmacksrichtung, welches Anbaugebiet und welche Rebsorte der Gast bevorzugt. Eine noch so perfekte Weinempfehlung kommt beim Gast nicht an, wenn seine Erwartungen durch nicht bekannte Geschmacksnuancen und Abweichungen enttäuscht werden. Mit anderen Worten gesagt: richtig ist das, was dem Gast schmeckt.

Allgemeine Richtlinien für die Weinempfehlung auf der Speise- oder Menükarte	
Zu Vorspeisen:	Trockene, herbe Weißweine zu Austern, Muscheln, Hummer kalt und Kaviar. Auch trockener Sekt zu Kaviar. Halbtrockener Jahrgangschampagner zu frischen Trüffeln. Leicht süße Weißweine zu Pasteten und Galantinen. Schwere, süße Südweine oder natürliche süße Likörweine zu Gänseleberterrine oder Gänseleberparfait.
Zu Zwischengerichten:	Geschmacklich neutrale, wenig aromatische, leichte aber feine Weine. Es können Weißweine oder Roséweine sein. Zu gekochten Fischen als Zwischengericht einen leichten, spritzigen Weißwein.
Zu hellen Fleischgerichten mit weißen Soßen:	Leichte, süffige, nicht zu bukettbetonte Weißweine.
Zu Wildgeflügel:	Aromatische, würzige, pikante Weine. Weiß-, Rot- oder Roséweine.
Zu weißem Fleisch: (Milchlamm, Kalb, Schwein)	Blumige, leichte und nicht zu gehaltvolle Roséweine und vollmundige, aber keine bukettbetonten Weißweine.
Zu rotem Fleisch: (Rind, Hammel, Weidelamm)	Schwere, kräftige, volle und reiche Rotweine. Spitzenrotweine.
Zu Wild, Rotwild, Rehwild: (Reh, Hirsch, Gemse, Damwild und Ren)	Wie zuvor, gehaltvolle, schwere Spitzenrotweine aus Deutschland. Auch Bordeauxweine aus dem Medoc oder Burgunderweine von der Côte d'Or, besonders die der Côte de Beaune und Côte de Nuits.
Helles Hausgeflügel: (Poularde, Huhn, Pute, Jungtaube)	Milde, liebliche Weißweine. Auch Weißherbst und Roséweine mit etwas würzigem Charakter.
Dunkles Hausgeflügel: (Ente, Gans, Perlhuhn)	Frische kräftige Roséweine, auch Schillerwein, Badisch Rotgold oder Rotling. Leichte Rotweine.

Zu pikant gewürzten Fleischgerichten: (Pfeffersteak, Zigeunerspieß, gefüllte Paprikaschoten)	Kräftige, rote französische Landweine. Sorten- und bukettbetonte deutsche Weißweine, die aber die Qualitätsstufe Kabinett nicht überschreiten müssen. Auch deutsche volle Rotweine, die nicht unbedingt die Prädikatsstufe Spätlese aufweisen müssen.
Zu Käse:	Individuell, zu Weichkäse kräftige, feurige Rotweine. Zu halbharten Schimmelkäsesorten leichte Rotweine. Zum Ziegenkäse trockener Weißwein, Rosé oder Weißherbst. Zum Roquefort paßt am besten ein St. Emilion. Zu Schmelzkäse und Frischkäse süße Weiß- oder Roséweine.
Zu süßen Nachspeisen:	Sekt, Schaumweine, Champagner, Tokayer und natürlich süße Likörweine.
Zu frischen Früchten:	Halbtrockener Sekt, Champagner demi-sec, natürliche süße Weine.

Wein zur Suppe – ja oder nein?

Grundsätzlich wird zur Suppe kein Wein serviert. Der eigentliche Grund liegt darin, daß durch die heiße Flüssigkeit alle Geschmacksnerven, Schleimhäute und die Geschmacksknospen der Zunge darauf eingestellt sind, eine warme Flüssigkeit geschmacklich zu erfassen. Auch wird beim Schlucken der warmen Flüssigkeit kein Speichel produziert wie beim Kauen von Speisen. Zwangsläufig muß ein Wein zur Suppe also anders schmecken als zu anderen Speisen. Ein anderer Grund liegt auch in der Rezeptur von verschiedenen Suppen. Die meisten klaren, konzentrierten Suppen und auch viele gebundene Suppen sind mit Wein vollendet. Der Gast hätte also zwei wechselnde Weingeschmacksrichtungen zu verkraften, wenn er Wein zur Suppe trinken würde, denn es ist sehr unwahrscheinlich, daß die Suppe mit dem gleichen Wein abgeschmeckt ist, der auch zum Essen serviert würde.

Vom Serviceablauf her gesehen bringt es oft große Probleme mit sich, daß zur Suppe kein Wein serviert wird. Beginnt ein Menü mit einer Vorspeise, dann sind alle Schwierigkeiten aus dem Weg geräumt. Die Gäste trinken den letzten Schluck des Weines, der zur Vorspeise gereicht wurde, zu oder unmittelbar nach der Suppe. Es ist nämlich der beliebteste Moment für eine Rede. Ganz besonders nicht eingeplante Reden werden gerne nach der Suppe gehalten. Sobald ein Teilnehmer an der Essenstafel sich erhebt, um eine Ansprache zu halten, darf aber nicht mehr serviert werden. Das heißt, auch wenn genügend Personal zur Verfügung steht, ja sogar extra Weinkellner eingeteilt sind, kann jetzt kein Wein eingeschenkt werden, und vorher, solange noch die Suppentassen auf dem Tisch waren, durfte nicht eingeschenkt werden. Meistens wird aber nach einer Ansprache das Glas erhoben und auf einen Anlaß angestoßen. Mit leeren Gläsern sieht das ganz schlecht aus.

Es bleibt hier nur der Ausweg, etwas bewußt falsch zu machen, sozusagen einen kleinen Fehler zu begehen, um einen größeren Fehler zu vermeiden. Im Klartext gesagt, den Wein schon einschenken, wenn die Gäste noch bei der Suppe sind. Ein anderer Ausweg wäre, mit dem Gastgeber abzusprechen, daß wir, wenn das Menü mit einer Suppe beginnt, zu klaren Kraftbrühen und exotischen Suppen einen Sherry, trockenen Portwein oder Madeira servieren, und zu leichten Cremesuppen einen leichten, neutralen, süffigen Weißwein. Bestimmt wird ein Fachkollege, der nur die Gesetze der Küche vertritt, zwei Fehler ankreiden. Wer jedoch ein Bankett geleitet hat und den vorwurfsvollen Blick des Gastgebers im gleichen Augenblick genauso ertragen mußte wie die hilflosen unschlüssigen Blicke der Gäste mit den leeren Gläsern und die machtlosen Gesten der eingeteilten Weinkellner, der wird die obigen Alternativvorschläge sicherlich als akzeptabel betrachten.

Wein zu Fischgerichten

Wenn ein Fischgericht in der Speisefolge eines Menüs gereicht wird, empfehlen sich leichte, spritzige Weißweine, die unbedingt noch eine Steigerung für die Weine der folgenden Gänge zulassen. Zu zarten Süßwasserfischen wie Barsch (auch Egli oder Kretzer genannt), Felchen, Forelle und Schleie passen immer frische, nicht zu schwere Rieslingweine aus allen deutschen Anbaugebieten.

Zu Salzwasserfischen dürften es etwas gehaltvollere Weine sein, ebenfalls bevorzugt Riesling vom Rheingau, von der Mosel, aus Franken oder vom Bodensee. Auch ein Weißburgunder oder Kerner aus Baden oder Württemberg sowie ein Bacchus oder Silvaner aus der Rheinpfalz, von der Nahe oder aus Rheinhessen sind hier von Fall zu Fall ganz passend. Es kann getrost die Prädikatsstufe Kabinett gewählt werden.

Zu Schalen- oder Krustentieren korrespondieren von unseren deutschen Weinen am besten die allertrockensten Weine mit feiner, fruchtiger Säure und etwas Kalk-, Schiefer- oder Keuperbodengeschmack, wie z.B. ein Rieslaner aus Franken, ein Elbling von der Reichenau, ein Riesling von der Saar oder der Mosel, in bestimmten Weinjahren auch Rieslingweine, die trocken ausgebaut sind, aus anderen deutschen Anbaugebieten. Immer richtig liegt man hier selbstverständlich mit den trockenen weißen Burgunderweinen wie Chablis, Pouilly-Fuisse oder Macon Viré. Auch der Meursault gehört zu den großen trocken und rassigen Burgunderweinen, die sich gut zu Hummer und Languste empfehlen lassen. Als weitere trockene Weine korrespondieren mit Austern und Krustentieren der trockene Elsässer Riesling oder Edelzwicker, ein Muscat d'Alsace, oder ein Muscadet aus dem Tal der Loire.

Zu den edelsten Meeresfischen wie Seezunge, Steinbutt, Seeteufel, Kattfisch oder Wolfsbarsch (loup de mer) empfehlen wir feinen Rheingauer Riesling, nicht schwer, mit der Prädikatsstufe Kabinett oder eine Riesling-Spätlese von der Mosel. Ganz hervorragend korrespondiert hiermit der zwar wenig bekannte, aber ganz hervorragende Sancerre von der mittleren Loire oder ein blanc de blanc aus der Champagne. Die genannten deutschen Weine dürfen ruhig etwas jünger und noch spritzig sein.

Zum Kaviar liegt man mit der Empfehlung eines naturherben deutschen Prädikatssekts oder eines Champagner brüt nie verkehrt. Es eignen sich aber auch die vorgenannten trockenen Weine, die mit Schalen- und Krustentieren korrespondieren, sofern nicht der Gast dahin tendiert, zum Kaviar Krimsekt oder gar Wodka zu trinken.

Zum gebackenen Fisch mit Remouladensoße empfehlen wir kräftige, gehaltvolle Rieslingweine aus allen deutschen Anbaugebieten. Vom Mittelrhein, vom Bodensee oder aus Franken darf es auch ein Müller-Thurgau sein. Zu gekochten Fischen mit einer leichten Buttersoße kann man etwas fruchtigere Rieslingweine wählen und eventuell auch einmal einen Gutedel aus Baden oder einen Müller-Thurgau aus der Pfalz.

Zu einer Bouillabaisse oder anderen Meeresfischgerichten, in denen reichlich Knoblauch verwendet wurde, passen leichte Rotweine oder Roséweine. Ein junger Beaujolais, gekühlt serviert, bietet sich hier ebenfalls an. Keinesfalls sollte man zu solchen Gerichten Spätlesen oder Weine mit hochfeinem Bukett anbieten, weil dieses zu Knoblauch ohnehin nicht zur Geltung kommen würde.

Zu Räucherlachs, Belugastör, Räucherfelchen, Lachshering, Räucheraal oder Bückling sollen es immer Weine mit wenig Säure sein. Wie schon vorhergehend erklärt, verträgt sich Säure nicht gut mit dem öligen Fischfett der Räucherfische. Das Gegenteil wird von

Nichtkennern aber oft angenommen, weil ja die Räucherfische mit einer Zitronenecke angerichtet werden.

Zum Räucherlachs wird manchmal auch ein Roséwein empfohlen. Das paßt höchstens zu einem pochierten Lachs mit einer holländischen Soße. Rosé- oder gar Rotwein verträgt sich ebenfalls nicht mit dem öligen Fett der Räucherfische.

Hier sollte man einen leichten Müller-Thurgau empfehlen. Auf jeden Fall paßt ein trockener Silvaner, der die Qualitätsstufe QbA. nicht überschreiten muß. Von den französischen Weinen könnte man kräftige weiße Landweine empfehlen.

An den nachstehend aufgeführten Menübeispielen ist ausführlich die Korrespondenz „Speisen und Wein" herausgestellt.

Abschließend sollen die ausführlich geschilderten 10 Punkte, die bei der Menüzusammenstellung zu beachten sind, noch einmal zusammengefaßt werden:

1. **Der Preis des Menüs**
2. **Der Anlaß des Essens**
3. **Die Teilnehmerzahl und Zusammensetzung des Gästekreises**
4. **Die Uhrzeit des Essens**
5. **Saisonbedingte Rohstoffe**
6. **Serviceablauf**
7. **Küchentechnischer Ablauf**
8. **Bezugsquellensicherung**
9. **Ernährungsphysiologische Richtlinien**
10. **Fachliche Richtlinien (Klassischer Menüaufbau)**

> **Hinweis:**
> Die angegebenen Jahreszahlen der korrespondierenden Weine beziehen sich auf das Jahr der Erstausgabe dieses Fachbuches und wurden bei Neuauflagen nicht geändert.

Menüzusammenstellung nach Anlaß und Jahreszeit

Mit den nachstehend aufgeführten Menübeispielen wollen wir Kompositionen vorstellen, die auf den Anlaß des Essens und auf die Jahreszeit ausgerichtet sind. Einem Fachmann sollte es nicht schwerfallen, das richtige Menü für die jeweilige Gelegenheit zusammenzustellen. Es erfordert jedoch Übung, Kenntnisse der betrieblichen Eigenheiten und eine gewisse Routine, wenn man Marktlage, Küchenrendite, servicetechnische Umstände und Arbeitsaufwand der Küche auf einen für alle Teile günstigen Nenner bringen soll. Wieviel schwieriger ist es, wenn dazu noch die Saisonbezogenheit der Rohstoffe strikt eingehalten werden muß und die verschiedenen Gänge untereinander gezielt auf den Anlaß des Essens ausgerichtet werden müssen.

Im Anhang sind die wichtigsten Rohstoffe, die uns die jeweilige Jahreszeit beschert, in tabellarischer Form zusammengestellt. Wie schon erwähnt, ist der Spielraum inzwischen durch schnelle Transportwege und perfekte Kühlketten nicht mehr so eingeengt. Es ist überhaupt nicht außergewöhnlich, wenn wir z. B. ein Weihnachtsmenü mit frischen Erdbeeren antreffen. Frischer Spargel in den Wintermonaten ist längst keine Seltenheit mehr. Dennoch sollten die Grundregeln der Menüzusammenstellung beachtet werden.

Auch hier gilt die Devise: „Übung macht den Meister". Mit folgenden Beispielen wollen wir eine kleine Anfangshilfestellung geben.

Jahreszeit: Januar, Schulausflug zum Skifahren

Menü

Alkoholfreie Getränke
1 Glas Trinkmilch, kalt oder warm
Trinkschokolade, Hagebuttentee
oder Fruchtsaftgetränke nach Wahl

Hühnerbrühe mit Fadennudeln

Wiener Schnitzel, Pommes frites,
Endiviensalat

Eingelegte Früchte auf Vanilleeis

Jahreszeit: Januar, Arbeitsessen

Menü

Apollinaris, Fachinger, Weinschorle,
Apfelsaft, Johannisbeersaft, Orangensaft, Grapefruitsaft oder Traubensaft

Selleriecremesuppe

1997er
Bereich Bernkastel
Deutscher Tafelwein

Kalbsröllchen in Estragonsoße,
Broccoli mit Mandelbutter, Kartoffelbällchen

Apfelküchle mit Vanilletunke

Kaffee

Jahreszeit: Januar, Hochzeitsessen

Hochzeitsmenü

Apéritif
nach Wahl

Wein
1996er
Meersburger Bengel
Müller-Thurgau,
Staatsweingut Meersburg, Erzeugerabfüllung

1997er
Bernkasteler Doctor
Riesling trocken,
Weingut Schnitzius Müller, Bernkastel-Kues,
Erzeugerabfüllung

1995er
Assmanshäuser Höllenberg
Spätburgunder, Spätlese,
Staatsdomäne Assmanshausen,
Erzeugerabfüllung

Sekt
Schloß-Wachenheim
halbtrocken

Truthahnpastete
Waldorfsalat
Quittensoße

Doppelte Kraftbrühe Londonderry

Königskrabbenfleisch
im Seezungenröllchen auf Blattspinat, gratiniert mit Mornaysoße,
Reistimbale

Ananassorbet

Hirschkalbsrücken Baden-Baden,
mit Johannisbeergelee gefüllte
Dunstbirne,
kleine ausgesuchte Pfifferlinge in
Rahm*,
Kartoffelkroketten

Vanilleeisbombe Name der Braut

Feingebäck

Mokka

* Die Pfifferlinge sind allerdings nicht Saisonbezogen, sie gehören aber wie auch andere Pilze, unbedingt zu den Wildgerichten und müssen zu bestimmten Zeiten dann eben aus der Dose und aus Trockenkonserve genommen werden. Nicht immer deckt sich die Jagdzeit auch mit der Erntezeit für die Pilzarten, die dem Wildgericht erst den letzten Pfiff geben.

Jahreszeit: Februar, Pensionsmenü

Pensionsmenü

Wein
1998er
Bernkasteler Bratenhöfchen
Riesling, halbtrocken,
Weingut Dr. Pauly-Bergweiler,
Erzeugerabfüllung

1998er
Ingelheimer Kirchenstück
Spätburgunder Spätlese
Weingut Georg Niedecken, Kirchenstück,
Erzeugerabfüllung

Sekt
Kupferberg Gold

Wacholdergeräuchertes
Forellenfilet,
garniert mit Ketakaviar und
Rahmmeerrettich,
Butter und Toast

Cock-a-Leeky
(Schottische Lauchsuppe)

Gebratener Mastlammrücken
mit Zwiebelmus überbacken,
gefüllte Auberginen, braisierter
Chicorée, Grilltomate,
Bäckerinkartoffeln

Birne Cardinal
Kleingebäck

Jahreszeit: Februar, Jahresessen für Aufsichtsratsmitglieder und Führungskräfte einer Großfirma

Menü

Apéritif
Martini, Wodka Martini, Gibson

        Salate vom Büfett

        Doppelte Rehkraftbrühe
        mit Pistaziennockerln,
        Chesterstangen

Wein
1998er
Würzburger Steinharfe
Riesling, Kabinett,
Bürgerspital Würzburg,
Erzeugerabfüllung

        Pochierte Zanderschnitte
        mit Sc. hollandaise überbacken,
        Gurken-Fenchel-Gemüse,
        Kräuterreissockel

        Tamarillosorbet

1995er
Château Minuti Rosé
Cuvée de l'Oratoire cru classé, Gassin
Côtes de Provence A.O.C., Schloßabzug

        Vierländer Mastente, gebraten,
        Orangensoße,
        kleine abgedrehte Krautköpfchen
        mit knusperigen Magerspeck-
        streifen,
        Herzoginkartoffeln

Champagner
Heidsieck & Co, Monopole Red Top

        Normannische Crêpes

        Mokka

Jahreszeit: Februar, Repräsentative Gästebewirtung einer Behörde

Menü

Apéritif
Sherry Dry Sack, Portwein Ferreira

Wein
1997er
Hohentwieler Olgaberg
Müller-Thurgau,
Staatsweingut Meersburg, Erzeugerabfüllung

Galantine von Schneehühnern,
Cumberlandsoße

Aufgeschlagene Avocadosuppe
in kleinen Tassen

1997er
Randersackener Teufelskeller
Riesling trocken, Kabinett
Weingut Bürgerspital z. Hl. Geist, Würzburg,
Erzeugerabfüllung

Gedünstete Steinbuttschnitte
in Muschelsoße,
Schloßkartoffeln

Apfel-Mango-Sorbet

1994er
Château Margaux
1er grand cru classé
Margaux, Schloßabzug

Rinderhochrippe in der Salzkruste
gebraten, Perigorder Soße, Karotten
und Sellerie tourniert, Rosenkohl mit
Speck und Schalotten geschwenkt,
Schwarzwurzeln, Annakartoffeln

Käseauswahl vom Brett,
verschiedene Brotsorten

Champagner
Veuve Clicquot-Ponsardin

Vanilleeis
mit heißer Ingwerschokolade
Feingebäck

Mokka

Digestif
Martell, Bénédictine DOM,
Grand Marnier

Jahreszeit: Februar, Aschermittwoch

Aschermittwochsmenü

Apéritif
Manhattan, Rob Roy,
Wodka Martini, Gibson

Wein
1998er
Hügelheimer Schloßgarten
Weißburgunder Kabinett
Winzergenossenschaft Hügelheim,
Erzeugerabfüllung

1997er
Wimmentaler Salzberg
Trollinger,
Württembergische Weingärtnerzentral-
genossenschaft

1996er
Bernkasteler Badstube
Riesling, Spätlese
Weingut Dr. P. Pauly, Bergweiler,
Erzeugerabfüllung

Sekt
Kloss & Foerster, Assmannshäuser
Spätburgunder, Rotsekt

Digestif
Schwarzwälder Kirschwasser, Schwarzwälder Himbeergeist oder Williams Birnengeist
vom Hause Schladerer

Frische gekochte Kiebitzeier
im Salzsockel,
Butter und Toast

Gurkenrahmsuppe Doria

Badisches Schneckenragout
im Näpfchen

Kiwisorbet

Lebendfrische Bachforelle, blau,
zerlassene Butter,
Sahnemeerrettich,
Petersilienkartoffeln

Bergkäse vom Rad,
junge Radieschen
Bauernbrot

Schokoladenschaum
(mousse au chocolat)
Löffelbiskuit

Kaffee

Jahreszeit: März, Festmenü für Familienfeiern

Festmenü

Apéritif
Manhattan, Rob Roy,
Old Fashioned, Martini

Wein
Mistral Rosé
Côtes de Provence VDQS

1997er
Le Piat de Mâcon Vire
Mâcon-Abfüllung Piat Père & Fils S. A.,
A. O. C.

1996er
Diefenbacher König
Kerner, Spätlese, Goldene Preismünze des
Württembergischen Weinbauverbandes
Württembergische Weingärtnerzentral-
genossenschaft

Sekt
Kessler Hochgewächs

Digestif
Bénédictine DOM

Geeiste Cantalupmelone
mit Bündnerfleisch

Doppelte Hühnerkraftbrühe
mit Kräuternockerln,
kleine Blätterteigkäsebrezel

Seezungenröllchen Cardinal,
Schloßkartoffeln

Rhabarbersorbet

Gebratenes Kalbsfilet
in Morchelrahmsoße,
hausgemachte breite Spinatnudeln,
Chicoreesalat mit Orangenspalten
in Joghurtdressing

Vanilleparfait mit drei verschiedenen
frischen Fruchtmarktunken

Feingebäck

Mokka

Jahreszeit: März, Pensionsmenü

Menü

Wein

Wiltinger Rosenberg
Riesling, trocken, mit gelbem Weinsiegel
Saar Winzerverein, Erzeugerabfüllung

1998er
Oberrotweiler Henkenberg
Ruländer, Spätlese
Freiherr von Gleichensteinsches Weingut,
Erzeugerabfüllung

Leberklößchensuppe
mit Kräutereinlage

Regenbogenforelle, pochiert,
Dillsoße, Schloßkartoffeln

Schweinenacken
in Blätterteig, gebacken,
Hagebuttenschaumsoße,
abgedrehte kleine Köpfchen
von Frühjahrswirsing,
gedünstete Radieschen,
Herzogintomate

Bayerische Creme

Jahreszeit: März, Schüleressen (einfaches 3gängiges Menü)

Menü

Frühlingssuppe

Alkoholfreie Getränke
Limonade, Cola, Apfelsaft,
Traubensaft

Wiener Schnitzel, Bratkartoffeln
mit jungem Zwiebellauch,
Kopf-, Blumenkohl-, Tomaten-,
Radieschen- und Gurkensalat
mit Kresse in Dijonnaiser
Kräuterdressing

Grießflammeri
mit Rhabarberkompott

Jahreszeit: März/April Galadiner zur Saisoneröffnungsfeier am Bodensee

Menü

Apéritif
Martini, Manhattan, Sherry oder Portwein

Wein
1998er
Kreßbronner Berghalde
Müller-Thurgau,
Weingut Gebhardt, Kreßbronn,
Erzeugerabfüllung

1998er
Nonnenhorner Seehalde
Spätburgunder Weißherbst,
Weinkellerei Fürst, Nonnenhorn

1998er
Meersburger Sängerhalde
Spätburgunder, Spätlese,
Staatsweingut Meersburg,
Erzeugerabfüllung

Sekt
Kessler Hochgewächs
Deutscher Prädikatssekt
Sektkellerei Kessler, Esslingen

Digestif
nach Wahl

Reichenauer Salate
in Kräuter-Joghurt-Dressing

Klare Fischsuppe
mit Safranfäden und Eglikößchen,
kleine warme Käsestangen

2 Stück pochierte Wachteleier
auf Blattspinat

Rhabarberspoom

Gebackene Kalbskrone
Frühlingsart,
Spargelspitzen, feine Erbsen,
Blumenkohlröschen, tournierter
Kohlrabi, Perlkarotten und
Spinattimbale,
neue Kartoffeln

Vanilleeisbombe
mit frischen Erdbeeren

Bodensee-Obstwasser-Praline
aus eigener Konditorei

Mokka

Jahreszeit: März/April, Karfreitagsmenü – der Gastgeber wünscht keinen Fisch

Karfreitagsmenü

(ohne Fischgang)

Apéritif
Orangensaft pur
oder mit Sekt gemischt

        Artischockenherzen
        mit Sc. vinaigrette

        Champignonrahmsuppe

Wein
1997er
Kallstadter Kobnert
Kabinett,
Weingut Koehler-Rupprecht, Kallstadt
a. d. Weinstraße, Erzeugerabfüllung

        Gemüseauflauf, Kartoffelplätzchen,
        Salatherzen Mimosa

        Brandteigschwänchen
        mit angemachtem Gervais

Sekt
Schloß Wachenheim
halbtrocken
Sektkellerei Wachenheim/Weinstraße

        Pfirsich Melba

        Kaffee

Jahreszeit: März/April, Karfreitagsmenü

Festliches Karfreitagsmenü

Apéritif
nach Wahl

Spargel-Champignon-Salat
auf Radicchioherzen
mit Bachkresse umlegt,
in einer Dressing von feinem
Himbeeressig und Walnußöl

Wein
1998er
Würzburger Pfaffenberg
Riesling Kabinett,
Weingut Juliusspital, Würzburg,
Erzeugerabfüllung

Allgäuer Käsesuppe

Gratinierte Jakobsmuscheln
mit Sauerampfersoße,
wilder Reis

Tomatensorbet mit Petersilie

1998er
Veitshöchheimer Sonnenschein
Mainriesling, Spätlese,
Staatliche Lehr- und Versuchsanstalt für
Obst-, Wein- und Gartenbau, Veitshöchheim,
Erzeugerabfüllung

Pochierter Donauwaller
mit heißer Zwiebelbutter,
Gurken-Fenchel-Gemüse,
Schloßkartoffeln

Sekt
Michael Oppmann
Sektkellerei M. Oppmann, Würzburg

Crêpes Suchard

Mocca

Jahreszeit: März/April – Ostern

Menü

Apéritif
Sekt Hausmarke mit frisch
gepreßtem Orangensaft

Wein
1998er
Ungsteiner Honigsäckel
Riesling trocken, Kabinett,
Winzergenossenschaft Ungstein,
Erzeugerabfüllung

1997er
Hagnauer Sonnenufer
Spätburgunder Weißherbst, Spätlese,
Winzerverein Hagnau, Erzeugerabfüllung

Sekt
Burgeff grün
Sektkellerei Burgeff, Hochrhein

Digestif
nach Wahl

Räucherlachstütchen
mit gekochtem Wachtelei gefüllt, im
Kressenest

Frühlingssuppe
mit Nockerln von Kaninchenleber

Milchlammrücken
am Spieß gebraten,
gefüllte Oportozwiebel, tournierter
Kohlrabi, Grilltomaten und
Bohnenbündelchen,
Pommes gratin dauphinois

Windbeutel mit Kräuter-Gervais

Erdbeercreme

Marzipan-Osterglöckchen

Jahreszeit: März/April – Ostern

Ostermenü

Apéritif
Portwein Ferreira

Gefülltes Ei im Nest
von Bachkresse, Radieschen und
Friséesalat

Rinderkraftbrühe mit grünen und
weißen Spargelspitzen

Wein
1997er
Ayler Herrenberg
Riesling trocken,
Bischöfliches Konvikt, Trier,
Erzeugerabfüllung

Drei verschiedene Fischklößchen
auf badische Art*,
bunter Reisrand

Erdbeersorbet

1997er
Mistral „Rosé"
trocken
Côtes de Provence VDQS

Stubenküken Vatel,
frische Morcheln in Rahm,
Kohlrabiflan,
Kartoffelschnee

Käseschwan

Sekt
G. H. Mumm & Co., Cordon rouge

Eisbombe Frohe Ostern**

* *Klößchen mit dem Löffel in Eierform abgestochen, 3 verschiedene Farben, Weiß von Barsch oder Zander, Rosa von Lachs oder Regenbogenforelle, Grün mit Spinatmatte unterzogen, alles mit einer leichten Kräutersoße nappiert. Den Reis mit Gemüsewürfel und Tomatenconassée bunt gehalten, als Nest angedeutet mit Reisklößchen als Ostereier stilisiert.*

** *Beschriftet mit „Frohe Ostern", dekoriert mit Marzipaneiern und Schokoladenhäschen.*

Festmenü zur Kommunion

Festmenü

anläßlich
der ersten hl. Kommunion
von Bianca Siegrist

Ort, Datum

Frühlingssalate
in Joghurt-Kresse-Dressing
mit Wachteleiern garniert

Klare Ochsenschwanzsuppe,
Chesterstangen

Regenbogenforelle im
Wurzelsud, Kerbelschaumsoße,
Gurken-Fenchel-Gemüse,
Pariser Kartoffeln

Rehrücken Baden-Baden,
kleine ausgesuchte Pfifferlinge*,
Wacholderrahmsoße,
gefüllte Dunstbirne,
Spätzle vom Brett

Eisbombe „Bianca"

Feingebäck

* Rehrücken mit Pfifferlingen ist nicht jahreszeitmäßig saisonbezogen. Es handelt sich hier um ein Originalmenü, das dem Gastgeberwunsch entspricht.

Festmenü zur Konfirmation

Festmenü

*Anläßlich der Konfirmation von
Ina-Maria Müller*

Frühlingssalate mit frischen Möweneiern

Doppelte Perlhuhnkraftbrühe mit Blattgold,
Chesterstangen

Seezungenschleifchen Florentiner Art
mit Kräuterrisotto

Kalbsrücken Orloff
mit Erstlingsgemüsen und
Spätzle vom Brett

Eisbombe „Ina-Maria"

Kleingebäck – Mocca

Ort, Datum

Familienfeier, Taufe, Verlobung, Hochzeit oder Geburtstagsfeier – Frühjahr

Menü

Apéritif
Sherry Williams & Humbert,
Dry Sack, Dubonnet

Wein
1998er
Würzburger Stein Riesling
Spätlese, trocken
Weingut Bürgerspital, Erzeugerabfüllung

Gekochte Möweneier mit Frühlings-
salaten umlegt

Lorchelkraftbrühe mit kleinen
Nockerln von Kükenleber

Barschfilets in Sauerampfersoße,
neue Kartoffeln

Burgundergranité

1997er
Bürgstadter Mainhölle
Spätburgunder Rotwein mit rotem Weinsiegel
Juliusspital, Weingut Würzburg, Erzeuger-
abfüllung, seltener fränkischer Rotwein

Kitzbraten, in Buttermilch eingelegt,
Sauerrahmsoße mit Frühjahrskräutern, junge Prinzeßböhnchen
in der Poreeschleife, mit Blattspinat
gefüllte Tomate,
böhmische Serviettenknödel

Sekt
Deinhard Lila

Schokoladensoufflé mit kandierten
Mandarinenfilets
Feingebäck

Mokka

Digestif
nach Wahl

* Kitz ist in Bayern und Süddeutschland die Bezeichnung für ein Milchziegenlamm, aber auch
für ein junges Reh, das noch von der Geiß geführt wird. Der Jahreszeit entsprechend ist hier ein
Ziegenlamm gemeint.

Jahreszeit: April, Geburtstagsfeier

Menü

Hauscocktail

Wein
1996er
Muscadet
Appellation controllée clos de Saint-Koch

Poulardengalantine

Kalbskopfsuppe Londonderry

Frischer grüner Spargel,
zerlassene Butter,
mit Räucherlachs

Orangensorbet mit Basilikum

1998er
Großheubacher Bischofsberg
Spätburgunder Rotwein
Staatliche Hofkellerei Würzburg,
Originalabfüllung

Rinderfilet in Blätterteig,
Sc. Choron,
Broccoli und Blumenkohl

Käseauswahl vom Brett

Champagner
1994er
Veuve dicquot
Ponsardin Rosé

Petit Fours

Mocca

Das Menü zeigt eine absolut fehlerfreie Zusammenstellung, die für jeden Monat des Jahres passend ist.
Das oben aufgeführte Menü ist mit Ausnahme des grünen Spargels saisonneutral. Würde man den Spargel weglassen, und nur den Lachs geben, dann paßt das Menü in jede Jahreszeit hinein. Eventuell könnte man den Broccoli mit dem jeweilig besser zur Saison passenden Gemüse austauschen.

Jahreszeit: April/Mai, Herrenessen zum Vatertagsausflug

Menü – Herrenessen

Apéritif
Wodka Martini, Gibson

                                        Klare Ochsenschwanzsuppe
                                        mit altem Sherry

Zum Matjes empfehlen wir Pils vom   Matjesfilet auf Eis mit frischer Butter,
Faß oder Alt   Petersiliensträußchen und Zwiebel-
                                        ringen, jungen grünen Bohnen und
                                        neuen Kartoffeln

                                        Waldmeistersorbet

Wein   Gebratene Lammstelzen
1997er   in Wirsingblättern,
Ingelheimer Kirchenstück   Kartoffelplätzchen
_{Spätburgunder Spätlese}
_{Weingut Georg Niedecken, Kirchenstück,}   Gebackener Camembert
_{Erzeugerabfüllung}

Sekt   Flambierte Frühkirschen
Kupferberg Fürst Bismarck   auf Vanilleparfait
                                        Florentiner

                                        Kaffee

Digestif
Schlichte Steinhäger, Doornkaat,
Linie Aquavit

Jahreszeit: Pfingsten

Pfingstmenü

Apéritif
Sherry Harvey's Bristol Cream,
Baileys Irish Cream

Wein
1998er
Senheimer Vogteiberg
Bacchus Kabinett
Weingut P. Schlagkamp-Desoye,
Erzeugerabfüllung

1997er
Chablis I cru, „J.-V."
Jaboulet-Vercherre, Beaune,
Burgunder Abfüllung

1999er
Le Piat de Beaujolais-Village
Piat Père & Fils S.A., Mâcon,
Beaujolais-Abfüllung
jung und frisch, wird mit ca. 13°C angeboten

Champagner
Dom Pérignon Vintage 1990

Digestif
Hennessy VSOP, Coffee Liqueur,
Tia Maria, Crème de Cacao, Marie
Brizard

Frischer Stangenspargel
mit Sc. vinaigrette

Aufgeschlagene Kerbelsuppe

1/2 Hummer Thermidor

Melonensorbet mit rotem Sekt

Gebratene Ziegenkeule
in Basilikumsoße,
Ratatouille,
Lyoner Kartoffeln

Erdbeerhalbgefrorenes
auf Meringuenboden,
kleine Nußbeugel

Kaffee

Jahreszeit: Mai, Festmenü

Festmenü

Zum Empfang:
Champagner, auf Wunsch mit frisch gepreßtem Orangensaft gemischt

                            Variationen von Poularde

                            Klare Ochsenschwanzsuppe
                            mit altem Sherry

Wein
1996er
Pouilly-Fuissé
Georges Dubœuf, Romanèche-Thorins,
Burgunderabzug

                            Salpikon von Meeresfrüchten
                            im Pastetenhaus

                            Sorbet von Erdbeeren

1993er
Château Lafite-Rothschild
I. grand cru classé
Pauillac Haut-Médoc, Schloßabzug

                            Gebratene Lammkeule
                            auf provencalische Art,
                            Prinzeßbohnen im Speckmantel,
                            Bäckerinkartoffeln

1993er
Château d'Yquem
I. grand cru classé
Sauternes, Schloßabzug

                            Crêpes Suzettes

                            Mokka

Digestif
Rémy Martin VSOP, Courvoisier,
Napoléon

Jahreszeit: Mai, Pensionsmenü

Pensionsmenü I

Rinderkraftbrühe mit Eierstich

Wein
1998er
Bickensohler Steinfelsen
Müller-Thurgau, Kabinett
Winzergenossenschaft Bickensohl,
Erzeugerabfüllung

Frischer Stangenspargel
mit Sc. hollandaise,
Parmaschinken,
neue Kartoffeln

Kalbssteak vom Grill,
Fenchelrisotto,
Friséesalat mit Crème fraîche

Frische Erdbeeren

Pensionsmenü II

Spargelcremesuppe

Wein
1999er
Randersacker Teufelskeller
Müller-Thurgau, trocken
Weingut Kurt Brand,
Erzeugerabfüllung

Lammbriesschnitte, gedünstet,
auf Blattspinat

Ganze Maischolle
auf Finkenwerder Art,
warmer Kartoffelsalat

Waldmeistergelee
mit Erdbeermark

Jahreszeit: Mai, Anlaß: Herrenparty, Kommilitonentreffen nach vielen Jahren, mit einem etwas opulenten deftigen Festessen als Höhepunkt und Abschluß der Veranstaltung

Menü – Herrenessen

Apéritif
Prince of Wales

Wein
1997er
Domaine de la Cresle
Sancerre
Domänenabfüllung
Loire-Abfüllung von Rémy-Pannier,
St-Hilaire-St-Florent

Saftschinkenröllchen
mit frischem Spargel

Kuttelflecksuppe
auf Königsberger Art
in Tassen serviert

1996er
Chablis I cru, „J.-V."
Burgunder Abfüllung
Jaboulet-Vercherre, Beaune

Frische Solokrebse à la nage,
Holzofenbrot mit Kümmel und Anis,
gesalzene Butter

1996er
Iphöfer Julius Echter Berg
Silvaner Spätlese
Juliusspital Würzburg, Erzeugerabfüllung

Gekochte Ochsenbrust,
vom Wagen serviert,
Meerrettichsoße,
Brühkartoffeln,
kalte Beilagen zur Auswahl

Bayerischer Romadour „sauer"
in Essig und Öl eingelegt,
blaue Zwiebelringe,
kleine Roggenbrötchen mit
Gänsegriebenschmalz

Champagner
Veuve Clicquot-Ponsardin, brut

Erdbeeren Romanoff

Digestif
Dujardin Impérial, Asbach Uralt,
Underberg

Jahreszeit: Juni, Festmenü, für Gästebewirtung aus Industrie, Handel und Wirtschaft sowie Regierung und Behörden

Menü

Apéritif
Vermouth Noilly Prat Dry, Harvey's Fino Luncheon Dry

Wein

1998er
Bad Krozinger Lorettoberg
Müller-Thurgau, trocken,
mit gelbem Weinsiegel,
Zentralkellerei Badischer Winzergenossenschaften, Erzeugerabfüllung

Hähnchenbrust
auf Diplomatensalat

Klare Ochsenschwanzsuppe
mit Chesterstangen

1998er
Wehlener Sonnenuhr
Riesling Kabinett
Zach. Bergweiler – Prüm Erben
(Dr. Bergweiler), Erzeugerabfüllung

Lachsschnitte, gedünstet,
mit Sauerampfersoße,
Timbale von Champignonreis

1998er
Forster Mariengarten
Scheurebe Spätlese
Weingut Dr. Bürklin-Wolf, Erzeugerabfüllung

Gebratene Kalbsmedaillons, gefüllt,
junge Buttermöhrchen,
Kohlräbchen,
Pommes dauphinoise

Sekt
Söhnlein Fürst von Metternich

Bayerische Creme
mit Mokkaschaum

Digestif
Dujardin Imperial,
Schwarzwälder Kirschwasser

Jahreszeit: Juni, Schüleressen, Touristenessen

Menü

Alkoholfreie Getränke
Traubensaft, Kirschsaft, Cola

Johannisbeerkaltschale

Schwäbische Maultaschen
mit Zwiebeln abgeschmelzt,
Kartoffelsalat und Kopfsalat

Caramelcreme

Jahreszeit: Juni, Pensionsmenü

Menü

Spargelkaltschale
mit Tapiokaeinlage

Wein
1998er
Riesling „Les Murailles"
Dopff und Irion Riquewihr, Elsässer Abfüllung

Barschfilets
in Mandelbutter
tournierte Kartoffeln

1996er
Moulin à Vent
Georges Dubœuf, Romanèche-Thorins,
Beaujolaisabzug

Rosa gebratene Rehmedaillons auf
Apfelscheiben, Morchelrahmsoße,
gedünstete Frühkirschen,
grüne Nudeln

Joghurtgelee mit frischen Erdbeeren

Jahreszeit: Juni, Menü anläßlich einer Küchenmeisterprüfung

Menü

Apéritif
Empfangscocktail

Wein
1998er
Ruppertsberger Reiterpfad
Riesling Kabinett
Weingut Dr. Bürklin-Wolf, Erzeugerabfüllung

1998er
Bernkasteler Badestube
Riesling Kabinett,
Thaprich, Erzeugerabfüllung

1993er
Clos de Vougeot
Burgunder Abfüllung
Ernte der Domänen Jaboulet-Vercherre

Sekt
Privat Cuvée
Langenbach, Sektkellerei Langenbach,
Worms

Digestif
Underberg, Curaçao Triple Sec,
Dujardin, Curaçao blau, Bols

Vorspeisenbüfett
auf meisterliche Art

Gordon Gin Tomate
(am Tisch zubereitet)

Frischer Stangenspargel
mit Krebsschwänzen in Dillrahm

Kiwisorbet

Lammkrone Verdi,
Artischockenböden
auf Florentiner Art,
gefüllte Aubergine,
Bernykartoffeln

Kleine Pfannkuchen mit frischen,
flambierten Erdbeeren

Kaffee

Jahreszeit: Juni, Festmenü für eine Familienfeier

Menü

Apéritif
Vermouth Martini Rosso,
Tio Pepe

Wein
1996er
Pouilly-Fumé
De Ladoucette, Pouilly-sur-Loire, Loire-Abzug

1997er
Domaine de Villeroy
blanc de blancs, trocken
Domaines Viticoles des Salins du Midi, Sète,
Erzeugerabfüllung

1993er
Château Margaux
I. grand cru classé
Margaux, Schloßabzug

Wahlweise zur Süßspeise
Wein
1996er
Château Climens
I. grand cru classé, ausgeprägte Süße
Château de Barsac, Schloßabzug

Champagner
Louis Roederer, demi-sec

Digestif
Bisquit Dubouché VSOP,
Creme de Menthe, grün, Bols

Spargelcocktail
mit Parmaschinken

Allgäuer Festtagssuppe
(3 Einlagen)

Forellenfilet, gedünstet,
in Kräuterrahm,
Gemüsereistimbal

Gebratene Rehnüßchen
in Pfeffersoße,
gefüllte Tomate mit Pilzmus,
Wirsingköpfchen,
Schupfnudeln

Vanillehalbgeforenes
mit Erdbeermark und
Grand Marnier,
Kleingebäck

Mokka

Jahreszeit: Juni, Industriebewirtung, Gästebewirtung, Behörden, Wirtschaft und Politik

Festmenü

Apéritif
Campari, Cynar, Sidecar

Wein
1998er
Würzburger Pfaffenberg
Kerner Kabinett
Weingut Bürgerspital, Erzeugerabfüllung

1997er
Le Piat de Mâcon Vire
Mâcon Abfüllung Piat Père & Fils S. A.

1994er
Château Latour
I. grand cru classé
Pauillac, Schloßabzug

1993er
Château d'Yquem
I. grand cru classé, saftiges Mark und edelsüßer Abgang
Sauternes, Schloßabzug

Digestif
Courvoisier***,
Grand Armagnac Sempé

Verlorenes Ei Aurora
auf Spargelsalat

Doppelte Rinderkraftbrühe
mit Gemüserauten und
Pistazienklößchen

Seezungenröllchen, gedünstet,
gefüllt mit Lachsmus,
Nantuasoße,
Kreolenreis

Rehrücken mit Pilzduxelles
in der Teigkruste, gebacken,
Hagebuttenschaumsoße,
Keniaböhnchen

Mousse au chocolat
Löffelbiskuit

Mokka

Jahreszeit: Juni, Festmenü für jeden feierlichen Anlaß geeignet

Menü

Apéritif
Frisch ausgepreßter Orangensaft
oder Campari mit Soda oder mit
Orangensaft

    Stangenspargel
    mit Sc. vinaigrette

    Rinderkraftbrühe
    mit Leberklößchen

1996er
Überlinger Felsengarten
Riesling Kabinett,
Spitalkellerei Überlingen, Erzeugerabfüllung

    Kretzerfilet, gebacken,
    auf Blattspinat,
    Dillschaumsoße mit Felchenkaviar,
    Pariser Kartoffeln

    Sorbet von
    frischen Stachelbeeren

1997er
Hohentwieler Olgaberg
Spätburgunder Weißherbst, Spätlese,
Staatsweingut Meersburg, Erzeugerabfüllung

    Gebratenes Kalbsfilet
    in Morchelrahmsoße,
    Spätzle vom Brett,
    frische Saisonsalate

Sekt
1997er
Oppmann Jahrgangssekt
halbtrocken
Sektkellerei J. Oppmann, Würzburg

    Fürst-Pückler-Eisbombe

    Kleingebäck

    Mokka

Digestif
Williams Christbirne,
Bodenseeobstler, Kirschwasser
und Himbeergeist aus der Hausbrennerei

Jahreszeit: Ende Juni, Festmahl zu Ehren eines geistlichen Würdenträgers

Festmenü

Apéritif
Hauscocktail, Schwarzer Johannisbeersaft mit Creme de Cassis und Sekt, Orangenscheibe

Junge, zarte
Reichenauer Sommersalate
mit einer Dressing von
Himbeeressig und Walnußöl,
umlegt mit Streifen von
warmer Kaninchenleber

Rinderkraftbrühe
mit Kräuternockerln

Wein
1998er
Überlinger Felsengarten
Riesling Kabinett,
Spitalkellerei Überlingen, Erzeugerabfüllung

Regenbogenforelle pochiert,
Sc. hollandaise,
tournierte Kartoffeln

Kiwisorbet mit einem Granité
von Bischofssoße

1997er
Hohentwieler Olgaberg
Spätburgunder, Spätlese,
Staatsweingut Meersburg, Erzeugerabfüllung

Frischlingskeule
mit Pilz-Schinkenwürfel
im Mantel von Wirsingblättern,
Calvadosrahmsoße,
Herzoginkartoffeln

Roquefortcreme
auf Bleichsellerieherzen

Champagner
Pommery & Greno

Pfirsich Cardinal

Feingebäck

Digestif
Chartreuse verte, Kirschwasser
oder Pfirsichgeist

Mokka

Jahreszeit: Juli

Menü

Apéritif
nach Wahl

Salatherzen
mit feinem Sherryessig,
Kräutern und Walnußöldressing,
umlegt mit warmen Kalbsbriesstreifen

Cordon Gin Tomate,
am Tisch zubereitet

Wein
1998er
Brackenheimer Wolfsaugen
Riesling,
Weingärtnergenossenschaft Brackenheim-
Neippberg-Haberschlacht, Erzeugerabfüllung

Regenbogenforelle
im Wurzelsud, Dillschaumsoße,
in der Schale gebackene Kartoffeln
mit Crème fraîche und Felchenkaviar

Johannisbeersorbet

1998er
Lauffener Jungfer
Schwarzriesling,
Weingärtnergenossenschaft Lauffen a. N.,
Erzeugerabfüllung

Rinderhochrippe
in der Salzkruste gebraten,
Sc. bordelaise, Ratatouille,
Macairekartoffeln

Sekt
Kessler Gold

Russische Charlotte
mit frischen Erdbeeren garniert

Mokka

Digestif
nach Wahl

Jahreszeit: Juli

Menü

Apéritif
nach Wahl

Wein
1998er
Schozacher Schelmenklinge
Riesling trocken,
Weinkellerei Böhm, Stuttgart

1996er
Kallstadter
Kerner Kabinett,
Weingut Otto Georg Breivogel,
Kallstadt a. d. Weinstraße

1997er
Lauffener Jungfer
Schwarzriesling,
Weingärtnergenossenschaft Lauffen a. N.,
Erzeugerabfüllung

Sekt
Kessler Gold

Digestif
nach Wahl

Krabbencocktail Doria
in Dilljoghurt,
Butter und Toast

Doppelte Geflügelkraftbrühe
mit Lebernockerln

Grüne Nudeln Alfredo
(am Tisch zubereitet)

Erdbeersorbet

Rinderfilet Wellington,
Sc. Choron, Bohnenbündel,
Oportozwiebel, glacierte Karotten,
tournierter junger Kohlrabi

Bayerische Creme
mit Cassisschaum

Mokka

Jahreszeit: Juli

Menü

Apéritif
nach Wahl

                      Salatherzen in Kressedressing
                      mit Wachteleiern garniert

                      Klare Bodenseefischsuppe
                      mit Eglikößchen

Wein   Lasagne Verdi

1998er
Schozacher Schelmenklinge   Melonensorbet
Riesling trocken,
Weinkellerei Böhm, Stuttgart

1998er   Entrecôte double,
Lauffener Jungfer   Sc. béarnaise,
Schwarzriesling,   Gemüsebukett,
Weingärtnergenossenschaft Lauffen a. N.,   Herzogintomate
Erzeugerabfüllung

Sekt   Vanilleeisbombe
Kessler Gold   mit heißen Heidelbeeren

                         Mokka

Digestif
nach Wahl

Jahreszeit: Juli

Festmenü

Apéritif
nach Wahl

Salatherzen
in Dijonnaiser Kräuterdressing
mit warmen Kalbsbriesstreifen
umlegt

Kartoffelrahmsuppe
mit jungem Blattspinat,
leicht überbacken mit
Allgäuer Bergkäse

Wein
1999er
Sommeracher Katzenkopf
Müller-Thurgau,
Gebietswinzergenossenschaft Franken-
Reperndorf, Erzeugerabfüllung

Barschfilet, gebraten,
mit Nordseekrabben,
Dillschaumsoße mit Felchenkaviar,
Gemüsenudeln

1998er
Merdinger Bühl
Spätburgunder Rotwein, trocken,
Abfüller Zentralkellerei Badischer Winzerge-
nossenschaften EG, Breisach am Kaiserstuhl

Rindslende Wellington,
Sc. Choron, Bohnenbündel,
Herzogintomate

Sekt
Henkell trocken

Vanilleeisbombe
mit Erdbeersahne

Mokka

Digestif
nach Wahl

Jahreszeit: Juli, festliches Menü für Familienfeiern, Gästebewirtungen jeglicher Art, im gehobenen Rahmen und mittlerer Preisklasse

Menü

Apéritif
nach Wahl

    Doppelte Geflügelkraftbrühe mit
    Grießnockerln

Wein
1998er
Bermatinger Leopoldsberg
Riesling, Kabinett,
Markgräflich Badisches Weingut,
Erzeugerabfüllung

    Bodenseekretzerfilet, gedünstet,
    in Dillsoße,
    Risotto

    Melonensorbet

1996er
**Gevrey Chambertin,
Clos Saint-Jacques**
Burgunder Abzug
Louis Latour, Beaune

    Kalbsfilet in Blätterteig, gebacken,
    Sc. Choron,
    Broccoli mit Mandelbutter,
    tournierte Karotten

Champagner
Veuve Clicquot-Ponsardin
demi-sec

    Bayerische Creme
    mit frischen Walderdbeeren

    Mokka

Digestif
nach Wahl

Jahreszeit: Juli, Pensionsessen – Arbeitsessen – Festessen in kleinerem Rahmen

Menü

Apéritif
nach Wahl

Wein
1998er
Lieserer Schloßberg
Riesling, Spätlese, trocken
aus dem Lesegut Thanisch-Erben

1998er
Braubacher Mühlberg
Riesling, Kabinett,
Weingut Friedrich Priesteroth, Braubach
Mittelrhein, Erzeugerabfüllung

Digestif
nach Wahl

Langustencocktail,
Melbatoast

Rinderkraftbrühe Royal

Gebratene Kalbsnuß
nach Gärtnerinart,
junger Kohlrabi, Karottenperlen,
Blumenkohl und Prinzeßbohnen,
tournierte Kartoffeln

Heidelbeerquarkspeise

Kaffee oder Mokka

Jahreszeit: Anfang August, preiswertes, servierfreundliches Touristen- oder Schüleressen

Menü

Alkoholfreie Getränke
Vita Malzbier, Tomatensaft, Apfelsaft

Wein
1996er
Villa Antinori
Riserva, Chianti Classico D.O.C.
Abfüllung L. & P. Antinori, Firenze

Gemüsesuppe

Spaghetti auf Bologneser Art,
Kopfsalat in Joghurtdressing

Vanilleeis
mit Brombeeren

Jahreszeit: Anfang August, preiswertes, servierfreundliches Touristen- oder Schüleressen

Menü

Alkoholfreie Getränke
Bitter Lemon, Apollinaris, Fachinger

Wein
1998er
Würzburger Stein
Müller-Thurgau Kabinett
Erzeugerabfüllung Bürgerspital

Cremesuppe von frischen Tomaten
mit Croutons

Glacierte Jungschweinschulter mit
der Schwarte am Stück gebraten
(geschröpft), bayerische Semmel-
knödel, Salat von jungem Weißkraut
mit Radicchioherzen garniert

Frische Waldhimbeeren
mit Vanillehalbgefrorenem
auf Meringuenboden

Jahreszeit: Anfang August, Arbeitsessen, Tagungsessen oder Ausflugsessen usw.

Menü

Klare Tomatensuppe
mit Backerbsen

Alkoholfreie Getränke
Appollinaris, Apfelsaft, Traubensaft,
Kirschsaft

Wein
1998er
Kaiserstuhl-Tuniberg Ehrentrudis
Weißherbst Spätburgunder Kabinett
Zentralkellerei Badischer Winzergenossen-
schaften, Erzeugerabfüllung

Gebratene Perlhuhnbrust
auf Blattspinat,
Rahmsoße,
Spätzle vom Brett,
Apfel-Sellerie-Salat

Dunstpfirsich auf Erdbeereis
mit Brombeermark überzogen,
Kleingebäck

Kaffee

Jahreszeit: August, Pensionsmenüs für die heißen Tage

I. Menü

Tomatencocktail

Wein
1998er
Diefenbacher König
Kerner Spätlese
Württembergische Weingärtnerzentralgenossenschaft

Überbackener Blumenkohl mit Parmaschinken, Schloßkartoffeln

oder

Kalte Ochsenbrust
in Vinaigrettesoße, Röstkartoffeln,
Frisee-Kresse-Salat
in Dijonnaiser Dressing

Vanilleeis auf kleinem Grießschnittchen mit frischem warmem Zwetschgenmus

II. Menü

Geeister Melonencocktail
mit Portwein

Wein
1997er
Barolo
Abfüllung des Hauses Fontanafredda, Alba

Gurkenkaltschale

Saltimbocca Romana,
Würfelkartoffeln,
sommerliche Salatplatte

Rote Grütze von frischen Himbeeren
Vanilletunke

III. Menü

Fleischloses Freitagsessen

Apfelkaltschale

Wein
1998er
Rödelseer Küchenmeister
Silvaner und Optima
Bocksbeutel-Weinvertrieb Fränkischer Weingutsbesitzer, Erzeugerabfüllung

Frische Steinpilze im Näpfchen
mit Kräutercreme

Rotzungenschleifchen, gedünstet,
auf Blattspinat, Butterkartoffeln

Überbackenes Stachelbeertörtchen

Jahreszeit: August, Galadiner anläßlich einer Festspielveranstaltung

Menü

Apéritif
Martini, Orange Blossom

Wein
1995er
Château Ferbos, Graves
weißer Bordeauxwein, trocken

1996er
Pouilly-Fuissé
weißer Burgunderwein, Georges Dubœuf,
Romanèche-Thorins

1996er
Château La Bâtie Grand Dorin,
Vinzel
Carl J. Burckhardt Erben, Caves Bujard,
Lutry, Erzeugerabfüllung

Champagner
Heidsieck & Co., Monopole Red Top

Digestif
Martell, Cordon noir, Cointreau,
Drambuie

Großes Vorspeisenbüfett

Geeiste Rinderkraftbrühe Madrilene

Blätterteighaus Nantua
mit frischen Krebsschwänzen
in Dillrahm

Himbeersorbet

Gegrilltes Kalbsmedaillon
auf Steinpilzragout
mit gebratener Entenleber,
Madeirasoße, Blumenkohl-
röschen auf holländische Art,
Bleichsellerie, glasierte Karotten,
Annakartoffeln

Omelette surprise

Mokka

Jahreszeit: August, Candle-Light-Diner

Candle-Light-Diner

Apéritif
Vermouth Noilly Prat Dry, Dubonnet,

Wein
1996er
Geisenheimer Kläuserweg
Riesling Kabinett
Balthasar Ress, Erzeugerabfüllung

1996er
Dernauer Pfarrwingert
Spätburgunder Kabinett, halbtrocken
Fürst von Arenbergsche Kellerei der Rentei
Steffenburg, Erzeugerabfüllung

Sekt
Kessler Hochgewächs

Digestif
Hennessy, Rémy Martin,
Bénédictine DOM

Steinbuttsalat Waldorf Astoria,
Melbatoast

Klare Steinpilzsuppe

Fenchelherzen mit Ochsenmarkscheiben, überbacken

Holundersorbet mit Cassis

Tournedos Helder, Sc. béarnaise,
Artischockenböden gefüllt mit
geschmolzenen Tomaten,
grüne Spargelspitzen,
Nußkartoffeln

Brandteigkäseschwänchen
mit Kräutergervais

Flambierte Schwarzkirschen auf
Zimtparfait, kleine Vanillegipferl

Mokka

Jahreszeit: September, Schüleressen

Menü

Alkoholfreie Getränke
Orangensaft, Apfelsaft, Limonade, Cola

Leberklößchensuppe

Jungschweinsschnitzel
auf Pariser Art
(in der Eihülle gebacken),
Erbsen, Karotten und
Blumenkohl,
Pommes frites

Früchteeisbecher

Jahreszeit: September, Touristenessen

Menü

Wein
1997er
Ingelheimer Kirchenstück
Spätburgunder
Weingut Georg Niedecken,
Erzeugerabfüllung

Minestrone

Rheinischer Sauerbraten,
Kartoffelpuffer, Apfelmus

Savarin mit Weinschaumsoße

Jahreszeit: September, Tagungsessen, Arbeitsessen

Menü

Rinderkraftbrühe mit Eierstich

Wein
1996er
Hügelheimer Schloßgarten
Weißburgunder Kabinett
Winzergenossenschaft Hügelheim,
Erzeugerabfüllung

Hechtklößchen auf badische Art,
kleine tournierte Kartoffeln,
Gurkensalat

1997er
Kaiserstuhl-Tuniberg Ehrentrudis
Spätburgunder Weißherbst Kabinett
Zentralkellerei Badischer Winzergenossen-
schaften, Erzeugerabfüllung

Poulardenbrust,
mit Lebermus gefüllt,
im Wirsingblatt, Rahmsoße mit
grünem Pfeffer und Schinkenwürfeln, Preiselbeerapfel, Maiskrusteln

Mousse au chocolat,
Löffelbiskuit

Jahreszeit: September, Pensionsmenü

Pensionsmenü

Wein

1996er
Erdener Treppchen
Riesling
Nicolaysche Weingutsverwaltung
C. H. Berres Erben, Erzeugerabfüllung

1998er
Wormser Liebfrauenstift-Kirchenstück
Scheurebe Kabinett
Weingut Langenbach, Erzeugerabfüllung

1/2 Avocado mit Crevetten

Französische Lauchsuppe

Truthahnbrustschnitzel, gebraten,
mit frischen Steinpilzen,
Kartoffelkroketten,
Kopfsalat mit Melonenwürfeln

Vanille-Preiselbeer-Halbgefrorenes,
Abazziagebäck

Jahreszeit: September, Menü für einen besonders festlichen Anlaß – Jubiläum, Freundschaftsessen (Dîner Amical), Jahresessen usw.

Menü

Apéritif
Sherry Williams & Humbert,
Dry Sack, Portwein Ferreira

Wein
1996er
Château Minuti
Cuvée de l'Oratoire cru classé, Gassin
Côtes de Provence A.O.C., Schloßabzug

1997er
Le Piat de Mâcon Vire
Mâcon-Abfüllung Piat Père & Fils S.A.,
A.O.C.

1995er
Château du Paradis Saint-Emilion
Schloßabzug

Champagner
G.H. Mumm & Co., Cordon rouge

Digestif
Courvoisier, Hennessy VSOP,
Napoléon, Coffée Liqueur

Wildkaninchenterrine
mit Backpflaumen

Steinpilzessenz

Steinbuttstreifen in Safransoße
mit kleinen tournierten,
mit Zwiebellauch
angeschwenkten Kartoffeln

Clementinensorbet mit Basilikum

Barbarie-Entenbrust, gebraten,
Quittensoße,
weiße und grüne, hausgemachte
Nudeln,
Feldsalat mit Schwarzwurzeln

Gorgonzola mit Kirschwasser
und Walnußkernen auf
Pumpernickelparfait

Verschiedene frische Waldfrüchte
in Champagnerschaum,
Feingebäck

Mokka

Jahreszeit: September, für Familienfeiern, Diplomatenessen, Freundschaftsessen und weiteren Essen zu großen Anlässen mit festlichem Charakter

Menü

Apéritif
Sherry Harvey's,
Vermouth Noilly Prat

Wein
1998er
Fendant, St. Leonhard
Schweizer Wein

Terrine von Kalbfleisch,
Quittensoße

Schaumige Kressesuppe

1998er
Bodmaner Königsweingarten
Müller-Thurgau, trocken,
Gräflich von Bodmansches Rentamt, Bodman
am Bodensee, Erzeugerabfüllung

Eglifilet, gebacken in einer
leichten Eihülle,
auf Tomaten-Gurken-Gemüse,
Pariser Kartoffeln

Sorbet von roter Pampelmuse

1997er
Hagnauer Burgstall
Spätburgunder Weißherbst, Spätlese,
Großer Preis der DLG Landesweinprämierung
Winzerverein Hagnau, Erzeugerabfüllung

Fasanenbrust, gebraten,
Rahmsoße mit Trauben und Pilzen,
Spätzle vom Brett,
Salat Hiller

Angemachter Camembert
mit Petersiliensträußchen und
Preiselbeeren

Sekt
Deutz & Geldermann
Deutscher Prädikatssekt,
Sektkellerei Deutz & Geldermann,
Breisach

Kirschwasserhalbgefrorenes
mit frischen Feigen garniert,
Feingebäck

Mokka

Digestif
Bodenseeobstler, Pfirsichgeist,
Tia Maria

Jahreszeit: September, Festessen für Familienfeiern und Repräsentationsessen

Menü

Apéritif
nach Wahl

                                    Frische Tomaten mit Eiersalat
und gewürfelten Artischocken-
böden gefüllt

                                    Klare Ochsenschwanzsuppe
mit altem Sherry,
Käsestangen

Wein
1998er
Ürziger Würzgarten
Riesling
Nicolaysche Weingutsverwaltung
C. H. Berres Erben, Erzeugerabfüllung

                                    Gedünstetes Zanderfilet
auf feinen Gemüsestreifen,
Senfbutter, Dillschloßkartoffeln

Melonensorbet

1997er
Wimmentaler Salzberg
Trollinger
Württembergische Weingärtnerzentral-
genossenschaft

                                    1/2 junges Rebhühnchen
im Speckmantel gebraten
auf Champagnerkraut,
Rahmsoße mit Pfifferlingen und
Steinpilzen, Kartoffelpüree

Käseauswahl vom Brett

Sekt
Oestricher Klosterberg

                                    Halbgefrorenes Grand Marnier
mit heißen Brombeeren,
Feingebäck

Kaffee oder Mokka

Digestif
nach Wahl vom Wagen

Jahreszeit: September, Festessen für jeden Anlaß geeignet, auch als Pensionsessen in der etwas gehobenen Preisklasse

Menü

Apéritif
Martini, Manhattan, Sidecar

Wein
1998er
Würzburger Stein
Riesling Spätlese, trocken
Weingut Bürgerspital, Erzeugerabfüllung

Nordseekrabben
mit Gurkenkugeln und Dilljoghurt
im Kressenest

Geflügelkraftbrühe
mit Steinpilznockerln

1996er
Moulin à Vent
Beaujolais-Abzug
Georges Dubœuf, Romanèche-Thorins

Rehmedaillons, rosa gebraten,
auf Ananasbeignets,
Rahmsoße mit grünem Pfeffer
und Schattenmorellen,
breite Nudeln, Chicoréesalat
mit Orangenspalten und
Cocktaildressing

Käsefrivolitäten

Champagner
Taittinger Réserve

Vanilleeis
mit heißer Ingwerschokolade,
kleine Nußbeugel

Mokka

Digestif
nach Wahl vom Wagen

Jahreszeit: Oktober, Pensionsessen

Pensionsmenü

Wein
1997er
Mistral „Rosé"
trocken
Côtes de Provence VDQS

1995er
Château du Paradis Saint-Emilion
Schloßabzug

Rehschinken
mit geeister Melone

Kartoffelrahmsuppe

Gekochte Hammelkeule
in Kapernsoße,
geschmorter Chicorée,
mit Gemüsemais gefüllte Tomaten,
Kräuterrisotto

Obstsalat mit Kirschwasser,
Feingebäck

Jahreszeit: Oktober, Tagungsessen im gehobenen Rahmen

Menü

Apéritif
Vermouth Cinzano Bianco,
Vermouth Noilly Prat Dry

Wein
1997er
Oberrotweiler Henkenberg
Ruländer
Freiherr von Gleichensteinsches Weingut,
Erzeugerabfüllung

1996er
Wormser Liebfrauenstift-
Kirchenstück
Scheurebe Kabinett
Weingut Langenbach, Erzeugerabfüllung

Digestif
Schwarzwälder Kirschwasser,
Williams Birnengeist von
Schladerer

1/2 Avocados
mit Langustenschwänzen,
Melbatoast

Rebhuhnkraftbrühe
mit Sherry und Trüffelstreifen

Gebratenes Kalbsfricandeau,
Dolmasgemüse,
gebackene Reiskrusteln

Marillenknödel

Jahreszeit: Oktober, ein Menü für besonders festliche Anläße wie z. B. Familienfeiern, Staatsempfänge usw.

Menü

Apéritif
Orangensaft mit Sekt oder natur

Wein
1997er
Neuchâtel, Goutte d'Or
Schweizer Weißwein, fruchtig, spritzig
Weingut – Weinkellerei Samuel Châtenay,
Neuchâtel

1996er
Überlinger Felsengarten
Riesling trocken, Kabinett
Spitalkellerei Überlingen, Erzeugerabfüllung

1997er
Meersburger Rieschen
Spätburgunder Weißherbst Kabinett,
Staatsweingut Meersburg, Erzeugerabfüllung

Sekt
Kessler Hochgewächs
Sektkellerei Kessler, Esslingen

Digestif
Scharlachberg Meisterbrand,
Himbeergeist Original Seldeneck,
Chartreuse verte

Gurken-Joghurt-Cocktail
mit frischen grünen Dillspitzen,
dazu Bündnerfleisch, hauchdünn
geschnitten auf Holzbrett serviert

Doppelte Geflügelkraftbrühe
mit Pistazienklößchen

Lachs- und Zanderklößchen
in Sauerampferschaumsoße,
Olivenkartoffeln

Sorbet mit Hagebuttenmark

Jungfasanenbrust, gebraten,
auf Lebercroutons,
Rahmsoße mit Trauben und Pilzen,
Spätzle vom Brett,
Apfel-Sellerie-Salat mit
Rote-Bete-Streifen

Savarin mit Brombeeren

Feingebäck

Mocca

Jahreszeit: Oktober, Jagdessen – Wildmenü

Menü

Apéritif
Portwein Ferreira, Superior White

Wein
1995er
Oberrotweiler Eichberg
Spätburgunder Weißherbst Kabinett, trocken,
Freiherr von Gleichensteinsches Weingut,
Erzeugerabfüllung

Kaiserfleisch vom Frischling
mit geeisten Melonenkugeln,
Eichblattsalat

Schnepfenpunsch
mit trockenem weißen Portwein

Filetröllchen von frischer Wildbachforelle, in der Pergamenthülle
gedünstet, Petersilienbutter,
Chiffonade von Wurzelgemüse,
Sulferinokartoffeln

Waldhimbeersorbet

1997er
Zell-Weierbacher Abtsberg
Spätburgunder Weißherbst Spätlese,
Freiherrliches von und zu Frankensteinsches
Weingut, Offenburg, Erzeugerabfüllung

Rebhuhnbrüstchen
in hauchdünn ausgerolltem
grünen Nudelteig,
weiße Rosmarinsoße

1995er
Château Latour
I, grand cru classé
Pauillac, Schloßabzug

Gespickter Junghirschrücken,
zartrosa gebraten, Steinpilzsahnesoße, Rotweindunstbirne mit
Maulbeeren, Kronprinzenkartoffeln

Rustikales Käsebrett, junger Herbst-
rettich, gesalzene Butter und
Gänsegriebenschmalz, Roggenbrötchen

Champagner
Dom Perignon Vintage 1995

Vanillehalbgefrorenes
mit Rumfrüchten nach Art
der Försterin

Digestif
Jägermeister, Asbach Uralt

Jahreszeit: November, Betriebsfeier im mittleren Rahmen

Menü

Karpfenmilchnersuppe

Nein
1996er
Bickensohler Steinfelsen
Müller-Thurgau Kabinett
Winzergenossenschaft Bickensohl,
Erzeugerabfüllung

Gebratene Jungschweinschulter,
Kümmel-Estragon-Soße,
böhmische Serviettenknödel,
Krautsalat mit Speck

Sekt
Kessler Hochgewächs

Birne Cardinal,
Kleingebäck

Jahreszeit: November, Pensionsessen

Pensionsmenü

Poulardensalat Waldorf

Hummerrahmsuppe

Wein
1995er
Châteauneuf-du-Pape
Château de Vaudieu
Rhône-Abfüllung Meffre, Gigondas

Hirschkalbsfilet Stroganoff,
Kartoffelschnee,
Eskariolsalat in Kressedressing
mit Sauerkirschen

Sekt
Söhnlein Fürst von Metternich

Eistorte mit frischen Feigen,
Feingebäck

Jahreszeit: November, Kleines Festmenü für Familienfeiern und sonstige geschäftliche oder repräsentative Anlässe

Festmenü

Apéritif
Vermouth Martini Rosso,
Vermouth Noilly Prat Dry

Wein
1996er
Forster Mariengarten
Scheurebe
Weingut Dr. Bürklin-Wolff, Erzeugerabfüllung

Kaninchenterrine,
Salat Hiller

Entenkraftbrühe
mit Maroneneierstich

1996er
Ürziger Schwarzlay
Riesling Kabinett
Nicolaysche Weingutsverwaltung,
Erzeugerabfüllung

Gedünstete Steinbuttschnitte
in Muschelsoße,
Fenchelrisotto

Melonensorbet

1998er
Sasbachwaldener Alde Gott
Spätburgunder Rotwein, Spätlese,
Winzergenossenschaft e. G.,
Sasbachwalden, Erzeugerabfüllung

Rehrücken Baden-Baden,
Wacholderrahmsoße,
kleine ausgesuchte Pfifferlinge,
mit Johannisbeergelee gefüllte
Dunstbirne, Kartoffelbällchen

Käse fours

Sekt
Deutz & Geldermann
Deutscher Prädikatssekt

Eisauflauf Grand Marnier,
Kleingebäck

Mokka

Jahreszeit: November, St.-Martins-Essen zum 11. November – typisches Menü mit Gänsebraten

Menü

Wein
1997er
Schliengener Roemerberg
Gewürztraminer Kabinett,
Weingut Fritz Blankenhorn, Schliengen,
Erzeugerabfüllung

1998er
Würzburger Pfaffenberg
Kerner Kabinett
Weingut Bürgerspital, Erzeugerabfüllung

1996er
Gundelsheimer Himmelreich
Trollinger Spätlese,
Staatliche Lehn- und Versuchsanstalt für
Obst-, Wein- und Gartenbau, Weinsberg,
Erzeugerabfüllung

Sekt
Kloss & Foerster, Assmannshäuser
Spätburgunder Rotsekt

Digestif
Kirschwasser, Williamsbirne,
Mirabellengeist, Grand Marnier

Hasenpastete mit Quittengelee,
Selleriesalat

Klare Lauchsuppe
mit Hirnschöberln und Steinpilzen

Spiegelkarpfen
in Braunbier gekocht,
heiße Schalottenbutter,
Olivenkartoffeln mit frischem Dill,
geeister Sahnemeerrettich

Kiwisorbet

Martinsgans
auf Alt-Mecklenburger Art,
(Gans gefüllt mit der gewürfelten,
mit Zwiebeln und Kräutern an-
sautierten Gänseleber, Weißbrot,
Backpflaumen, Apfelspalten und
Rosinen)
Rotkohl, Kartoffelklöße

Käsewindbeutel

Halbgefrorenes von Kastanienhonig
mit heißer Schlehentunke
Eispraline St. Martin

Mokka

Jahreszeit: November, Wildessen für Herren, Region Alpen – Allgäu

Bergfreunde- oder Jagdherrenmenü

Apéritif
Cocktails mit Sekt: „Blau-Weiß",
„Wildschütz"

Wein
1996er
Würzburger Stein
Müller-Thurgau Kabinett
Bürgerspital, Erzeugerabfüllung

1997er
Wimmentaler Salzberg
Trollinger,
Württembergische Weingärtnerzentralgenossenschaft

1998er
Bürgstadter Mainhölle
Spätburgunder Rotwein,
Juliusspital-Weingut, Würzburg

Sekt
Schloß Wachenheim

Digestif
Jägermeister, Bergenzian

Wacholdergeräuchertes Wildbachforellenfilet mit Senfsabayon,
Eichblattsalat

Allgäuer Brätstrudelsuppe

1/2 junges Alpenschneehuhn im
Speckmantel gebraten, Bergwaldmischpilze mit Crème fraîche,
kleine Weizenbierteigküchle mit
Schinkenstreifen und Weinkrautfäden

Pfefferminzsorbet

Gemsenkeule, gebeizt
in Buttermilch,
mit wildem Bergknoblauch und
frischen Kräutern, zartrosa
gebraten,
Enziansahnesoße, Reinettenapfel
mit Preiselbeermeerrettich,
Schupfnudeln

Allgäuer Weißlacker, Holzofenbrot
mit Schnittlauchbutter, gesalzener
Radi

Zwetschgenknödel

Jahreszeit: November, ein komplettes Fischmenü, als Repräsentationsessen für einen Fischereiverband, Fisch- und Teichwirtschaftsinstitutionen, Berufs- oder Sportfischervereinigungen oder in einem ausgesprochenen Fischspezialitätenrestaurant

Menü Petri Heil

Apéritif
Obstsäfte mit Sekt

Wein
1997er
Lindauer Seegarten
Müller-Thurgau,
Weinbau Teufel, Lindau, Erzeugerabfüllung

Geräuchertes Felchenfilet, Sahnemeerrettich, Butter und Toast

Klare Fischsuppe
auf Bouillabaisseart

Zanderschnitte im Strudelteig
auf Gurken-Tomaten-Gemüse

Frappé von Cox-Orange-Äpfeln

1996er
Schloß Kirchberger Schloßberg
Müller-Thurgau Kabinett,
Weingüter Markgraf Max von Baden,
Schloß Kirchberg, Erzeugerabfüllung

Bodenseehecht, gespickt mit in grünem Speck gerollten Sardellenfilets, gefüllt mit einer Farce aus der Leber, dem Rogen, dem Milchner und Schwanzspitzenfleisch von der Regenbogenforelle, Sauerrahmsoße mit kleinen Rauchspeckwürfeln, Schloßkartoffeln

Butterkäse, ofenwarme Seele
mit frischer Butter,
schwarzer Winterrettich

Sekt
Deinhard Lila

Walnußparfait

Mokka

Digestif
Bodenseeobstler

Jahreszeit: November, Wildessen, Wildmenü für jeden festlichen Anlaß innerhalb der Jagdsaison. Das Menü ist auch für eine gemischte Gästezusammensetzung geeignet

Wildmenü

Apéritif
Martinicocktail Sweet, medium oder dry

Wein
1997er
Kallstadter Saumagen
Gewürztraminer Kabinett,
Weingut Koehler Rupprecht,
Erzeugerabfüllung

1997er
Mittelheimer Edelmann
Riesling Spätlese
August Eser, Erzeugerabfüllung

1995er
Dürkheimer Feuerberg
Spätburgunder Weißherbst Spätlese,
Winzergenossenschaft Vier Jahreszeiten,
Erzeugerabfüllung

Sekt
Schloß Wachenheim
Deutscher Prädikatssekt, Sektkellerei Wachenheim

Digestif
Scharlachberg Meisterbrand,
Dujardin Imperial

Hasenpastete,
Waldorfsalat, Cumberlandsoße

Klare Rebhuhnsuppe
und Rehleberklößchen

Pochierte Lachsmedaillons,
Kräuterschaumsoße,
Kreolenreis

Ananassorbet

Gebratene Fasanenbrust
auf Champagnerkraut,
Rahmsoße mit Edelpilzen,
Kartoffelpüree

Käsenaschereien,
frische Tafelweintrauben

Quittenhalbgefrorenes
auf Brombeermark, Caramelsoße,
Hippengebäck

Mokka

Jahreszeit: Dezember, Herrenessen, Jahrestreffen

Menü

Apéritif
Wodka Martini

Wein
1996er
Mistral
Côtes de Provence VDQS, trocken

Geräucherte Gänsebrust
mit Apfelmeerrettich und
Anisbrötchen

1996er
Pouilly-Fuissé
Burgunder-Abzug
Georges Dubœuf, Romanèche-Thorins

Miesmuscheln auf rheinische Art,
Holzofenbrot

1997er
Rödelseer Küchenmeister
Silvaner und Optima Spätlese
Bocksbeutel-Weinvertrieb Fränkischer Wein-
gutsbesitzer, Erzeugerabfüllung

Original russischer Borschtsch,
Käsekrapfen

Champagner
Pommery & Greno, brut

Eisauflauf mit Rumfrüchten

Digestif
Martell***, Bisquit Dubouché VSOP,
Courvoisier, Napoléon

Jahreszeit: Dezember, Betriebsfeier – Weihnachtsfeier

Menü

Apéritif
nach Wahl

Wein
1998er
Kaseler Nieschen
Riesling, trocken
Zach. Bergweiler – Prüm Erben
(Dr. Bergweiler), Erzeugerabfüllung

1998er
Königschaffhausener Steingrüble
Spätburgunder Weißherbst Kabinett,
Winzergenossenschaft Königschaffhausen,
Erzeugerabfüllung

Sekt
Deutz & Geldermann Halbtrocken
Deutscher Prädikatssekt

Digestif
nach Wahl

Steinbuttgalantine mit Keta-Kaviar

Broccolischaumsuppe
mit Kaninchenleber

Truthahnrollbraten
mit Backpflaumen,
Schwarzwurzeln, Sc. mornay,
mit Gemüsemais gefüllte Tomaten,
Annakartoffeln

Russische Charlotte

Mokka

Jahreszeit: Dezember, Aufsichtsratsessen, Jahrestreffen, Familienfeier

Festmenü

Apéritif
Martini, Vodka Martini

Wein
1997er
Ruppertsberger Hoheburg
Optima Kabinett
Gebr. Eckel, Erzeugerabfüllung

Wildkaninchenterrine mit Portweinsabayon und frischen Kiwis

Legierte Forellensuppe

1998er
Kaiserstuhl-Tuniberg Ehrentrudis
Weißherbst Spätburgunder Kabinett
Zentralkellerei Badischer Winzergenossenschaften, Erzeugerabfüllung

Frühmastente Bigarade, Brandteigkartoffeln, Chicoreesalat in Ketchupdressing

Roquefortbirne

Sekt
Kupferberg Fürst Bismarck

Früchteteller surprise

Mokka

Digestif
Calvados Hors d'Age, Peter Heering
Kirschlikör

Jahreszeit: Dezember, Rustikales Herrenessen in Norddeutschland

Menü

Gelbe Erbsensuppe
mit Poten und Schnuten

Bier
vom Faß

Kohl und Pinkel
Brägenwurst mit Grünkohl,
Kartoffelbrei

Harzer Roller mit Gänseschmalz

Vanilleeis mit Rumfrüchten

Digestif
Doornkaat, Wodka,
Aquavit, Bommerlunder

Jahreszeit: Dezember, Herrenessen in Süddeutschland

Herrenessen

Apéritif
Martini-Wodka, Martini extra Dry,
Gibson oder Manhattan

                          Hochzeitssuppe,
                          Tafelbrötchen

Wein
1997er
Meersburger Sängerhalde
Müller-Thurgau trocken,
Winzergenossenschaft Meersburg

                          Fangfrische
                          Bodenseefelchen auf Müllerinart,
                          Schloßkartoffeln,
                          Endiviensalat

Bier
Weizenbier

                          Spanferkel, am Spieß gebraten,
                          bayerisches Kraut,
                          Semmelknödel

Sekt
Kessler Hochgewächs

                          Haselnuß-Eisbombe,
                          Abazziagebäck

                          Kaffee

Digestif
Bodenseeobstler, Williamsbirne
oder Kirschwasser

Jahreszeit: Dezember, ein klassisches Wildmenü für jeden Anlaß geeignet

Menü

Apéritif
Sherry Dry Sack,
Madeira Sandemann

Wein
1996er
Dernauer Pfarrwingert
Spätburgunder Weißherbst
Fürst von Arenbergsche Kellerei der Rentei
Steffenburg, Erzeugerabfüllung

Frischlingsgalantine,
Cumberlandsoße, Salat Hiller

Fasanenkraftbrühe
mit Maroneneierstich und
weißen Trüffelfäden

Geschnetzeltes Hasenfilet
in Calvadosschaumsoße,
römische Nockerln

Schlehensorbet mit Cassis

1993er
Pommard „Clos de Commaraine"
Burgunder-Abfüllung
Ernte der Domänen Jaboulet-Vercherre

Damhirschlende Wellington,
Maltesersoße, Broccoli mit Bröselbutter, Dunstbirne mit Pfefferminzgelee, Kartoffelplätzchen

Käsepralinen auf Sechskornbrot,
frische Feigen

Champagner
Dom Perignon Vintage 1996

Mousse au chocolat blanc
(Schokoladenschaum von weißer
Schokolade), Löffelbiskuit

Mokka

Digestif
Dujardin Imperial, Martell, Cointreau

Jahreszeit: Dezember, Galadiner – Staatsempfang oder anläßlich einer Feierlichkeit im gehobenen Rahmen

Festmenü

Apéritif
nach Wahl

1993er
Château d'Yquem
I. Grand cru classé Sauternes, Schloßabzug

Gänsestopfleberterrine mit
Périgordtrüffeln in Madeiragelée,
Melbatoast

Tomatenessenz
mit Kalbsbriesnockerln
in kleiner Tasse

1996er
Chablis I cru, »J.-V.«
Burgunder-Abfüllung
Jaboulet-Vercherre, Beaune

Gefüllte Seezungenschleifchen
Walewska
mit Langustenmedaillons,
Kreolenreistimbal

Klementinensorbet

1989er
Gevrey Chambertin
Clos Saint Jacques
Burgunder-Abzug
Louis Latour, Beaune

Gebeizte Frischlingskeule
in Blätterteig, gebacken,
heiße Apfelsoße mit Calvados,
Broccoliflan mit Kokosbutter,
Macairekartoffeln

1996er
Portwein Ferreira
Superior White

Englischer Stilton
mit altem Portwein,
Herzen von jungem Staudensellerie,
Bauernbrot und kleine Salzbrezeln

Champagner
Dom Perignon Vintage 1995

Mangoeisbombe
mit heißen Schattenmorellen,
petit fours

Mokka

Digestif
Courvoisier***, Bisquit Dubouché
VSOP, Apricot Brandy, Bols

Jahreszeit: Dezember, ein ausgesprochenes Seefischessen, wie es in einer norddeutschen Hafenstadt als Repräsentationsessen veranstaltet werden könnte

Neptuns Festmenü

Apéritif
Gibson

Wein 1996er **Würzburger Stein** Riesling Spätlese, trocken, Weingut Bürgerspital, Erzeugerabfüllung	4 Stück Imperialaustern, auf Eis serviert, Chesterecken und Zitrone Hummeressenz, Crackers Gebratene Dorschleber mit rohen roten Champignonscheiben garniert
1996er **Wachenheimer Königswinter** Riesling Spätlese Weingut Dr. Bürklin-Wolf, Erzeugerabfüllung	Gedünstete Steinbuttstreifen auf Blattspinat, Safransoße, wilder Reis Grapefruitsorbet
1997er **Mittelheimer Edelmann** Riesling Spätlese, August Eser, Erzeugerabfüllung	Norwegische Fjordlachsschnitte, vom Grill, Sc. béarnaise, Ratatouille, Petersilienkartoffeln
Sekt Henkell Rosé halbtrocken	Charlotte Stephanie Mokka

Digestif
Linien-Aquavit eiskalt serviert,
Lemon Hart Rum auf Eis

Jahreszeit: Dezember, Weihnachtsmenü, international, moderne Art in der Zusammenstellung

Menü

Apéritif
Kir Royal, St. Raphael

Wein
1996er
Forster Mariengarten
Scheurebe
Weingut Dr. Bürklin-Wolf, Erzeugerabfüllung

Frische Wintersalate
mit einer leichten Dressing von
Distelöl und feinem Sherryessig,
umlegt mit warmen, gebratenen
Hasenleberscheiben,
Apfelstreifen und Sauerkirschen

Ochsenschwanzkraftbrühe
mit Morcheleierstich

1996er
Wehlener Sonnenuhr
Riesling Kabinett
Zach, Bergweiler – Prüm Erben
(Dr. Bergweiler), Erzeugerabfüllung

Spiegelkarpfen auf polnische Art,
geeister Rahmmeerrettich,
Schwenkkartoffeln

Limonensorbet mit Kiwis

1996er
Walporzheimer Silberberg
Spätburgunder Weißherbst, Spätlese,
Weingut zum Domherrenhof, Hans Brogsitter,
Erzeugerabfüllung

Junger Mastputer,
gebraten, auf festliche Art,
Rosmarinjus,
Rosenkohl in Butter geschwenkt,
Elisabethenkartoffeln

Tannenbäumchen von Tortenbrie,
Walnußbrot

Sekt
Söhnlein Rheingold
Deutscher Prädikatssekt

Zimteisbombe „Merry Christmas",
kleines Weihnachtsgebäck

Irish Coffee oder Mokka

Digestif
Rémy Martin, Bols Apricot Brandy

Jahreszeit: Dezember, leicht rustikales Weihnachtsmenü

Menü

Apéritif
Campari mit Soda, Amer Picon

Wein
1996er
Bickensohler Steinfelsen
Müller-Thurgau Kabinett
Winzergenossenschaft Bickensohl,
Erzeugerabfüllung

Vorspeisenteller
nach Jagdherrenart
(Hasenrücken kalt, Rehschinken,
Wildschweinsülze), Preiselbeeren,
kleine Roggenbrötchen

Doppelte Rinderkraftbrühe
mit Eierstich

Karpfen im Wurzelsud,
zerlassene Butter,
Sahnemeerrettich, Salzkartoffeln

1997er
Mayschosser Laacherberg
Spätburgunder Weißherbst Kabinett,
Mayschosser Winzerverein,
Erzeugerabfüllung

Gebratene Weihnachtsgans,
eine köstliche Soße mit Beifuß,
Rosmarin, Salbei und Fenchel-
blüte, glacierte Eßkastanien,
Bratapfel, Rotkohl,
Thüringer Klöße

Feigenbeignets mit Vanilletunke,
Weihnachtsplätzchen

Mokka

Digestif
Zwetschgenwasser, Obstler

Jahreszeit: Dezember, festliches Weihnachtsmenü, klassische, internationale Zusammenstellung

Menü

Apéritif
Martinicocktail, dry, medium oder sweet, Manhattan

Wein
1996er
Château Laville Haut Brion
grand cru classé Graves
Schloßabzug

Christsternmosaik von Gänseleber und Trüffeln in Aspik,
Melbatoast

Badische Schneckensuppe, in kleinen Tassen serviert

1997er
Ayler Herrenberg
Riesling trocken,
Bischöfliches Konvikt, Trier,
Erzeugerabfüllung

Weihnachtskarpfen, blau, zerlassene Butter, geeister Sahnemeerrettich, Schloßkartoffeln

Melonensorbet

1993er
Château Lafite-Rotschild
I, grand cru classé
Pauillac Haut-Médoc, Schloßabzug

Hasenrückenfilet im Kräutermantel, Wacholdersoße, Steinpilze, Bratapfel auf Großmütterchenart, Brüsseler Sprossenkohl, Kartoffelbällchen

Warmer Tortenbrie mit Nüssen, Brotauswahl

Champagner
Heidsieck * Co., Monopole Red Top

Mit Rum flambierte Ananas auf Mohneis mit Krokant, Zimthalbmonde

Rüdesheimer Kaffee

Digestif
Dujardin Imperial, Crème de Cacao

Jahreszeit: Dezember, internationales Silvestermenü

Menü

Apéritif
Portwein Sandemann,
Sherry Gonzalez, Sherry Williams
& Humbert, Dry Sack

Wein
1995er
Bernkasteler Bratenhöfchen
Riesling, halbtrocken,
Weingut Dr. Pauly-Bergweiler,
Erzeugerabfüllung

1996er
Würzburger Pfaffenberg
Riesling Kabinett,
Bronzemedaille Fränkische Weinprämierung,
Weingut Bürgerspital, Erzeugerabfüllung

1997er
Oberweseler St. Martinsberg
Kerner Spätlese,
Weingut Herbert Becker, Oberwesel/Mittelrhein, Erzeugerabfüllung

Sekt
1996er
Kloss & Forster
Jahrgangssekt, Riesling

Digestif
Mirabellenwasser und Himbeergeist, Deutsche Markenweinbrände,
Bols Kirschlikör, Bénédictine DOM

Großes Vorspeisenbüfett
St. Silvester

Aufgeschlagene Kressesuppe
mit Gurkenkugeln

Hechtklößchen mit
Jakobsmuscheln in Hummersoße,
Safranreis

Blutorangensorbet

Gebratenes Kalbsfilet in Morchelrahmsoße, Artischockenböden mit
Maronenpürree,
kleine Brüsseler Kohlsprossen
in der Tomate,
Blumenkohlröschen mit Bröseln,
grüne Nudeln

Gorgonzola im Windbeutel

Eisbombe Prosit Neujahr

Berliner Ballen

Mokka oder Kaffee

Jahreszeit: Dezember, Silvestermenü

Silvestermenü

Apéritif
Dubonnet, Vermouth Noilly Prat Dry

Wein
1998er
Affaltracher Diebelsberg
Traminer Kabinett,
Dr. Baumann Schloßkellerei, Affaltrach,
Erzeugerabfüllung

1998er
Hochheimer Hölle
Riesling Kabinett,
Weingut Peter Velten, Hochheim Rhg.,
Erzeugerabfüllung

1997er
Kallstadter Steinacker
Siegerrebe Spätlese,
Weingut Eduard Schuster, Kallstadt
a. d. Weinstraße, Erzeugerabfüllung

Sekt
Deinhard Tradition
Rhein-Riesling-Jahrgangscuvée

Digestif
Wodka Moskowskaja Osobaja,
Grand Marnier, Bénédictine DOM

Gänseleber und Wachtelbrüstchen
in der Hefeteigkruste,
Quittengelee mit Honigkirschen

Doppelte Rinderkraftbrühe
mit Kräuternockerln

Silvesterkarpfen in Braunbier,
frisch geriebener Meerrettich,
zerlassene Butter,
Dampfkartoffeln

Blutorangensorbet

Kalbsrücken Orloff,
Rosenkohl,
Schwarzwurzeln mit Sc. mornay,
braisierter Chicoree,
Blumenkohlröschen,
Herzogintomate

Käsenaschereien

Mandeleisbombe
mit heißer Ingwerschokolade,
Neujahrskrapfen

Mokka

Dieses Menü wurde vom Autor anläßlich des 10. Wettbewerbs um die "Goldene Kochmütze 1979" mit Erfolg kreiert und gekocht

Menü

Meeresfrüchtetimbal in Dillaspik,
Butter und Toast

*

Mulligatawny

*

Lammkrone Verdi
verschiedene gefüllte Gemüse,
Tomate auf Herzoginart

*

Frische Ananas in Cassisschaum

Anhang
Tabellarischer Jahreszeitkalender

Schlachtvieh	Januar	Februar	März	April	Mai	Juni	Juli	August	September	Oktober	November	Dezember
Junger Masthammel (Hammel, Schaf)	○	○	○	○	○	○	○	○	○	○	○	○
Mastlamm (junge Tiere bis zu 12 Monaten – auch Ziegenlämmer als Milchlamm unter der Bezeichnung Zickel)											●	●
Milchlamm (nur so lange wie das Tier von dem Mutterschaf genährt wird, helles Fleisch)				○	●	○						
Rind, Färse, Jungrind, Ochse, Bulle, jg. Kuh, Kuh	○	○	○	○	○	○	○	○	○	○	○	○
Saugkalb, Mastkalb, Doppellender	○	○	○	○	○	○	○	○	○	○	○	○
Schwein (Sau)	○	○	○	○	○	○	○	○	○	○	○	○
Spanferkel, Läufer	○	○	○	○	○	○	○	○	○	○	○	○
Männl. Tiere, Bock, Widder, Eber, sind nicht aufgeführt, da sie in der Küche keine Verwendung finden.												

● = besonders schmackhaft   ○ = als Frischware im Handel

Hausgeflügel	Januar	Februar	März	April	Mai	Juni	Juli	August	September	Oktober	November	Dezember
Ente (Frühmastente)			O	O	O	O	●	●	●	O	O	
Huhn, Junghuhn, Junghahn	O	O	O	O	O	●	●	●	●	O	O	O
Junggans (Frühmastgans)				O	●	●	●	●	●	O	O	
Kapaun, Masthahn	●	●	O	O	O	O	O	O	O	●	●	●
Kücken, Stubenkücken	O	O	O	●	●	●	●	●	O	O	O	O
Mastgans, frische Gänsestopfleber	O	O								O	●	●
Perlhuhn	●	●	O	O	O	O	O	O	●	●	●	●
Poularde	●	O	O	O	O	O	O	O	O	●	●	●
Pute, Truthenne	●	O	O	O	O	O	O	O	O	●	●	●
Taube, Jungtaube	O	O	O	O	O	O	O	●	●	●	●	O
Truthahn	●	●	O	O	O	O	O	O	O	●	●	●
Zuchtwachtel	●	O	O	O	O	O	O	O	●	●	●	●

● = besonders schmackhaft   O = als Frischware im Handel

Wildgeflügel	Januar	Februar	März	April	Mai	Juni	Juli	August	September	Oktober	November	Dezember
Auerhahn*	A ○	A ○	A ○	20.4. ○ bis	○ 31.5.					A ○	A ○	A ○
Birkhahn*	A ○	A ○	A ○	20.4. ● bis	● 31.5.					A ○	A ○	A ○
Fasan	bis ○ 15.1.									●	●	○
Feigendrossel									A ○	A ●	A ○	
Fettammer (Ortolan)	A ○										●	A ○
Graugans/Wildgans	bis ○ 15.1.									●	●	○
Großtrappe									16.9. ○ bis	○ 15.10.		
Kanevasente	○							●	●	○	○	○
Kiebitz	A ○	A ○	A ○					A ○	A ●	A ●	A ○	
Kiebitzeier				A ●	A ○							
Knäkente								●	●	○	○	○
Krammetsvogel	A ○	A						A ○	A ●	A ●	A ○	
Kriekente						○	○	●	●	○		
Lerche	A ○	A ○	A ○						A ●	A ○	A ○	
Möweneier				○	○	●	○					
Regenpfeifer	A ○	A ○	A ○	A ○					A ○	A ●	A ●	A ○
Ringeltaube, Wildtaube	○	○	○	○				○	○	○	●	○
Sumpfschnepfe/Bekassine									○	●	●	○	○
Wachtel						○	○	○	●	●	○	

A = nur im Ausland jagdbar.
* = Henne ganzjährig geschützt.

● = besonders schmackhaft　　○ = als Frischware im Handel

Wildgeflügel	Januar	Februar	März	April	Mai	Juni	Juli	August	September	Oktober	November	Dezember
Wachteleier	○	○	●	●	●	○	○	○	○	○	○	○
Waldschnepfe	○	○	○	○						●	●	○
Wildente, Stockente	bis ○ 15.1.								○	●	●	○	○
Wild-Truthahn				A ○	A ●							
Wild-Truthenne	○									●	A ○	A ○
Zwergtrappe, männl.							○	○	●	○		
Zwergtrappe, weibl.								○	●	○		

Wildhühner – Hühnervögel												
Alpenschneehuhn	A ○	A ○						A ○	A ●	A ●	A ○	A ○
Haselhuhn	○	○	○						●	●	○	○
Moorhuhn	A ○							A ○	A ●	A ●	A ○	A ○
Rebhuhn, Feldhuhn									●	●	○	
Rothuhn								A ○	A ●	A ○		
Sibirisches Schneehuhn	A ○							A ●	A ●	A ○	A ○	A ○
Steinhuhn									A ●	A ○	A ○	

A = nur im Ausland jagdbar.

● = besonders schmackhaft   ○ = als Frischware im Handel

Haarwild	Januar	Februar	März	April	Mai	Juni	Juli	August	September	Oktober	November	Dezember
Damwild, männl.	○								○	●	●	○
Damwild, weibl.	○							○	○	●	●	○
Gamsbock, männl.								●	●	○	○	○
Gemse, weibl.								●	●	○	○	○
Hase, Rammler, männl.	bis ○ 15.01.									ab ● 16.10.	●	○
Häsin, weibl.	bis ○ 15.01.									ab ● 16.10.	●	○
Wildkaninchen	○	○	○	○	○	○	○	○	○	○	●	●

● = besonders schmackhaft   ○ = als Frischware im Handel

Rotwild, Sikawild, Rehwild, Rentier und Schwarzwild	Januar	Februar	März	April	Mai	Juni	Juli	August	September	Oktober	November	Dezember
Rot- od. Edelhirsch, männl. Kalb, Spießer, Gabler, Hirschbulle	○							○	●	●	○	○
Rot- od. Edelhirsch, weibl. Kalb, Schmaltier, Rottier, Kuh	○							○	●	●	○	○
Sikawild, männl. Kalb, Spießer, Gabler, Hirschbulle	○	○							●	●	○	○
Sikawild, weibl. Kalb, Schmaltier, Rottier, Kuh	○								●	●	○	○
Rehwild, männl. Kitzbock, Spießer, Gabler, Bock					ab 16.5. ○	○	●	●	○	○		
Rehwild, weibl. Schmalreh, Ricke, Geiß		○						○	○	●	○	○
Rehwild, Kitz, Jungtier		○						○	○	●	●	○
Rentier, Renbulle, männl.	●	●	●	○	○							
Rentier, Kuh, weibl.	●	●	○	○								
Schwarzwild, weibl./männl. Frischling, Überläufer	○	●	●	●	○	○	○	○	●	●	●	●
männl. Keiler	○	○	○	○	○	○	○	○	○	●	●	●
weibl. Bache	●											●

Schwarzwild hat keine Schonzeit – nur tragende und führende Bachen dürfen nicht geschossen werden.

● = besonders schmackhaft   ○ = als Frischware im Handel

Fische, Schalen- und Krustentiere	Januar	Februar	März	April	Mai	Juni	Juli	August	September	Oktober	November	Dezember
Aal					●	●	○	●	●	●	○	
Äsche	○	○				○	○	○	●	●	○	○
Austern	●	●	○	○					○	●	●	●
Bachforelle	○	●	●	○					○	○	○	○
Bachneunauge	○	○					○	●	●	●	○	○
Barbe	○	○	○	○			○	●	●	●	○	○
Barsch (Egli, Kretzer)	○	○				○	○	●	●	●	○	○
Blauleng, Lengfisch	●	●	●	○	○	○	○	○	○	○	●	●
Brachsen (Bleie)	○	○	○	○				○	○	○	●	●
Brasse, (Rotbrasse, Goldbrasse, Dorade)	○	○	○	○	○	○	○	○	●	●	○	○
Döbel	○	○	○				○	●	●	○	○	○
Dorsch, Kabeljau	●	●	●	○	○	○	○	○	○	○	●	●
Drachenfisch, Petermännchen	○	○	○	○	●	●	●	●	○	○	○	○
Felchen (Renken, Kilch, Maränen)					●	●	●	●	○	○	○	
Flundern	○	○		○	○	○	○	○	○	●	●	●
Forellen, Regenbogen- und Cuttroat-Forellen						○	○	●	●	●	●	○
Garnelen			●	●	●	○	○	○	○	○		
Glattbutt, Scharbe	○	○		○	○	○	○	○	●	●	○	○
Hasel					●	●	●	○	○	○	○	○
Hausen					○	○	○	○	○	○	●	●

● = besonders schmackhaft   ○ = als Frischware im Handel

Fische, Schalen- und Krustentiere	Januar	Februar	März	April	Mai	Juni	Juli	August	September	Oktober	November	Dezember
Hecht	●				○	○	○	○	●	●	●	●
Heilbutt (schwarzer und weißer Heilbutt)	●	○	○	○	○	○	○	●	●	●	●	●
Hering	○	○	○	○	● Matjes	●	●	○	○	○	○	○
Heringshai, Seestör, Kalbfisch	○	○	○	○	○	○	○	○	○	●	●	●
Huchen					●	●	●	●	○	○	○	
Hummer	○	○	○	●	●	●	●	●	●	○	○	○
Karausche, Bauernkarpfen, Schuppenkarpfen, Wildkarpfen	○	○	○					○	○	○	●	●	●
Karpfen (Spiegel-, Schleier-, Leder-, Zeilen-, Aischgründer)	○	○	○	○					○	●	●	●
Katfisch (Seewolf, Steinbeißer, Loup marin)	○	○	○	○	○	○	○	●	●	●	●	○
Knurrhahn	○	○	○	○	○	○	●	●	●	●	●	○
Köhler, Seelachs	○	○	○	○	○	○	○	○	●	●	●	○
Königskrabbe	○	○	○	○	○	○	●	●	●	●	●	●
Krabben (Nordsee- u. Ostseekrabbe eigentl. Name Sandgarnele)	○	○	○					●	●	●	○	○
Krebse (Edelkrebs, Havelkrebs, amerikanischer Krebs, Sumpfkrebs)					●	●	○	○				
Krevetten (Tiefseegarnelen, Geißelgarnelen)				○	○	○	○	●	●	●	○	

● = besonders schmackhaft   ○ = als Frischware im Handel

Fische, Schalen- und Krustentiere	Januar	Februar	März	April	Mai	Juni	Juli	August	September	Oktober	November	Dezember
Kronenhummer (Granat) (Kaisergranat)	○	○	○	○	○	○	●	●	●	○	○	○
Lachs	●	●	●					●	●	●	●	○
Lachsforelle		●	●	●	●	○	○	○	●	●	○	
Languste	○	○	○	○	○	●	●	●	●	●	●	○
Maifisch, Alse, Finte	○	○	○	○	●	●	○	○	○	○	○	○
Makrele	○	○	○	○	●	●	●	○	○	○	○	○
Mies- und Pfahlmuscheln	●	●	●	○					○	●	●	●
Herzmuschel	●	●	●	○	○	○						
Pilger- oder Jakobsmuschel	●	●	●	○	○	○	○					
Pollack	○	○	○	○	○	○	○	○	●	●	●	○
Rochen	○	●	●	●	●	●	●	○	○	○	○	○
Rotbarbe, Meerbarbe	○	●	●	○	○	○	○	○	○	○	○	○
Rotbarsch	○	○	○	○	○	○	●	●	●	●	●	○
Rotzunge	○	○	○	○	○	○	○	○	●	●	●	○
St. Petersfisch, Heringskönig	○	○	●	●	●	●	○	○	○	○	○	○
Saibling	○	○	○	○	○	○	○	●	●	●		
Schellfisch	○	○	○	○	○	○	○	●	●	●	●	○
Schleie	●	○	○			○	○	○	●	●	●	●
Scholle	○	○	○	●	●	●	○	○	○	○	○	○
Schwarzreuther	●	○	○								●	●

● = besonders schmackhaft ○ = als Frischware im Handel

Fische, Schalen- und Krustentiere	Januar	Februar	März	April	Mai	Juni	Juli	August	September	Oktober	November	Dezember
Seehecht	○	○	○	○	○	○	●	●	●	○	○	○
Seeteufel	○	○	○	○	○	○	○	○	●	●	●	○
Seezunge	○	○	○	●	●	●	●	●	○	○	○	○
Steinbutt	●	●	○	○	○	○	○	○	○	●	●	●
Stör (Belugastör)				○	○	○	○	○	●	●		
Taschenkrebs	○	○	○	○	○	○	●	●	○	○	○	○
Thunfisch	○	○	○	○	○	○	○	○	●	●	●	○
Trüsche (Lotte), Aalrutte	○	○	○	○	○	○	●	●	●	●	●	●
Waller, Wels, Weller	○	○	○	○			○	○	●	●	●	●
Wittling, Merlan, Weißling	○	○	○	○	○	○	○	○	●	●	●	●
Wolfsbarsch (Loup de mer)	○	○	○	●	●	○	●	○	○	○	○	○
Wollhandkrabbe	○	○	○	○	○	●	●	●	○			○
Zander	○	○	○			○	○	○	●	●	●	●
Zobel, Zoppe (Bleiart)	○	○	○			○	○	●	●	●	○	○
Weichtiere												
Froschschenkel			○	○	●	●	●	○	○	○		
Weinbergschnecken	●	●	●	○						○	○	●

● = besonders schmackhaft   ○ = als Frischware im Handel

Früchte, Obst	Januar	Februar	März	April	Mai	Juni	Juli	August	September	Oktober	November	Dezember
Apfel	●	●	○	○	○	○	○	○	●	●	●	●
Apfelsine	●	●	●	○	○	○	○	○	○	○	●	●
Ananas	●	○	○	○	○	○	○	○	○	●	●	●
Aprikose					○	○	●	●	○			
Banane	●	●	●	●	●	○	○	●	●	●	●	●
Birne	○	○	○	○	○	○	○	●	●	●	●	○
Brombeere							○	●	●	○		
Erdbeere					●	●	○	○				
Feige						○	○	●	●	○		
Hagebutte									○	○	●	●
Haselnuß									○	●	○	
Heidelbeere						○	●	●	○			
Himbeere						○	○	●	○			
Holunder								○	●			
Johannisbeere						○	●	○				
Kirsche (Süßkirsche)					○	●	○					
Mandarine	●	●	●	○	○						○	○
Marone	○									○	●	●
Mispel							○	●	●	○		
Nektarine						○	○	●	●	○		

● = besonders schmackhaft   ○ = als Frischware im Handel

Früchte, Obst	Januar	Februar	März	April	Mai	Juni	Juli	August	September	Oktober	November	Dezember
Kiwi	○			○	●	●	○	○	○	○		
Pfirsich							○	●	●	○	○	
Pflaume							○	●	●	○		
Preiselbeere								○	●	○		
Quitte	○									●	●	○
Sanddorn								○	●	○		
Sauerkirsche						○	○	●	○			
Stachelbeere						○	●	○				
Schlehe										○	○	●
Walderdbeere						○	●	●	○			
Waldbrombeere								○	●	○		
Waldhimbeere							○	●	○			
Wachholder											●	○
Walnuß								○	●	○		
Weintraube								○	●	●	○	
Zwetschge								○	●	○		

● = besonders schmackhaft   ○ = als Frischware im Handel

Gemüse	Januar	Februar	März	April	Mai	Juni	Juli	August	September	Oktober	November	Dezember
Artischocken	○	○	●	●	●	●	○			○	○	○
Auberginen	○	○	○	○	●	●	●	●	○	○		
Bleichsellerie/Staudensellerie	○	○	○			○	○	○	○	○	○	○
Blumenkohl	○	○	●	●	○	○	●	●	●	●	○	○
Bohnen, grün*				○	○	○	●	●	●	○		
Broccoli/Spargelkohl	○	○	○	○	○					○	○	○
Chicorée	○	○	○	○						○	○	○
Endiviensalat/Eskariol	○	○	○	○					○	○	○	○
Erbsen, grün				○	○	●	●	●				
Feldsalat/Rapunzel*	○	○	○							●	●	○
Fenchelgemüse	○	○	○	○						○	○	○
Grünkohl	○	○	○	○						○	○	○
Gurken*	○	○	○	○	○	●	●	●	●	●	○	○
Kohlrabi*		○	○	○	●	●	●	○	○	○		
Kopfsalat*	○	○	●	●	●	●	●	●	●	○	○	○
Kürbis						○	○	●	●	●	○	
Meerrettich	●	●	○	○						○	●	●
Melonen					○	●	●	●	●	○		
Möhren	●	●	●	○	○	○	○	●	●	●	●	●

*auch aus Unterglaskulturen

● = Monate starker Angebote   ○ = Monate geringer Angebote

Gemüse	Januar	Februar	März	April	Mai	Juni	Juli	August	September	Oktober	November	Dezember
Paprikaschoten	○	○	○	○	○	○	○	●	●	●	○	○
Petersilie*	○	○	○	○	○	○	○	○	○	○	○	○
Porree/Lauch	○	○	○	○	○	○	○	●	●	●	○	○
Radieschen*			○	○	●	●	●	○	○	○		
Rettich*	○	○	○	●	●	●	●	●	○	○	○	○
Rhabarber			○	●	●	○	○	○	○	○		
Rosenkohl	●	●	○							○	●	●
Rote Bete/Rüben	●	●							○	●	●	●
Rotkohl	●	●	●	○				●	●	●	●	●
Schwarzwurzeln	○	○	○							○	○	○
Sellerieknollen	●	●	●	○					○	●	●	●
Spargel				○	●	●	●					
Spinat*	○	○	●	●	●	○	○	○	●	●	○	○
Steckrüben/Kohlrüben	●	●	○						○	●	●	●
Tomaten*	○	○	○	○	○	○	○	●	●	●	○	●
Weißkohl/Chinakohl	●	●	●	○	○	○	○	●	●	●	●	●
Wirsing	●	●	●	○	○	○	○	●	●	●	●	●
Zucchini/Courgettes				○	●	●	○					
Zwiebeln	●	●	●	●	●	○	○	●	●	●	●	●

*auch aus Unterglaskulturen

● = Monate starker Angebote   ○ = Monate geringer Angebote

Pilze	Januar	Februar	März	April	Mai	Juni	Juli	August	September	Oktober	November	Dezember
Austernseitling		○	●	●	○				○	○	○	○
Birkenpilz						○	●	●	○	○	○	
Butterpilz								○	●	○	○	
Egerling									●	○		
Feld- und Wiesenchampignon							○	●	●			
Frühjahrslorchel			○	●	○							
Grünling						○	●	●	○			
Hahnekamm							○	○	●	○		
Herbstlorchel								○	●			
Krause Glucke								○	○	●	○	
Maipilz					●	●	○					
Maronenröhrling							○	●	●			
Morchel					●	○						
Braune Trüffel Morcheltrüffel							○	○	●	○		
Pfifferling							○	●	○	○		
Parasol						○	○	●	○			
Steinpilz						○	○	●	○			
Trüffel	○	○	○	○						○	●	●

● = besonders schmackhaft   ○ = als Frischware im Handel

Richtlinien für das Schreiben von Speise- und Menükarten in französischer Sprache

Bezüglich der Groß- und Kleinschreibung sind nachstehende Richtlinien zu beachten.

Groß schreibt man:
1. Alle Wörter nach einem Punkt, Ausrufungs- oder Fragezeichen.
2. Alle Personennamen, wie z. B. Bœuf Stroganoff – Crème Dubarry – Tournedos Rossini – Pêche Melba.
3. Alle Orts- oder Landschaftsbezeichnungen, z. B. Quiche Lorraine – Spaghetti Milanaise – Potage Saint-Germaine – Gnocchis Romaine – Fondue Bourguignonne – Bouillabaisse Marseillaise.

Klein schreibt man:
Alle Wörter, auch die Hauptwörter, sofern sie nicht nach einer der vorhergehenden Regeln groß geschrieben werden.

Schreibweise der Eigenschaftswörter:
Entrée chaude – Entremets sucré chaud – Salade verte – Saumon froid – Potage clair.

Schreibweise der Mittelwörter der Vergangenheit:
Bœuf braisé – Bœuf bouilli – Salade mêlée – Sandre grillée – Carpe panée – Sôle pochée.

Schreibweise der Hauptwörter, die ein Behältnis, Umhüllung oder Zubereitungsart benennen:
Huîtres en gelée – Jambon en croûte – Ragout fin en coquille – Tête de veau en tortue – Oeuf en cocotte – Pomme en robe de chambre – Gnocchi au gratin – Pommes au bouillon.

Schreibweise der Artikel, Bindewörter und Vorwörter:
à – à la – à l' – de – d' – sur – en – au – aux.

Das Adjektiv (Eigenschaftswort):
Das Adjektiv (Eigenschaftswort) steht in der französischen Sprache meistens, jedoch nicht immer, hinter dem Substantiv (Hauptwort).
Die Adjektive (Eigenschaftswörter) stehen immer dann hinter dem Substantiv (Hauptwort), wenn sie ein unterscheidendes Merkmal bezeichnen und darum stärker betont werden müssen.

Beispiel:
Merlan frit, œufs mollets Bordelaise, sauce Hollandaise, sauce Béarnaise, sauce Choron, sauce mousseline.

Es gibt feste Gruppen von Adjektiven (Eigenschaftswörtern), die immer hinter dem Substantiv (Hauptwort) stehen, weil sie der Auffassung nach, mit den Sinnen wahrzunehmende Eigenschaften bezeichnen.

Beispiel: Farben
Salade verte, Chou rouge, pain blanc, vin blanc.

Beispiel: (Nationalitäten und Konfessionen)
Sauce Allemande, Chou-fleur à la polonaise, œufs à la russe, potage d'Italie, fromage de Hollande, L'église protestange, un livre français.

Die Adjektive (Eigenschaftswörter) stehen immer dann vor dem Substantiv (Hauptwort), wenn sie kein unterscheidendes Merkmal bezeichnen sollen.

Beispiel:
Petits bois, Poire belle Hélène, à la grand Duc, à la grand veneur, petit déjeuner, mauvais temps.

Die Präposition:
Die Präposition „à" wird mit dem jeweiligen Artikel im Sinne des deutschen „mit" gebraucht, wenn es sich hierbei auf einen wesentlichen Bestandteil bezieht, der einer Speise den Geschmack, den Charakter oder die Eigenart verleiht.
Dementsprechend bezeichnet der Infinitiv mit „a" auch Ziel, Zweck und Bestimmung.
Die grammatikalischen Regeln hinsichtlich der Übereinstimmung von Geschlecht und Zahl sind hierbei genau zu beachten, wie es aus den nachstehenden Beispielen ersichtlich ist.

Beispiel:
Omelette au jambon – Pommes au beurre – Pommes au four – Consommé aux diablotins – Consommé à la reine – Consommé à la mœlle – Gâteau aux fraises – Beignets soufflés au fromage – Omelette aux champignons – Consommé aux profiteroles – Chou-fleur au gratin – Potage aux huîtres.

Das "à" wird im französischen Sprachgebrauch auch für entsprechende Bezeichnungen verwendet, die auf die Beschaffenheit einer Speise hinweisen, wie etwa: Truite au bleu – Pâte à choux – Dessert au choix (Forelle blau, Brandteig, Dessert nach Wahl).

Die Anwendung mit „à la":
Für den deutschen Begriff nach Art des, oder auf Art, wird im Französischen häufig die Verbindung „à la" als Abkürzung für „à la manière de" angewendet.
Dies ist jedoch nur dann richtig, wenn es sich um eine Zubereitungsart handelt, die nicht zu Ehren einer berühmten Persönlichkeit als Bezeichnung der Garnitur oder der Rezeptur angewendet wird.

Beispiel:
Poire belle Hélène	nicht	à la belle Hélène
Pêche Melba	nicht	à la Melba
Bœuf Stroganoff	nicht	à la Stroganoff

Beispiele weiterer richtiger Schreibweisen:
Gigot de mouton à la boulanger – Côtelette de mouton à la paysanne – Poulet grain à la châtelaine – Tête de veau à la vinaigrette – Sôle à la Florentine.

So schreibt man „à la" immer dann, wenn danach ein Konsonant folgt.
à la reine – à la Milanaise – à la Florentine – à la jardinère – à la zingara.

„à l'" schreibt man, wenn danach ein Vokal folgt.

Beispiel:
à l'Anglaise – à l'Alsacienne – à l'Américaine – à l'opera – à l'Espagnole.

Anwendung von Artikeln und Vorwörtern:

Beispiel für „de"
Das „de" wird bei der Übersetzung deutscher Wortverbindungen angewendet, wenn es mit „aus" und „von" auf den Rohstoff bezogen ist, aus welchem die Speise hergestellt wurde.
Pâte de foie gras – Mayonnaise de homard – Cocktail d'ecrevisses – Steak de veau.

Beispiel für „de"
Außerdem wird die Herkunft einer Speise angegeben.
Homard de Helgoland – Poularde de Bruxelles – Pintade de Styrie – Salade de saison – Truite de la Foret Noire – Fromage de Hollande.

Beispiel für „d'" und „de"
Ähnlich wie bei „à la" und „à l'", verhält es sich auch mit dem Artikel „de", der vor Konsonanten „de" und vor Vokalen nur als „d'" geschrieben wird.

– de –
Escalope de veau – Compote de pèches – Salade de tomates – Ris de veau – Côtelette de porc – blanquette de veau – cochon de lait.

– d' –
Cotelettes d'agneau – Pointes d'asperges – Huîtres d'Ostende – Fonds d'artichauts – Liqueur d'anisette – hors-d'œuvre.

Beispiel für „en":
Das „en" wird angewendet, um ein Behältnis oder eine Umhüllung anzugeben.
Tête de veau en tortue – Oeuf en cocotte – Ragout fin en coquille – Pommes en robe de chambre – Cervelle de veau en Orly.

Eine unbestimmte Menge oder Anzahl, die im Deutschen durch den Stoff- oder Gattungsnamen ausgedrückt wird, muß im Französischen durch „de" mit dem bestimmten Artikel bezeichnet werden.
Dabei verbindet sich de mit le zu „du" und de mit les zu „des".

Beispiel:
Saumon du Rhin – Féra du Lac de Constance – Vin du Rhin – Poulet du pays – Côtes du Rhone – Château neuf du Pape.

Das Französische unterscheidet im Sprachgebrauch am Substantiv nur zwei Geschlechter, demnach gibt es in der Einzahl nur zwei Formen des bestimmten Artikels, nämlich „le" und „la".

Femenin (Weiblich)	= „la"
Maskulin (Männlich)	= „le"
Vor vokalischen Anlauten	= wird beides gleichmäßig mit „l'" geschrieben.

Im Zusammenhang mit der Speisekartenübersetzung ist es wichtig für uns zu wissen, daß die jeweiligen Endsilben der Adjektive und Mittelwörter bei vorausgegangenem
weiblichen Substantiv (Femenin) mit „ée" und beim
männlichen Substantiv (Maskulin) mit „é" enden.

Beispiel femenin:
Côtelette grillée – Anguille fumée – Cervelle de veau sautée – Carpe panée – Salade mêlée – Glace panachée – Sôle pochée –

aber auch: Sandre bouillie – Langue de bœuf bouillie – Choucroute garnie – Selle de porc rôtie – Sôle frite.

Beispiel maskulin:
Saumon grillé – Gigot de mouton braisé – Foie de veau sauté – Ris de veau sauté – Hareng mariné – Maquereau grillé –

aber auch: Turbot bouilli – Carré de mouton rôti – Cochon de lait rôti – Bœuf bouilli – Brochet frit – Hareng frit – Ris de veau frit.

Beispiel im Plural (Mehrzahl) weiblich:
Pommes soufflées – Pommes rissolées – Oeufs brouillées.

Beispiel im Plural (Mehrzahl) männlich:
Anchois panés – Rognons des veau sautés – Marrons glacés – Scampi frits – Anchois frits.

Hat der bestimmte Artikel im Plural nur die Form les, so erhält das Substantiv gewöhnlich als Plural nur ein „s" in der Endung eines Wortes, das aber außer in der Bindung nicht gesprochen wird.
Endet ein Singular mit „s" oder „z", so ist der Plural gleich dem Singular.
Ein „x" anstatt ein „s" erhalten im Plural die Substantive, die mit „au" oder „eu" enden. Dabei verwandelt sich das „l" in den Endsilben in „u".

Beispiel:
le cheval – in les chevaux.

Beispiel für eine Menü-Übersetzung
(Dieses Menü wurde bei einem gastronomischen Wettbewerb gekocht, wo die regionale Küche als Aufgabe gestellt war)

Festmenü	*Gala Menue*	*Souper*
Reichenauer Salatschüssel mit warmen Kalbsbriesstreifen	A bowl of Reichenau salad, served with juliennen of warm calves sweetbreads	Crudités à la Reichenau avec tranches de riz de veau chaud
Festtagssuppe Dreiländereck	Three Country Corner celebration soup	Consommé aux nogues aux trois pays du Lac de Constance
Bodenseefelchenfilet Bregenzer Art, Ofenkartoffeln mit Sauerrahm und Dillspitzen	Lake Constance fillet of trout, Bregenz style, baked jacket potatoes with sour cream and dill	Filet de féra à la Bregenz, pommes au four à la crème fraîche et pointes d'aneth
Rehrücken Lindauer Art, Steinpilze in Kräutersoße, Broccoli und Blumenkohl, grüne und weiße Spätzle	Saddle of venison, Lindau style, cèpes in a creamy herb sauce, broccoli and cauliflower, green and white home made noodles	Selle de chevreuil à la Lindau, cèpes à la crème aux fines herbes, broccolis et chou-fleur au beurre, pâtes vertes et blanches
Schwäbischer Bratapfel mit Vanilletunke	Swabian baked apple with vanilla sauce	Pommes cuites à la Suabe au sauce vanille

Beispiel für ein Menü der nouvelle cuisine

Elsässer Restaurant · Café
Hallenbad, Sauna, Bar, Lift

Unser Abendmenü

Amuse ~ Gueulles

Tatar von frischem Lachs

Klare Steinpilzsuppe

Wirsingblatt gefüllt mit Kalbsbries

Melonengranité

Barbarie ~ Entenbrust
~ rosa gebraten ~
mit kleinem Gemüse und Nußkartoffeln

Dialog von Früchten

Beispiel für eine regionale Speisekarte

Schwäbische Zeita

Au Schwoba hond a Ess-Kultur, und dia solltet ma hochhalta!

Magsch Mosch?

1/2 ltr. im Kriagle
1/4 ltr. im Henkele

Zerscht a Vorspeis

1/2 Dutzend Schnecka
mit Lauch-Buttersauce

Froschschenkela
in Butter hrota mit Weißbrot

Suppa = Tepfle = urig guat

Maultascha *in dr Brüa*

Linsasupp *mit Saitawürstle*

Läberknedel *in dr Supp*

Salat

kasch au hon – bsonders guata

An kloiner koscht zwoi Mark

Für dr große wellet mr vierluftzig
(von dem alles scho kasch satt werra)

Für d' Kinder

deshalb mei bis sechs Johr an
Teller Schpätzle und Soß extra
des koscht nix

Fisch

Felcha *sind bsonders guat sa wern mit sa mach's mit Butter, Kräuter und Tomata, drzua an Reis*

Denn echtes Schwäbischs

Moschtkraut
mit Buabaschpitz

Maultascha
gschmelzt mit Salat

Linsaeitopf
mit Schpätzle und Saita

Läber- und Speckknedel
auf Moschtkraut

Kässchpätzle
mit Reschzwiebel und Salat

Schpinatrahmspätzle
mit Schinka und Kas aberbacka

Kuttla *und Buabaschpitz*

Ab und zua muascht au Floisch essa

Grauchter Schweinshals
mager – auf Moschtkraut
mit Buabaschpitz

Schwoba-Schpieß *auf Schpätzle,*
mit Kas überbacka,
mit feiner Mißsoß

Kutschergulasch *mit Gurka,*
und drzua Schpeckknedel

Allgäuer Floischkiachla *mit Kussoß*
auf Schpindsschpätzle

Schwäbische Rahmschnitzel
auf Schpätzle

Schweinsschnitzel *ganz mager*
in Pfefferrahm
auf Schpindsschpätzle

A schwäbischs Leckerle:
Zwiebelroschtbrota
mit Kässchpätzle

A Brotzeit gibts au

Rota und weißa Preßsack,
aguachta mit Essig und Öl

Wurschtsalat

Vescherteller *mit an Huete quata*
Saita und an Schnapsle

Auf di andera Kart schriebt ma no ebbas

Ebbas Süaßes für Schleckhasa

Versoffene Jungfre *(Moschtkiachla)*
in Zimt und Zucker dreht

desgleiche
und no a Vanilleis drzua

Buabaschpitz
mit Zimtzucker und Apfelmus

Buabaschpitz, Versoffene Jungfre,
Walnüsse und Sahne

Des Geld für d' Bedienung und de ganze Schteura isch in de Preis scho drinn

Menübeispiele für leichte Vollkost

Nachfolgende Menüs eignen sich besonders bei Erkrankungen von Herz-Kreislauf, Bluthochdruck und bei Fettstoffwechselstörungen. Voraussetzung ist die Verwendung von Fetten mit mehrfach ungesättigten Fettsäuren und eine starke Einsparung von Kochsalz und natriumhaltigen Lebensmitteln.
Die links stehenden Menüs sind für die Mittagskarte geeignet, während die Beispiele auf der rechten Seite noch kalorienärmer und leichter gehalten, abends angeboten werden sollten. Empfohlen wird eine Nährwertberechnung nach den Richtlinien der DGE (∅ 2100 kJ / 500 kcal pro Hauptmahlzeit).

Bodenseefischcocktail mit grünen Bohnen, Tomaten- und Zucchiniwürfeln	Rohkostteller mit mildem Sauerkraut, Äpfeln, Karotten und Salatgurken
—	—
Rinderschmorbraten, mit Zuckermais gefüllte Tomate auf Blattspinat, Bäckerinkartoffeln	Mageres Sülzkotelette, Bratkartoffeln (gut geröstet mit wenig Fett), Radieschen und Tomatenecken auf Bachkresse
—	—
Apfelkompott	Apfelsine
***	***
Karotten-Apfel-Rohkost im Kressenest	Geflügelsalat mit rosaroten Grapefruitspalten und frischem Mango
—	—
Rinderfiletsteak vom Rost, klare Jus mit frischen Kräutern, Prinzeßbohnen in der Lauchschleife, kleine Folienkartoffel	Fisch-Gemüse-Auflauf, Tomatensoße, Ackersalat
—	—
Obstsalat	Vanilleeiskugel mit heißen Sauerkirschen
***	****
Mit Kräuterquark gefüllte Tomate auf Salatblatt	Hauskaninchengalantine, Quittensoße, Apfel-Rettich-Salat mit Blutorangenfilets
—	—
Mageres Schweinerückensteak vom Grill, Zucchinis, Brokkoli und Blumenkohlröschen, überbackene Kartoffeln	Rehkotelette in grüner Pfeffersoße, Champignonsköpfe, Rosenkohl, Kartoffeltaler
—	—
Vanillecreme mit frischen Erdbeeren	Joghurt mit Fruchtcocktail

Menübeispiele für leichte Vollkost

Spargelspitzen mit Wachtelei
in Vinaigrettesoße

—

Gefüllte Rindsroulade,
Rosenkohl, Pariser Karotten,
Kartoffelbällchen

—

Orangenpfanneküchlein
mit heißen Himbeeren

***

Geflügelsalat mit Gemüsewürfeln

—

Pochierte Zanderschnitte
auf Lauchstreifen,
gedünstete Gurken im Fenchellöffel,
Schloßkartoffeln

—

Kleine Grießflammerie
mit Brombeermark und Apfelspalten

2/2 gefüllte Eier auf Gemüsesalat

—

Kalter Braten von Rind, Schwein
und Kalb
(sehr mager)
Tatarensoße von Quark
und Magerjoghurt

—

Dialog von Früchten

***

Roastbeefröllchen mit Quarkremoulade,
Vollkornbrot

—

Kopfsalatherzen Mimosa,
mit warmen Kalbsleberstreifen umlegt

—

Ofenfrischer Apfelstrudel mit Vanilletunke

Menübeispiele für Reduktionskost

Allgemeine Richtlinien:
Einschränkung von Fett. Alle Gerichte kohlenhydratreduziert. Keinen Zucker, keinen Honig. Vermeidung von feinen Mehlen. **Alle Gerichte mit Nährwertberechnung.**
Besonders beachten:
Viel Ballaststoffe geben, auf den Sättigungswert achten. Nicht in Fett braten, fritieren oder panieren. Süßstoff statt Zucker verwenden. Kleine Portionen so anrichten, daß sie optisch groß wirken. Verboten sind: Alkohol, Sahne, Vollmilch, gesüßte Limonaden, Bier, süßes Gebäck, Teigwaren in größeren Portionen, Honig, Zucker, Marmelade, Weintrauben, Ananas, Trockenobst und Fett.

Joghurtcocktail mit Zucchiniwürfeln,
Tomaten und Chicoree

—

Gekochte Tafelspitze,
Frankfurter grüne Soße,
tournierte Karotten,
Würfelkartoffeln,
Eisbergsalat mit Rettichstreifen

—

Birnenquark mit Erdbeermark

***

Apfel-Sellerie-Salat

—

Gedünstetes Schellfischfilet
auf Ratatouille,
Schloßkartoffeln mit Dillspitzen,
Kürbisstücke, süßsauer

—

Fruchtcocktail

***

Geräuchertes Forellenfilet
Apfel-Quark-Meerrettich

—

Truthahnroulade im Mangoldblatt,
Gurken-, Tomatengemüse
im Fenchellöffel,
Safranreis

—

Rote Grütze

1/2 Grapefruit

—

Kalbfleischsülze, Corned Beef
und kaltes Geflügel – mager,
mit angemachtem Gervais gefüllte
Tomate,
Endiviensalat,
Knäckebrot mit Halbfettmargarine

—

Frischer Pfirsich

***

Joghurt mit Früchten

—

Roastbeeflöllchen mit Spargel gefüllt,
Gemüsesalat auf italienische Art,
Vollkorntoast

—

Käsewürfel mit Rettichspirale
und kleiner Cocktailbrezel

—

Tafelobst nach Wahl
(Äpfel, Birnen, Pfirsiche, Orangen,
Mandarinen, Kirschen, Erdbeeren
und Aprikosen)

***

Rindfleischsalat

—

Kalbsmedaillons vom Grill,
Blumenkohl, Brokkoli,
glasierte Teltower Rübchen und Karotten,
Herzoginkartoffeln

—

Mousse von weißer und brauner
Schokolade auf Fruchtmarkspiegel
(Schokoladenschaum mit geschlagenem
Eiklar hergestellt)

Menübeispiele für Reduktionskost

Tomatensaft

Kalbfleischwürfel in Kräutersoße,
breite Nudeln auf Gemüsestreifen,
bunter Salatteller

Apfelkompott

***

Wassermelone

Kleine Tasse klare Tomatensuppe mit
Basilikumeierstich

Mageres Jungschweinkotelett, gebraten,
Brokkoli und Blumenkohlröschen,
Petersilienkartoffeln

Fruchtgelee mit Quarktupfen

***

Kalbschwanzsuppe

Rostbraten Esterhazy,
Rosenkohl,
Annakartoffeln,

Buttermilchspeise mit Heidelbeeren

Pikanter Salatcocktail mit Spargelspitzen

Geflügelkraftbrühe
mit kleinen Quarknockerln

Rinderhacksteak mit Kräuterrührei,
extrafeine Erbsen, Pariser Karotten,
Keniaböhnchen und Kohlrabi,
Kartoffelplätzchen

Joghurtcreme mit frischen Erdbeeren

***

Tomatensaft

Schollenröllchen
auf bunten Paprikastreifen, Kräutersoße,
Fenchelrisotto, Radicchiosalat
mit Joghurtmarinade
und Grapefruitfilets

Bayerische Crem mit Walderdbeeren

***

Eierflöckchensuppe
mit Sauerampferstreifen

Mild gepökeltes Kasseler Rippchen auf
Sauerkraut, Kartoffelschnee mit frischen
Gartenkräutern, Salatherzen mit
Radieschen in Kressedressing

Orangencreme

Fachpraktischer Teil

einer
IHK-Lehrabschlussprüfung als
Koch/Köchin

Allgemeine Vorgaben
Es gibt zwar abweichende allgemeine Vorgaben für die Durchführung der praktischen Prüfung, aber überwiegend gilt folgendes:
Etwa 4 Wochen vor dem Termin der praktischen Prüfung wird dem Prüfling von der IHK mitgeteilt, welche Waren unbedingt zu verarbeiten sind – Pflichtwareneinsatz – und welche Waren er dazu aus einem Warenkorb frei auswählen kann.
Noch rechtzeitig vor dem Prüfungstermin stellt der Prüfling nach diesen Vorgaben ein Menü zusammen und schickt das einschließlich einer auch mengenmäßig genauen Anforderung aus dem Warenkorb zurück. Am Prüfungstag werden dann alle Waren bereitgestellt.
Es stehen maximal 5 Stunden für die Fertigstellung des Menü zur Verfügung.

Aufgabe 1
Erstellen Sie ein 3-Gang-Menü nach den klassischen Menüregeln für 10 Personen. Als Pflichtwareneinsatz dafür wird vorgegeben:

Spargel, Kalbshaxe, frische Erdbeeren

Diese Waren sollen jeweils in den 3 Gängen deutlich erkennbar sein. Weitere benötigte Waren können aus dem nachfolgenden Warenkorb ausgewählt werden. Die jeweilige Zubereitungsart kann der Prüfling selbst bestimmen.
Kleine Ergänzungen/Garnierungen dürfen von den Prüflingen mitgebracht werden. Diese müssen dem Prüfungsausschuss vor Beginn der Prüfung gezeigt werden.
Der gesamte Warenwert sollte 60,– Euro nicht überschreiten.

Aufgabe 2
Für das gesamte Menü ist eine Warenanforderung zu erstellen.

Aufgabe 3
Kochen Sie das Menü und richten entsprechend den Vorgaben des Prüfungssauschusses an.

Warenkorb

Wein, Spirituosen
Rotwein, Weißwein,
Portwein, Weinessig,
Rum, Grand Maranier,
Maraschino, Calvados,
Himbeergeist,
Weinbrand, Armagnac,
Weizenbier.

Fleisch
Schweinenetz,
Räucherspeck, grüner Speck,
Schinken,
Kalbsknochen,
schieres Kalbsfleisch,
schieres Schweinefleisch,
Klärfleisch (Rindswade)
Kalbsbrät,
Kalbshaxe.

Früchte, Obst, Gemüse
Himbeeren, Preiselbeeren,
Erdbeeren, Heidelbeeren,
Zitronen, Orangen,
Äpfel, Birnen,
Blattsalate der Saison,
fest und mehlig kochende
Kartoffeln, Zwiebeln,
Schalotten, Lauch,
Karotten, Sellerie,
Kohlrabi, Pak-Choi,
grüne Bohnen,
Brokkoli, Blumenkohl,
Spargel, grün und weiß,
Champignons, Steinpilze,
Fleisch- und Cocktailtomaten,
Knoblauch, Kräuter,
Schnittlauch.

Nährmittel
Reis, Wildreis, Grieß,
Semmelbrösel,
Speisestärke,
Weißbrot, Brötchen,
Vollkornbrot, Toastbrot.

Gewürzsortiment
Übliche Auswahl vom Gewürzbord,
Salz, Pfeffer, Muskat usw.

Fette
Butter, Öl, Bratfett,
Frittierfett, Schweineschmalz.

Milch und Milcherzeugnisse
Milch, Joghurt, Crème fraîche,
Reibkäse, Quark, Sahne,
Sauerrahm.

Patisseriebedarf
Hefe, Backpulver,
Mehl Typ 405,
Kristall- und Puderzucker,
brauner Zucker,
bittere Schokolade,
Kakao, Marzipan,
Vollmilchkuvertüre,
Gelatine, Ziehmargarine,
Vanilleschote,
Himbeer-, Kirsch- und
Orangenmarmelade,
Pistatien, Rosinen,
Mandeln, gehobelt,
Mandelblätter und -stifte,
Haselnüsse, Walnüsse,
Eier, löslicher Kaffee,
Honig, Ahornsirup, Mohn.

Menü

Spargelcremesuppe

***

Kalbshaxe, gebraten, auf Gärtnerinart,
Weißbiersoße,
grüner und weißer Spargel mit Sc. hollandaise,
Blumenkohlröschen auf polnische Art, glasierte Karotten, Grilltomate,
gedünstete Frühlingszwiebeln, Bohnenbündel, Brokkoli mit Nussbutter,
Herzoginkartoffeln

***

Bayerische Creme mit Erdbeeren

Anmerkung In der Spargelsaison sind Wiederholungen von zwei Speisefolgen mit Spargel üblich und auch fachlich korrekt.

Warenanforderung für 10 Personen

Zutaten für die Suppe auf Veloutèbasis:
- 2 ¼ l   Spargelfond
- 80 g   Butter für die helle Schwitze (roux blanc)
- 40 g   Butter zum Aufmontieren der Suppe
- 120 g   Mehl Type 405
- 350 g   Spargelabschnitte für die Einlage
- 2 Stück   Eidotter
- ¼ l   Sahne
- 80 g   gebutterte Röstbrotcroutons
- 20 g   Schnittlauch
- Salz, kleine Prise Zucker, Muskat.

Oder

Zutaten für die Suppe auf Bechamelbasis:
- 1 ½ l   Milch
- 1 l   Spargelfond
- 200 g   Spargelabschnitte für die Einlage
- 200 g   Spargelabschnitte für die Spargelbrunoise
- 80 g   Butter für die helle Schwitze (roux blanc)
- 40 g   Butter zum Aufmontieren der Suppe
- 120 g   Mehl Type 405
- 2 Stück   Eidotter
- ¼ l   Sahne
- 20 g   Schnittlauch
- 80 g   gebutterte Röstbrotwürfel
- Salz, Prise Zucker, Muskat.

Zutaten für den Hauptgang – Kalbshaxe auf Gärtnerinart:

- 1 bis 4 Stück Kalbshaxen – je nach Größe und Ausbeinschnitt (Knochenanteil) (ca. 2,5 kg Fleischanteil erforderlich)
- 50 g Bratfett
- 1 ¼ l Kalbsfond zum Aufgießen
- ¼ l Weißwein
- 1 Flasche Weizenbier
- ¼ l Sahne
- 250 g Mirepoix (Röstgemüse – Zwiebeln, Karotten, Sellerie)
- 250 g Champignons für Soßeneinlage
- 50 g Tomatenmark
- Salz, Pfeffer, Paprika, Oregano, Basilikum, Thymian, Knoblauch.

Zutaten für die Ergänzungsbeilagen:

- 1 kg weißer Spargel, 1 kg grüner Spargel
- 1 mittelgroßer Kopf Blumenkohl
- 200 g grüne Bohnen (Prinzess- oder Nadelbohnen)
- 350 g junge Karotten
- 300 g Brokkoli
- 20 Stück Babyzwiebel mit Lauch
- 10 Stück kleine Tomaten (für Grilltomaten)
- 110 g Butter für Gemüsezubereitungen
- 50 g Butter für die Bröselbutter zum Blumenkohl
- 30 g Semmelbrösel
- 30 g Butter für die Nussbutter zum Brokkoli
- 20 g gehobelte Haselnüsse
- 100 g Reibkäse für die Grilltomaten
- 10 Stück dünne, knorpelfreie Magerspeckstreifen für die Bohnenbündelchen
- Salz, Zucker, Pfeffer, Bohnenkraut, Knoblauch.

Zutaten für die Sättigungsbeilage:

- 1,5 kg Kartoffeln
- 3 Stück Eigelb
- 5 cl Milch
- 100 g Butter
- Salz, Muskat, Kümmel.

Zutaten für die Sc. hollandaise:

- 250 g Butter
- 3 Stück Eigelb
- Saft von ¼ Zitrone
- Salz und einen Hauch Cayenne.

Zutaten für die Reduktion zur Hollandaiseherstellung:

- 2 cl milden Weinessig
- 1 cl Wasser
- 60 g Schalotten
- 10 zerdrückte Pfefferkörner
- ½ Lorbeerblatt, Petersilienstiele, Kerbel, 1 Liebstöckel- und Sellerieblättchen.

Zutaten für den Nachtisch – Bayerische Creme:

- 3 dl Vollmilch
- 1 Vanilleschote
- 5 Stück Eidotter
- 2 dl Schlagsahne für das Appareil
- 1 dl Schlagsahne zum Ausgarnieren
- 5–6 Blatt Gelatine
- 80 g Zucker
- 200 g frische Erdbeeren.

Die nachfolgenden Angaben sind nur Hinweise – es sind keine schriftlichen Ausarbeitungen zur Prüfung erforderlich.

Arbeitsablaufplan

1. Mise en place.
2. Rezepturen mit der Warenanforderung vergleichen.
3. Kalbshaxen würzen, rundherum anbraten.
4. Tomatenmark mit anrösten und mit Weißwein ablöschen.
5. Mit Fond aufgießen und im Ofen schmoren lassen.
6. Bayerische Creme herstellen und kaltstellen.
7. Kartoffeln waschen und mit Kümmel und Salz kalt ansetzen.
8. Kalbshaxen wenden und in Zeitabschnitten immer wieder abwechselnd mit Fond und mit Bier übergießen.
9. Spargel schälen und mit den Schalen einen Fond ansetzen.
10. Suppe herstellen und im Bain marie servierbereit halten.
11. Alle Gemüse waschen, schälen und kochfertig vorbereiten.
12. Kartoffeln abgießen, ausdampfen lassen, ganz kurz kalt abschrecken, pellen, durch die Kartoffelpresse drücken und die Masse nochmals ausdampfen lassen.
13. Kartoffelmasse würzen, abschmecken, Butter und 2 Eigelb einarbeiten und die fertige Masse in einen Spritzbeutel mit großer Sterntülle einfüllen.
14. Auf ein gefettetes Blech hochgezogene Spiralen aufdressieren und mit Eigelb bestreichen.
15. Die Kalbshaxen aus dem Ofen nehmen und bei mäßiger Hitze zum Entspannen warmstellen.
16. Die Bratensoße passieren, würzen, abschmecken und mit Sauerrahm oder Sahne vollenden.
17. Die vorbereiteten Gemüse garen und servierbereit halten.
18. Die Pilze mit einem Tuch gründlich reinigen, schneiden, nur kurz in Butter ansautieren und in die Soße geben.
19. Das Blech mit den Herzoginkartoffeln ca. 10 bis 12 Minuten bei mittlerer Hitze ins Backrohr geben.
20. Kalbshaxen tranchieren, wieder in die Ursprungsform auf den Knochen zurücksetzen, mit etwas Bratfond betreufeln und im Salamander knusprig anziehen und Farbe nehmen lassen.
21. Sauce hollandaise aufschlagen, Bröselbutter für Garnitur polnisch und Nussbutter herstellen.
22. Inzwischen die Gemüse bukettförmig auf einer Platte so anrichten, dass der Platz für die Haxe frei bleibt. Zum Schluss das Gemüse leicht anbuttern (mit dem Butterpinsel).

23. Herzoginkartoffeln extra auf eine plate russe anrichten oder dekorativ so auf der Gemüseplatte anordnen, dass sie nicht direkt mit den Gemüsen in Berührung kommen, damit sie keine Feuchtigkeit ziehen können.
24. Fleisch optisch eindrucksvoll in die Mitte der Gemüse legen und die Platte herausgeben.
25. Soße zur Kalbshaxe und zum Spargel à part reichen.
26. Die Bayerische Creme anrichten und ausgarnieren.

Detaillierte Zuordnung der Arbeitsschritte für die einzelnen Gänge

Arbeitsschritte für die Suppe auf Veloutébasis:
1. Mise en place – alle Zutaten und Arbeitsmittel bereitstellen.
2. Die Hälfte der Spargelabschnitte für die Einlage zuschneiden und ca. 18 Minuten abkochen.
3. Die zweite Hälfte der Spargelabschnitte in brunoise schneiden, mit 80 g Butter anschwitzen, mit Mehl bestäuben und eine leichte, helle Schwitze herstellen.
4. Die Schwitze erkalten lassen und mit heißem Spargelfond aufgießen (oder zum Aufgießen kalten Spargelfond verwenden).
5. Den Suppenansatz gut umrühren und bei schwacher Hitze aufkochen lassen.
6. Die Suppe passieren und mit 1 dl Sahne und Eigelb legieren.
7. Suppe mit der restlichen Sahne noch einmal luftig aufmontieren, würzen und abschmecken.
8. Spargelabschnitte kurz erwärmen und als Einlage in die Suppentassen verteilen.
9. Suppe in die Tassen einschöpfen, mit Schnittlauch überstreuen und Röstbrotwürfel auf die Suppe geben.

Arbeitsschritte für die Suppe auf Bechamelbasis:
1. Mise en place – alle Zutaten und Arbeitsmittel bereitstellen.
2. Die Hälfte der Spargelabschnitte für die Einlage zuschneiden und ca. 18 Minuten abkochen.
3. Die andere Hälfte der Spargelabschnitte in brunoise schneiden, mit 80 g Butter angehen lassen, mit Mehl bestäuben und so eine helle Spargelschwitze herstellen.
4. Mit Milch und Spargelfond aufgießen, einmal aufkochen lassen, mit dem Rührstab fein pürieren und durch ein Sieb passieren.
5. Alle weiteren Arbeitsgänge sind gleich, wie bei der vorher beschriebenen Spargelsuppe auf Veloutébasis.
6. Zum Schluss Suppe in die Tassen einschöpfen, mit Schnittlauch überstreuen und Röstbrotwürfel auf die Suppe geben.

Arbeitsschritte für den Hauptgang:
1. Mise en place.
2. Rezepturen mit der Warenforderung vergleichen und bis zur Weiterverarbeitung versorgen.
3. Kalbshaxen waschen, abtrocknen, würzen und rundherum anbraten.
4. Mirepoix (Röstgemüse) hinzugeben und mit anrösten.
5. Tomatenmark beigeben, mit anrösten, mit Weißwein ablöschen, mit Fond aufgießen und im Ofen schmoren lassen.
6. In Zeitabständen mit Weizenbier übergießen und die Haxen immer wieder wenden, damit sie durch die Oberhitze glacieren.
7. Kartoffeln waschen und mit Kümmel und Salz kalt ansetzen.
8. Kartoffeln abgießen und ausdampfen lassen.
9. Tomaten waschen, Stielansatz herausschneiden, oben einen Kreuzschnitt anbringen, auseinanderdrücken und innen würzen.

10. Alle Gemüse waschen, schälen und kochfertig vorbereiten.
11. Ausgedampfte Kartoffeln durch die Kartoffelpresse drücken und die Masse nochmals ausdampfen lassen.
12. Blumenkohl, Brokkoli und grüne Bohnen à l'dente abkochen, kalt abschrecken und Brokkoli und Blumenkohl wieder in seinem Fond erhitzen und bis zum Anrichten kurz warmhalten.
13. Die Bohnen nachwürzen, in dünn und gleichmäßig zugeschnittene Speckstreifen walzenförmig einrollen, auf ein Blech oder in eine Kasserole setzen und mit ausreichender Oberhitze erhitzen, dabei so wenden, dass der Speck rundherum anzieht und knusprig wird.
14. Die ausgedampfte Kartoffelmasse würzen, abschmecken, Butter und 2 Eigelb einarbeiten, die fertige Masse in einen Spritzbeutel mit großer Sterntülle einfüllen, auf ein gefettetes Blech in hochgezogener Spiralenform aufdressieren, mit Eigelbmilch oder Eigelbsahne bestreichen und im Ofen goldgelb überbacken.
15. Karotten glasieren und servierbereit halten.
16. Vorbereitete Tomaten zuerst erhitzen, dann mit Butterflöckchen und Reibkäse füllen und im Salamander überkrusten.
17. Die Kalbshaxen aus dem Ofen nehmen und bei mäßiger Hitze zum Entspannen warmstellen, die Bratensoße passieren, würzen, abschmecken und mit Sauerrahm oder Sahne vollenden.
18. Die Frühlingszwiebeln andünsten und die weißen Wurzelstücke leicht anglasieren.
19. Die Bröselbutter für den Blumenkohl und die Nussbutter für den Brokkoli herstellen.
20. Die vorbereiteten Gemüse endfertigen und servierbereit halten.
21. Sauce hollandaise aufschlagen, Bröselbutter für Garnitur polnisch und Nussbutter herstellen.
22. Nach ca. 10 bis 12 Minuten das Blech mit den Herzoginkartoffeln aus dem Backrohr nehmen.
23. Kalbshaxen tranchieren, wieder in die Ursprungsform auf den Knochen zurücksetzen, mit etwas Bratfond betreufeln und im Salamander knusprig anziehen und Farbe nehmen lassen.
24. Inzwischen die Gemüse bukettförmig auf eine Platte so anrichten, dass der Platz für die Haxe frei bleibt, zum Schluss das Gemüse leicht anbuttern (mit dem Butterpinsel).
25. Herzoginkartoffeln extra auf eine plate russe anrichten oder dekorativ auf der Gemüseplatte so anordnen, dass sie nicht direkt mit den Gemüsen in Berührung kommen, damit sie keine Feuchtigkeit ziehen können.
26. Fleisch optisch eindrucksvoll in die Mitte der Gemüse legen und die Platte herausgeben.
27. Soße zur Kalbshaxe und zum Spargel à part reichen.
28. Nachservice anrichten und abrufbereit halten.
29. Die Bayerische Creme anrichten und ausgarnieren.

Anmerkung:
Wenn die Haxen am Tisch des Gastes tranchiert werden sollen, die Gemüse extra auf einer Platte anrichten und etwas später herausgeben, damit es nicht auskühlt während die Haxen von der Restaurantfachkraft tranchiert werden.

Arbeitsschritte für die Holländische Soße – Sauce hollandaise:
1. Mise en place.
2. Alle Zutaten der Reduktion in ihrer Flüssigkeit aufkochen.
3. Während die Reduktion zur Hälfte einkocht, die Butter klären. Das Wasser muss verdampfen und das restliche Eiweiß gerinnen, dabei darf die flüssige Butter ganz leicht bräunen.
4. Eier aufschlagen und die Eigelbe vom Eiklar sauber getrennt, in einen Schlagkessel geben.
5. Die Reduktion passieren, etwas abkühlen lassen, unter rühren in den Schlagkessel zu den Eigelben geben und alles zusammen schaumig schlagen.
6. Die fertig geklärte Butter durch ein Tuch passieren und auf ca. 65 – 70 °C abkühlen lassen.
7. Schlagkessel mit der Eigelbmasse in ein Wasserbad stellen und unter fortwährendem Aufschlagen mit einem Schneebesen die geklärte Butter langsam nach und nach einlaufen lassen bis die Soße die gewünschte Konsistenz bekommen hat.
8. Die fertige Soße sofort servieren oder bei anderer Verwendung gleich weiter verarbeiten.

Arbeitsschritte für die Bayerische Creme:
1. Mise en place – unbedingt das Anrichtegeschirr vorher bereitstellen.
   Es könnte sonst passieren, dass die Creme anzieht, bis man die Teller oder Gläser geholt hat.
2. Vanilleschote leicht klopfen oder plattdrücken und der Länge nach spalten.
3. Vanillemark ausschaben und mit der Schote zusammen in der Milch aufkochen.
4. Inzwischen die Sahne steifschlagen und kaltstellen.
5. Die Blattgelatine in kaltem Wasser einweichen.
6. Die Eier trennen und die Eigelbe mit dem Zucker schaumig rühren.
7. Die Vanilleschote aus der Milch herausnehmen und die Eigelbmasse im Wasserbad, unter schubweiser Zugabe der Milch, mit einem Schneebesen oder Holzrührlöffel bis zur Rose abziehen (aufschlagen).
8. Die Blattgelatine ausdrücken und in der noch warmen Masse auflösen.
9. Die Masse (Appareil) jetzt in einem Kaltwasserbad rühren bis die Gelatine anfängt zu stocken und eine leichte Bindung entsteht.
10. Dann, genau im richtigen Moment, die kaltgestellte Schlagsahne gleichmäßig unterheben.
11. Die Masse dann sofort in die bereitgestellten Gefäße geben und kaltstellen.
12. Die ausgekühlte Creme anrichten und ausgarnieren.

Anmerkungen:
Die Creme kann in einen größeren, flachen Behälter zum Auskühlen gestellt und dann mit der leicht angewärmten Laffe eines Löffels ausgestochen werden. Das bietet sich besonders dann an, wenn man vorher auf einem großen Teller einen Fruchtmarkspiegel und/oder kunstvolle Krokant-, Schokoladen- oder Nougatverzierungen aufdekoriert hat. Wenn die Creme in einer Becher-, Timbal- oder Mini-Gugelhupfform angerichtet wird, müssen diese Förmchen vorher immer kalt ausgeschwenkt werden, damit sie sich dann besser stürzen lassen.

Fachpraktischer Teil

einer
IHK-Küchenmeisterprüfung

Allgemeine Vorgaben

Auch bei der Durchführung des fachpraktischen Teils der Küchenmeisterprüfung gibt es Unterschiede, aber überwiegend gilt Folgendes:
Nach Bekanntgabe des Pflicht- und Ergänzungswarenkorbes am 1. Prüfungstag hat der Meisterschüler daraus ein 5-gängiges Prüfungsmenü unter Aufsicht schriftlich auszuarbeiten. Die klassischen Menüregeln sind zu berücksichtigen. Zusätzliche Vorgaben dafür können sein:

Die Vorspeise
sollte mindestens 5 Bestandteile enthalten. Neben dem Hauptstück (Pastete, Terrine, Galantine, Sülze oder Mousse) die passende Soße, korrespondierende Umlagen (gefüllte Teigschiffchen, Salate o.ä.) und Garnierung.

Die Suppe
sollte geklärt sein mit ensprechender Einlage. Es kann aber auch eine gebundene, legierte Suppe sein.

Der Zwischengang
sollte mindestens 4 Bestandteile enthalten. Neben dem Hauptstück (Fleisch, Fisch, Geflügel o.ä.) mit Farce oder/und Umhüllung (Schweinenetz, Gemüse, Teig) die passende Soße und korrespondierende Beilagen oder Garnierungen.

Der Hauptgang
sollte mindestens 7 Bestandteile enthalten. Neben dem Hauptstück (Fleisch, Fisch, Geflügel o.ä.) mit Farce oder/und Umhüllung (z.B. Kräuterkruste) die passende Soße, 3 Gemüsebeilagen in unterschiedlichen Zubereitungen und eine Sättigungsbeilage, die bei Verwendung eines Teigmantels entfallen könnte.

Die Süßspeise/Der Nachtisch
sollte mindestens 5 Bestandteile enthalten. Neben dem Hauptstück (Parfait, Eis, Mousse, Krem o.ä.) die passende Soße, Früchte und Garnierung.

Das Menü sollte mindestens 2 Grundteige (Blätter-, Strudel-, Biskuit-, Hefe-, Mürb- oder Pastetenteig) enthalten.

Nach der Prüfungsordnung ist der Pflichtwarenkorb mengenmäßig und der Ergänzungswarenkorb wertmäßig zu begrenzen. Die Grenzen legt der Prüfungsausschuss fest.

Ebenfalls unter Aufsicht ist nach der Menüzusammenstellung ein Arbeitsablaufplan zu schreiben. Darin sollten die einzelnen Arbeitsschritte der Reihenfolge nach gegliedert sein, eventuell auch mit einer groben Zeiteinteilung. Der Arbeitsablaufplan kann bei der späteren Menüherstellung als Hilfsmittel verwendet werden.

Unterschiedlich gehandhabt wird es mit der Materialanforderung. Einerseits kann diese sofort nach der Menüzusammenstellung und des Arbeitsablaufplanes unter Aufsicht geschrieben werden. Das angeforderte Material wird dann am 2. Prüfungstag dem Prüfling zur Verfügung gestellt.

Andererseits kann es auch sein, dass der Prüfling das Material entsprechend dem Ergänzungswarenkorb selbst einkauft und mit der Materialanforderung am 2. Prüfungstag mitbringt.

Der fachpraktische Teil der Küchenmeisterprüfung beginnt mit der Herrichtung des Arbeitsplatzes und dem Überprüfen und Versorgen der Waren. Anschließend stehen dem Prüfling etwa 4 Stunden Zeit für Vorbereitungsarbeiten (Fisch filetieren, Fleisch oder Geflügel auslösen, Fond ansetzen o.ä.) zur Verfügung. Am 3. Prüfungstag ist das Menü in ca. 8 Stunden herzustellen und anzurichten.

Nach der Prüfungsordnung soll das Menü für 6 Personen zubereitet werden. Der Prüfungsausschuss kann aber auch eine andere Personenzahl vorgeben.

Aufgabe 1
Erstellen Sie ein 5-Gang-Menü nach den klassischen Menüregeln für 7 Personen. Als Pflichtwareneinsatz dafür wird vorgegeben:

Lachsforelle (ca. 900 g), Hechtfilet (250 g), Solokrebse (14 Stück), Stubenküken (4 Stück), Hirschkalbsrücken (3 kg, wie gewachsen)

Diese Waren werden dem Prüfling am 2. Prüfungstag zur Verfügung gestellt und sollen im Menü deutlich erkennbar sein. Die weiterhin benötigten Waren können aus dem nachfolgenden Warenkorb ausgewählt werden. Die jeweilige Zubereitungsart kann der Prüfling selbst bestimmen.

Kleine Ergänzungen/Garnierungen dürfen von den Prüflingen mitgebracht werden. Diese müssen aber dem Prüfungsausschuss vor Beginn der Prüfung gezeigt werden.

Aufgabe 2
Für das gesamte Menü ist ein Arbeitsablaufplan zu erstellen.

Aufgabe 3
Für das gesamte Menü ist eine Warenanforderung, getrennt nach den jeweiligen Gängen, zu erstellen.

Aufgabe 4
Kochen Sie das von Ihnen zusammengestellte Menü und richten Sie davon 4 Portionen für die Gäste nach Anweisung des Prüfungsausschusses und in Absprache mit dem Service an. Zusätzlich sind jeweils 3 Portionen als Tellergericht anzurichten.

Warenkorb

Wein und Spirituosen
Rotwein, Weißwein,
Weinessig, Portwein,
Marsala, Madeira, Maraschino,
Rum, Gin, Grand Marnier,
Kirschwasser, Himbeergeist,
Calvados, Vanillelikör,
Martini weiß und rot,
Cognac, Armagnac.

Fleisch, Fisch
Schweinenetz,
Räucherspeck,
grüner Speck, Schinken,
schieres Kalbsfleisch,
schieres Schweinefleisch,
Klärfleisch (Rindswade),
Kalbsbrät, Kalbsknochen,
Rinderleber,
Felchenkaviar.

Früchte, Obst, Gemüse
Himbeeren, Erdbeeren,
Preiselbeeren, Heidelbeeren,
Schlehen, Hagebutten,
Zitronen, Orangen, Äpfel,
Birnen, Pfirsiche,
Sauerkirschen, Kiwi,
Blattsalate der Saison,
fest und mehlig kochende
Kartoffeln, Wirsing, Fenchel,
Zwiebeln, Schalotten, Lauch,
Karotten, Sellerie, Rosenkohl,
Kohlrabi, Blattspinat, Pak-Choi,
grüne Bohnen, Mangold,
Zucchini, Blumenkohl,
Rot- und Weißkohl,
Champignons, Steinpilze,
Fleisch-, Kirsch- und Cocktailtomaten,
Tomatenmark, Sojasprossen,
Knoblauch, Maronen, rote Linsen,
Salatgurken, frische Minze, Dill,
Petersilie, Kräuter.

Gewürzsortiment
Übliche Auswahl vom Gewürzbord,
Salz, Pfeffer, Muskat usw..

Fette
Butter, Butterschmalz,
Öl, Schweineschmalz,
Bratfett, Frittierfett.

Nährmittel
Mehl Type 405, Reis, Wildreis,
Grieß, Speisestärke,
Grütze, Grünkern, Graupen,
Semmelbrösel, Weißbrot,
Brötchen, Brezeln, Toastbrot,
Vollkornbrot, Dijonsenf.

Milch und Milcherzeugnisse
Milch, Joghurt, Crème fraîche,
Schmand, Quark, Sahne,
Sauerrahm, Reibkäse.

Patisseriebedarf
Eier, Kristall- und Puderzucker,
brauner Zucker, Kakao,
weiße und bittere Schokolade,
Marzipan, Persipan,
dunkle Kuvertüre,
Back- und Ziehmargarine,
Hefe, Backpulver,
Gelatine, Vanilleschote,
Himbeer-, Erdbeer-, Kirsch- und
Orangenmarmelade,
Pistazien, Mandeln, gehobelt,
Mandelblätter und -stifte,
Mohn, Rosinen, Sultaninen,
Walnüsse, Haselnüsse, gemahlen,
Honig, Ahornsirup,
löslicher Kaffee.

Menü

Lachsforellen-Hecht-Terrine, Krebsschwanztimbalen,
Teigschiffchen mit Gemüseperlen,
Quark-Joghurt-Soße mit frischen Kräutern

***

Rinderkraftbrühe mit Lebernockerln

***

Gefülltes Stubenküken an Rosmarinjus,
Sojasprossen, rote Linsen,
Schlosskartoffeln

***

Hirschkalbsrücken in der Steinpilzkruste gebraten,
Wacholderrahmsoße,
gedünsteter Rosenkohl, tournierte Karotten,
Blumenkohlröschen polnisch,
glasierte Maronen,
Preiselbeerbratapfel,
Spätzle

***

Bayerische Creme Fürst Pückler-Art
auf Erdbeermarkspiegel,
Orangenzungen

Arbeitsablaufplan

Zweiter Prüfungstag
1. Alle Waren kontrollieren und versorgen.
2. Arbeitsplatz einrichten – Mise en place.
3. Krebse töten, Därme ziehen, pochieren, abschrecken, ausbrechen und kaltstellen.
4. Salzmürbteig für Teigschiffchen und Teig für Ochsenzungen herstellen.
5. Lachsforelle filetieren, Filets zuschneiden und alles kaltstellen.
6. Von den Gräten und Parüren mit Weißwein einen klaren Fond ziehen.
7. Fischfarce herstellen, in Terrine einfüllen, pochieren und kaltstellen.
8. Hirschkalbsrücken auslösen.
9. Von den Rückenknochen, Parüren und Kalbsknochen einen kräftigen Fond herstellen.
10. Arbeitsplatz aufräumen und versorgte Waren im Kühlhaus nochmals kontrollieren.

Dritter Prüfungstag

1. Arbeitsplatz einrichten – Mise en place.
2. Klärgut für die Suppe herstellen.
3. Ausgelösten Hirschkalbsrücken anbraten und auskühlen lassen.
4. Krebsschwanztimbales herstellen.
5. Stubenküken hohl auslösen, füllen und bratfertig herrichten.
6. Von den Knochen und Parüren einen kräftigen Geflügelfond ziehen.
7. Teigschiffchen und Orangenzungen backen.
8. Süßspeise fertigstellen.
9. Suppe zum Klären ansetzen.
10. Suppeneinlage herrichten.
11. Schweinenetz wässern, ausdrücken, ausziehen und mit Küchenkrepp gut trocknen.
12. Steinpilzkruste (d`Uxelles) herstellen und den ausgelösten Hirschkalbsrücken damit rundherum gleichmäßig einstreichen, ins Schweinenetz einschlagen, gut andrücken und kaltstellen.
13. Alle Beilagen garfertig vorbereiten.
14. Soße für die Vorspeise herstellen.
15. Wacholderrahmsoße herstellen.
16. Vorspeise anrichten, garnieren und zur Ausgabe bereithalten.
17. Suppe endfertigen.
18. Stubenküken braten, Rosmarinjus ziehen und Beilagen für den Zwischengang garen.
19. Suppe auf Abruf herausgeben.
20. Zwischengang auf Abruf anrichten und herausgeben.
21. Hirschkalbslende fertig braten und Beilagen endfertigen.
22. Hauptgang anrichten und auf Abruf herausgeben.
23. Süßspeise anrichten, ausgarnieren und auf Abruf herausgeben.
24. Arbeitsplatz aufräumen.

Warenanforderung für 7 Personen

Für die Vorspeise:
- 50 g entrindetes Weißbrot
- 30 g flüssige Sahne
- 80 g geschlagene Sahne
- 30 g Eiklar
- 30 g Zwiebelbrunoise
- 10 g geklärte Butter
- ½ Zitrone – Saft davon
- Salz, Pfeffer, Fischpastetengewürz.

Für die Umlagen:
- 220 g Mehl für 7 Teigschiffchen
- 60 g Fett
- 14 Solokrebse
- 1 dl trockener Weißwein
- 30 g Eiklar
- 100 g Gemüse (Weißes vom Lauch, Zwiebeln, Sellerie) für brunoise
- 5 Blatt Gelatine
- 1 Stück Salatgurke
- 25 g Felchenkaviar
- 100 g Gemüse (Karotten, Kohlrabi, Zucchini, für blanchierte Gemüseperlen)
- 2 Stück gekochte Eigelbe und Senf, Pfeffer, Salz für Eigelbcreme
- 4 Stück kleine, feste Kirschtomaten Dillzweig für die Garnierungsumlage.

Für die Quark-Joghurt-Soße:
- 60 g Sahnequark
- 90 g Joghurt
- 1 Msp. Dijonsenf
- ½ cl Zitronensaft
- 20 g frische Gartenkräuter, Salz, Pfeffer.

Für die Suppe:
- 1,5 kg Kalbsknochen
- 300 g Klärfleisch (Rindswade)
- 60 g Eiklar
- 1 l Crushed Ice für das Klärgut
- 80 g Karotten
- 40 g Knollensellerie
- 20 g Petersilienstiele
- 20 g Suppenkräuter.

Für die Suppeneinlage:
- 100 g Rinderleber
- 90 g Hackfleisch
- 15 g Butter
- 30 g Zwiebelbrunoise
- 4 Eier
- 6 cl Milch
- ½ entrindetes 1 Tag altes Brötchen
- Salz, Pfeffer, Muskat.

Für den Zwischengang:
- 120 g Hackfleisch
- 1 Ei
- 40 g Blattspinat
- 20 g Zwiebelbrunoise
- 1 Knoblauchzehe
- 20 g Semmelbrösel
- 50 g Butter
- 60 g Bratfett
- 300 g Sojasprossen
- 70 g rote Linsen
- 4 Stück mittelgroße Kartoffeln
- 1 dl Weißwein
- Salz, Pfeffer, Paprika, Rosmarin.

Für den Hauptgang:
- 250 g Mirepiox (Zwiebel, Karotten und Sellerie)
- 50 g Bratfett
- 250 g Kalbsknochen
- 30 g Mehl
- 20 g Tomatenmark
- ¼ l Rotwein
- 1 dl Sahne
- 1 cl Gin
- Salz, Pfeffer, Wacholderbeeren, Koriander, Rosmarin, Thymian, Majoran, Rosenpaprika.

Für die Steinpilzkruste:
- 200 g Steinpilze
- 1 Eigelb
- 30 g mie de pain
- 10 g zerlassene Butter
- 1 cl Sahne
- 1 kleines, dünnes Schweinenetz
- 10 g frische Kräuter
- Salz, Pfeffer.

Für die Ergänzungsbeilage:
- 200 g Rosenkohl
- 200 g Karotten
- 200 g Blumenkohl
- 150 g Maronen
- 4 kleine Äpfel
- 140 g Preiselbeeren
- 120 g Butter
- 60 g Semmelbrösel.

Für den Nachtisch:
- 2 dl Milch
- ¼ l Sahne
- 1 EL Crème fraîche
- 1 dl Joghurt
- 130 g Zucker
- 3 Eigelb
- 1 Vanilleschote
- 4 Blatt Gelatine
- 250 g frische Erdbeeren
- 50 g dunkle Kuvertüre
- 1 dl Maraschino.

Für die Sättigungsbeilage:
- 300 g Mehl
- 4 Eier
- 1 dl Milch
- Salz, Pfeffer und Muskat.

Für die Orangenzungen:
- 130 g Mehl
- 50 g Puderzucker
- 1 Eigelb
- 100 g Butter
- 60 g Marzipanrohmasse
- ½ TL abgeriebene Orangenschale
- 60 g Orangenmarmelade
- 10 cl Grand Marnier
- 20 g gehobelte Mandeln.

Die nachfolgenden detaillierten Arbeitsgangbeschreibungen für die einzelnen Gänge des Prüfungsmenü sind nur Hinweise. Zur Prüfung sind keine schriftlichen Ausarbeitungen dazu erforderlich.

Arbeitsgänge für die Vorspeise – Lachsforellen-Hecht-Terrine:
1. Mise en place.
2. Lachsforelle sauber filetieren, alle Gräten entfernen.
3. Das Fischfleisch leicht salzen und kühlstellen, damit das Globulin – Eiweiß freigelegt wird. Dieses spielt bei der Bindung der Farce eine bedeutende Rolle.
4. Nun wird das Weißbrot mit Sahne vermengt. Es soll gut durchziehen.
5. Sobald dies geschehen ist, werden alle Rohstoffe gewürzt und 1–2 mal durch die feinste Scheibe des Fleischwolfes gedreht und anschließend gekuttert.
6. Jede Fischfarce muss durch ein Sieb passiert werden, um noch etwas weiche Gräten zu entfernen.
7. Um eine gute Bindung zu erreichen, wird die Masse auf Eis gerührt.
8. Ist diese glatt gearbeitet, so wird geschlagene Sahne löffelweise darunter montiert.
9. Nun wird die Masse noch bearbeitet bis sie einen seidigen Glanz erhält.
10. Zuerst stellen wir aus Farce oder einem Stück Filet den Kern für die Einlage her, um nachher ein schönes Schnittbild zu erhalten und geben dieses Stück zum leichten Anfrieren ins Tiefkühlhaus.
11. Dann legen wir die Terrinenform mit den zugeschnittenen Filets aus, oder spritzen mit der Lochtülle einen ca. 1 cm dicken Mantel sauber und gleichmäßig rund um den inneren Terrinenrand und lassen auch das alles im Tiefkühlhaus etwas anfrieren. Noch schöner kommt das Schnittbild heraus, wenn man die Terrine vorher mit pochiertem, gut abgetrockneten Spinat, Pak Choi oder Mangoldblättern auslegt.
12. Danach wird die Farce bis zur Randhöhe der Terrinenform eingefüllt.

13. Die Terrine wird fest verschlossen und pochiert.
14. Bei ca. 80°C der Pochierflüssigkeit wird die Terrine ca. 25 Minuten pochiert. Beim Garen soll die Kerntemperatur von 54°C bis 60°C und die Garzeit nicht überschritten werden.
15. Die fertig pochierte Terrine wird ins Kühlhaus gestellt bis sie völlig durchgekühlt ist.
16. Soße für die Vorspeise fertigstellen und servierbereit halten.
17. Die kalte Terrine wird gestürzt, mit einem scharfen Messer in gleichmäßig starke Tranchen geschnitten, angerichtet und ausgarniert.

Für die Umlagen sind herzustellen:
Krebsschwanztimbale, Teigschiffchen mit Gemüseperlen, Gurkensockel mit Eigelbcreme, Felchenkaviar und einer halbierten, abgezogenen Kirschtomate.

Arbeitsgänge für die Krebsschwanztimbale:
1. Mise en place – brunoise herrichten und alle Zutaten vorbereiten.
2. Reichlich Salzwasser zum Kochen bringen.
3. Krebse kurz mit dem Kopf in kochendes Wasser geben, um sie zu töten.
4. Den abgetöteten Krebsen durch drehen an der Schwanzmittelflosse den Darm ziehen. Das Entdarmen von lebenden Tieren ist verboten.
5. Brunoise in Öl oder geklärter Butter anschwitzen, die entdarmten Krebse hinzugeben, kurz anschwitzen, mit Weißwein ablöschen und mit Fischfond auffüllen.
6. Sobald der Sud einmal kurz aufkocht, Hitze drosseln, Kräuterstrauß mit Gewürzbeutel hineingeben und unter dem Siedepunkt ca. 8 Minuten ziehen lassen.
7. Kräuterstrauß mit Gewürzbeutel herausnehmen, den Sud abschmecken, mit Hühnereiweiß klären und mit eingeweichter Blattgelatine kurz erhitzen.
8. Timbalförmchen chemisieren und kurz kaltstellen.
9. Krebse aus dem Sud herausnehmen, kalt abschrecken, ausbrechen und dekorativ in die vorher auschemisierten, erkalteten Timbalförmchen geben.
10. Mit dem restlichen Chemisierfond aufgießen und vollkommen erkalten lassen.
11. Die gut erkalteten Timbale kurz bis zur Randhöhe in ein Warmwasserbad tauchen und stürzen.

Arbeitsgänge für die Suppe – Arbeitsschritte beim Klärvorgang:
1. Mise en place.
2. Das Gemüse waschen, putzen, mit der Wurzelbürste gut reinigen und in für den Fleischwolf passende Stücke schneiden. Gemüse wegen Nährwerterhaltung gut reinigen und nicht schälen. In Stücke schneiden, damit es beim Wolfen mit dem Fleisch zusammen besser verarbeitet werden kann.
3. Die Rinderwade von groben und starken Sehnen befreien und in wolfgerechte Streifen schneiden. Sehnen und Flechsen würden sich um die Transportschnecke wickeln und dadurch die Lochscheibe verstopfen.
4. Das Klärfleisch mit den Gemüsen zusammen durch den Fleischwolf grob zerkleinern (mit der eingesetzten großen Lochscheibe). Das Fleisch gibt der Brühe die Kraft und das Gemüse Aroma und Farbe.
5. Das gewolfte Klärmaterial mit Crushed Ice und Hühnereiklar vermischen und gut durchziehen lassen. Die Fleischfasern quellen dabei auf und werden ausgelaugt. Die Inhaltsstoffe der Gemüse gelangen in die Flüssigkeit und geben der Brühe Farbe, Geschmack und Aroma. Das Hühnereiklar verteilt sich und begünstigt so den Klärvorgang.
6. Die entfettete kalte Brühe mit dem Klärgut in einem Topf verrühren. Die Brühe muss kalt sein, damit das Eiweiß beim Gerinnungsprozess alle Trübstoffe binden kann und das Klärgut richtig ausgewertet wird. Nicht entfettete Brühen beeinträchtigen den Klärvorgang.

7. Den Topf auf die mäßig heiße Herdplatte stellen und unter ständigem Abspateln des Klärgutes vom Topfboden erhitzen. Rühren und abspateln ist wichtig, damit das Klärgut nicht durch Ansetzen auf dem Topfboden anbrennen kann. Das Eiweiß gerinnt bei 70°C, schließt alle Schwebeteilchen ein und bildet eine teppichartige Schicht, die dann an die Topfoberfläche steigt. Diese geronnene dicke Schicht darf dann nicht mehr durch Rühren zerstört werden.
8. Alles langsam zum Kochen bringen und gut 2 Stunden knapp unter dem Siedepunkt ziehenlassen. Durch das langsame und ausgiebige Ziehenlassen, werden die Naturalien des Klärgutes optimal ausgewertet.
9. Mit zwei Schaumkellen wird das Klärgut im Schaufel-Zangengriff behutsam abgehoben. Die Brühe lässt sich jetzt mühelos passieren.
10. Das Spritzsieb mit dem Passiertuch auslegen, die fein gehackten Suppenkräuter und geriebene Muskatnuss in das Passiertuch geben und die Suppe mit der Schöpfkelle durch das Passiertuch einfüllen. Die Kräuter sollen die Brühe mit Vitaminen anreichern und auch geschmacklich verbessern. Ein großflächiges Einstreuen von Kräutern ist aus optischen Gründen bei Kraftbrühen nicht gestattet. Auch sollen in der fertigen Kraftbrühe keine Körnchen oder Partikelchen von der Muskatnuss zu sehen sein. Aus diesen Gründen wird immer im Passiertuch gewürzt.
11. Die passierte Kraftbrühe mit Salz abschmecken, auf die heiße Herdplatte stellen und noch einmal kurz aufstoßen lassen. Nochmaliges Erhitzen verhindert spätere Häutchenbildung bei etwas längerer Bereithaltung und das Salz verteilt sich schneller und besser. Beim Degustieren lassen sich Geschmacks-, Duft- und Aromastoffe bei einer heißen Brühe besser wahrnehmen, wenn richtig abgeschmeckt wird. Dazu nimmt man keinen Löffel, sondern immer eine kleine kalte Untertasse. Weil der Löffel in der Brühe heiß wird, ziehen sich die Geschmackspapillen ein, um die feinen Sensoriknerven zu schützen. Außerdem kann man bei der Löffelverkostung leicht in die Versuchung geraten, mit dem gleichen Löffel nachzufassen.
12. Die fertige Kraftbrühe in die Tassen mit der Einlage füllen oder mit abgedecktem Einsatzbehälter im Bain marie warmhalten.

Arbeitsgänge für die Einlage Leberknödel – Lebernockerln – Noques de foie:
1. Zwiebelwürfel mit dem Fett glasig angehenlassen.
2. Leber enthäuten und von Sehnen und Nervensträngen befreien.
3. Fleisch und Leber in Würfel schneiden und mit den Zwiebeln und dem Weißbrot zusammen durch den Fleischwolf lassen.
4. Salz, Gewürze, Kräuter und Ei gleichmäßig verteilen, mit der Masse gut durcharbeiten und abschmecken.
5. Einen Probekloß abstechen und in kochender Brühe garen.
6. Probekloß noch einmal abschmecken und die Konsistenz prüfen. Falls es erforderlich sein sollte, nachwürzen und mie de pain (helle Brösel von entrindetem Weißbrot) hinzufügen.
7. Nockerln mit zwei kleinen Löffeln gleichmäßig abstechen und in heißer Fleischbrühe garziehen, bis sie oben schwimmen.
8. Rechtzeitig noch einmal ein Klößchen zur Garprobe entnehmen (die Nockerln müssen zwar richtig durchgegart, aber innen noch leicht rosa und voll saftig sein). Sie dürfen keinesfalls grau und trocken sein.
9. Die Nockerln mit der Schaumkelle aus dem Topf nehmen und ganz kurz in kaltem Wasser abschrecken.
10. Die Nockerln in die Brühe zurückgeben und wieder heiß werden lassen.
11. Die Nockerln in die Suppen- oder Consommétassen geben und die Kraftbrühe darüber einschöpfen.
12. Eingefüllte Kraftbrühe mit einem Kerbel- oder Petersilienblättchen garnieren.

Arbeitsgänge für das Zwischengericht – Stubenküken:
1. Mise en place.
2. Linsen waschen und einweichen.
3. Stubenküken auslösen, füllen, bratfertig herrichten und kaltstellen.
4. Von den Knochen und Parüren einen kurzen, kräftigen Geflügelfond ziehen.
5. Kartoffeln waschen, schälen, in Chateauform tournieren, blanchieren, kalt abschrecken und für die weitere Verarbeitung bereithalten.
6. Blattspinat blanchieren, in Eiswasser kalt abschrecken, abtrocknen und bereithalten.
7. Hackfleisch mit eingeweichtem und gut ausgedrücktem Weißbrot, einem Ei, Knoblauch, Zwiebelbrunoise und Gewürzen zu einer schmackhaften Füllung verarbeiten und davon vier Ballen in Größe des Hohlkörpers der Stubenküken formen.
8. Die Stubenküken von innen würzen.
9. Die geformten Füllungen mit Spinatblätter umlegen und in die hohl ausgelösten Stubenküken geben.
10. Die Stubenküken zunähen oder mit einer Rouladennadel so fixieren, dass die Füllung im Körper bleibt.
11. Linsen mit abgeschmeckter, aber nicht gesalzener Geflügelbrühe aufsetzen.
12. Die Stubenküken dressieren, von außen würzen und ins heiße Rohr schieben.
13. Etwas Mirepoix hinzufügen und mit anrösten.
14. Die Schlosskartoffeln gar schwenken und servierbereit halten.
15. Die Sojasprossen dünsten, abschmecken und servierbereit halten.
16. Die Stubenküken mit Wein ablöschen, etwas Fond angießen und beim Weiterbraten immer wieder mit dem Bratfond übergießen.
17. Die Stubenküken herausnehmen und bei schwacher Hitze entspannen lassen.
18. Vom Bratensatz eine Rosmarinjus ziehen, abschmecken und servierbereit halten.
19. Stubenküken halbieren, mit den Sojasprossen, den roten Linsen und den Schlosskartoffeln anrichten und herausgeben.

Arbeitsgänge für den Hauptgang – Hirschkalbsrücken in der Steinpilzkruste:
1. Mise en place.
2. Hirschkalbsrücken auslösen, alles verarbeitungsfertig herrichten und ins Kühlhaus versorgen.
3. Von den Knochen, Parüren und Kalbsknochen, einen kräftigen Fond herstellen.
4. Alle Beilagen garfertig vorbereiten.
5. Hirschrückenlende nur kurz anbraten (ansteifen) und auf einem Abtropfgitter auskühlen lassen.
6. Schweinenetz wässern, ausdrücken, ausziehen und mit Küchenkrepp gut abtrocknen.
7. Steinpilzkruste (d'Uxelles) herstellen und die vorbereitete Hirschrückenlende damit rundherum gleichmäßig einstreichen, ins Netz einschlagen, gut andrücken und noch einmal kaltstellen.
8. Äpfel waschen, entkernen, mit Preiselbeeren füllen und im Ofen garen.
9. Maronen waschen, einritzen, ins Rohr geben bis die Schale sich löst, dann schälen, Haut abziehen, glasieren und servierbereit halten
10. Hirschrückenlende fertig braten, entspannen lassen und dann servierbereit halten.
11. Die Wacholderrahmsoße herstellen und servierbereit halten.
12. Spätzle herstellen und servierbereit halten.
13. Die vorbereiteten Gemüse endfertigen und servierbereit halten.
14. Hirschrückenlende tranchieren, mit den Gemüsen, Maronen und Äpfeln optisch eindrucksvoll anrichten.
15. Spätzle und Soße à part anrichten und mit dem Hauptgang herausgeben.

Arbeitsgänge für die Spätzle:
1. Mise en place.
2. Salzwasser zum Kochen bringen und eine Schüssel mit kaltem Wasser bereitstellen.
3. Mehl abwiegen und mit allen anderen Zutaten herrichten.
4. Das Mehl in eine Schüssel sieben und eine Prise Salz, gleichmäßig verteilt darüber einstreuen.
5. Eine Mulde in das Mehl drücken und die Eier mit der Milch nach und nach in die Mulde geben.
6. Das Mehl von der Muldeninnenseite aus nach außen hin mit der Flüssigkeit vermengen und durcharbeiten.
7. Den Teig so lange schlagen bis er Blasen wirft.
8. Das Spätzlebrett anfeuchten und eine Teigschicht mit dem Spätzleschaber oder der Palette darüber streichen bis eine gleichmäßige Schicht das Brett bedeckt.
9. Dann den Teig in das kochende Salzwasser hineinschaben.
10. Warten bis alle Spätzle hochkommen, einmal kurz aufstoßen lassen, dann mit der Schaumkelle herausnehmen und in das bereitgestellte kalte Wasser geben.
11. Immer nach und nach zwei oder höchstens drei Bretter fertig machen und ins kalte Wasser geben, um danach mit dem nächsten Arbeitsgang fortzufahren.
12. Die Spätzle gut kalt abschwenken, richtig abtropfen lassen und auf einem Randblech mit unterlegtem Tuch für die Weiterverarbeitung bereithalten.
13. Spätzle in einer Pfanne mit Butter anschwenken.
14. Spätzle in einer Cocotte oder einem Legumier anrichten.

Anmerkungen:
Selbstverständlich können Spätzle auch mit dem Spätzlehobel, einer Spätzlemaschine oder Spätzlepresse hergestellt werden, was sich besonders dann empfiehlt, wenn jemand wenig Übung in der Handhabung des Spätzlebrettes hat.

Arbeitsgänge für die Süßspeise:
1. Mise en place.
2. Vanilleschote ausschaben, das Vanillemark mit ausgeschabter Schote zusammen in die Milch geben und aufkochen.
3. Sahne schlagen und kaltstellen.
4. Die Blattgelatine kalt einweichen.
5. Die Erdbeeren mit Läuterzucker und etwas Alkohol mazerieren, im Mixer pürieren, durch ein Sieb streichen und für den Fruchtmarkspiegel sowie für die Farbgebung der Creme nach Fürst Pückler-Art bis zum weiteren Gebrauch kaltstellen.
6. Kuvertüre im handwarmen Wasserbad schmelzen.
7. Eigelbe mit dem Zucker cremig rühren und ins warme Wasserbad stellen.
8. Vanilleschote aus der heißen Milch nehmen, die Milch unter ständigem Rühren mit dem Holzlöffel und Schlagen mit dem Schneebesen behutsam in die Eigelbmasse einlaufen lassen und zum schaumigen Appareil aufschlagen.
9. Die eingeweichte Blattgelatine gut ausdrücken und im Appareil auflösen.
10. Alles bis zur Rose abziehen und danach im Kaltwasserbad kalt rühren.
11. Das fertige Appareil zu gleichen Dritteln in Schüsseln geben und einen Teil mit dem pürierten Erdbeermark, den zweiten Teil mit der aufgelösten Kuvertüreschokolade vermischen und den dritten Teil natur belassen.
12. Sobald die Massen zu stocken beginnen, also die Gelatine leicht anzieht, schnell die geschlagene Sahne luftig und locker unterheben und die Hälfte der Crème fraîche glatt unterziehen.
13. Noch bevor die Masse ganz anzieht, in die vorgesehenen Gefäße, Gläser, Timbale oder Charlotten einfüllen und kaltstellen.
14. Die Süßspeise anrichten, ausgarnieren und herausgeben.

Bei der Garnitur Fürst Pückler ist beim Einfüllen die Reihenfolge zu beachten:
Soll die Form gestürzt werden, dann wird zuerst die rote Cremmasse eingefüllt. Darauf wird die Helle gesetzt und zuletzt kommt die Schokoladencreme. Nach dem Stürzen ergibt es die Hausfarbe des Fürsten Pückler Muskau. Die gestürzte Creme wird dann auf einen kalten Teller gesetzt. Soll die Creme aber in einem Glas serviert werden, dann wird in umgekehrter Reihenfolge eingefüllt. Das Helle ist auf jeden Fall immer in der Mitte.

Ein anderer Anrichtevorschlag:
Die ganzen Massen getrennt in drei flache Schüsseln oder Chormarganformen geben und darin erkalten lassen, um sie nachher zum Anrichten mit der vorgewärmten Laffe eines Löffels als glatte, ovale Kugel herauszustechen und dreifarbig auf einem ausgarnierten Teller anrichten.

Garniervorschlag für den Teller:
Den Joghurt mit der restlichen Crème fraîche glatt rühren, in eine kleine Pergamentspritztüte füllen und als Dekorrand oder Tropfen auf den Erdbeermarkspiegel anordnen. Mit einem Zahnstocher oder einer Dressiernadel entsprechende Ornamente als Verzierung einziehen und die Bayerische Creme auf diesem Dekor optisch eindrucksvoll anrichten.

Arbeitsgänge für Orangenzungen:
1. Mise en place.
2. Alle Zutaten abwiegen und Mehl in eine Schüssel sieben.
3. Alle Zutaten zu einer leichten, nicht zu festen Masse verrühren.
4. Mit der Lochtülle auf ein gefettetes, mit Mehl bestäubtes Blech dressieren.
5. Mit Mandeln bestreuen und bei 200°C backen.
6. Zutaten für die Füllung gut durcharbeiten.
7. Die fertigen Zungen damit bestreichen und zusammensetzen.
8. Gebäck anrichten und herausgeben.

Fachbücher und Ratgeber für den gehobenen Restaurant-Service und die Ausbildung im Gaststättengewerbe

Horst H. P. Otto/Wolfgang Remus
Service
Vom Einsteiger zum Profi

In diesem Fachbuch werden sowohl Grundkenntnisse im Service für den Berufsanfänger, als auch Fachkenntnisse für gehobene Serviceansprüche vermittelt.
276 Seiten, Format 17 x 24 cm, 266 Abb., € 35,20
ISBN 3-86136-034-9

Um den Lerneffekt zu intensivieren bzw. eine Lernerfolgskontrolle zu haben, wurde zu diesem Fachbuch ein Arbeitsheft mit Aufgaben und Lösungen erstellt. Dieses Arbeitsheft ist unter der ISBN-Nummer 3-86136-037-3 zum Preis von € 9,20 erhältlich.

Horst H. P. Otto/Wolfgang Remus
Meisterlicher Service
Das Fachbuch für den gehobenen Restaurant-Service

Bei der Erstellung dieses Buches haben 16 international versierte Restaurantfachleute, Restaurantmeister und Fachlehrer aus allen Teilen Deutschlands und aus 6 Nationen mitgewirkt. Durch Hinzuziehung zahlreicher Fachlektoren wurde erreicht, dass dieses Buch als Orientierungsgrundlage für Prüfungen verwendet werden kann. Jedoch nicht nur für Meisteranwärter wurde dieses Buch geschrieben, es soll auch allen interessierten Restaurantfachleuten, die den gehobenen Service kennenlernen und ausüben wollen, ein Ratgeber für ihre tägliche Arbeit sein.
212 Seiten, Format 17 x 24 cm, 181 Abb., ISBN 3-922137-08-3   € 29,60

Horst H. P. Otto/Wolfgang Remus
Fonds-Soßen-Suppen
Rezepte, Arbeitsgänge, Anwendungen

In diesem Buch werden über 800 Rezepte für Fonds, Grundsoßen, deren Ableitungen und Variationen sowie Brühen, klare und gebundene Suppen und die bekanntesten Eintopfgerichte beschrieben.

Die genaue Rezeptur und Zuordnung der Arbeitsschritte ermöglicht es jedem, diese Soßen, Suppen und Eintöpfe nachzukochen. Ein Kochbuch für die leichte Suppenküche, das Fachbuch, Rezeptesammlung und Arbeitsanweisung in einem ist.
272 Seiten, gebunden, Format: 17 x 24 cm, ISBN 3-86136-88-8   € 28,90

Horst H. P. Otto/Wolfgang Remus
Bar- und Mixkunde
Vom Einsteiger zum Profi

Dieses Buch vermittelt umfangreiches Fachwissen über die Bar- und Mixkunde – von der Ausstattung der Bar über allgemeine Arbeitsregeln und Arbeitstechniken bis hin zur Warenkunde. Es ist dadurch als Orientierungsgrundlage für den Lehrabschluss oder die Meisterprüfung im Gastgewerbe geeignet.

Auch der „Hobby-Mixer" findet darin zahlreiche Anregungen und Informationen über Bar-Utensilien, Arbeitstechniken und Zubereitung der Drinks.
96 Seiten, gebunden, Format: 17 x 24 cm, 48 Abbildungen, ISBN 3-86136-094-2   € 26,90

Vertrieb über den Buchhandel,
oder über Bodensee-Intensiv-Schulungen, Horst Otto, Storchengasse 2, 88131 Lindau, Fax 0 83 82 / 2 87 86,
E-Mail: Bis-otto@web.de und über Wolfgang Remus, Leipziger Straße 5, 78467 Konstanz, Tel. und Fax 0 75 31 / 7 82 35.

VRG Verlag Robert Gessler, Friedrichshafen, Friedrichstraße 53, Telefon 0 75 41 / 70 06 15